本書の舞台となる国と地域

生き方としてのフィールドワーク

かくも面倒で面白い文化人類学の世界

中尾世治・杉下かおり編著

東海大学出版部

Living, Fieldworking and Being Anthropologists

Edited by Seiji NAKAO and Kaori SUGISHITA
Tokai University Press, 2020
ISBN 978-4-486-02176-6

目次

序論——生き方としてのフィールドワーク　中尾　世治、杉下　かおり　1
はじめに　1
いま、フィールドワークとは　2
本書の視角　12
本書の概要　14
おわりに　20

第一部　はざまで

第一章　フィールドを選ぶ／フィールドに選ばれる——エチオピアのイスラーム聖者村と人類学者
吉田　早悠里　27
はじめに　27
調査対象外の村　29
聖者との出会い　34
流れに身を任せる　42
訪問者から調査者へ　47

おわりに　54

第二章　文化の狭間に生きる――トランスポーター、ジョセフの生き方　川﨑　一平　59
はじめに　59
エピソードI――ジョセフとの出会い　62
エピソードII――優れたインフォーマント　69
エピソードIII――ツアーガイドと人類学者　75
エピソードX《エックス》――拡大するネットワークのゆくえ　83

第三章　生きるように学問する――私が南アフリカまで日本人に会いに行く理由　杉下　かおり　91
はじめに　91
私と人類学とアフリカ　92
日本人の人種意識、あるいは自分自身への審問　96
南アフリカまで日本人に会いに行く　106
おわりに　112

第二部　おわりとはじまり

第四章　失われた時を求めて――フィールドワークにおける老いと時間　菅沼　文乃　117

老いとの出会い 117
フィールドとの出会い 120
ふたたびフィールドへ 128
失われた時間がもたらしたもの――老いと再会／出会い直し 135

第五章 フィールドワークと「甘え」――フィジーの自殺研究を振り返って 杉尾 浩規 145
自殺調査に思いを巡らせる 145
分からなさに満ち溢れた自殺のフィールドワーク 149
「甘え」と不思議な感覚 159
素直な「甘え」と異文化理解 167

第六章 「生活実感」からの再出発――モロッコのベルベル人男性ハーッジとの出会いと歌舞アホワーシュ
齋藤 剛 175
はじめに――出会いを通じたフィールドワークの問いなおし 175
「テーマ先行型」の研究 176
現地の人の関心と「生活実感」からの出発 177
アホワーシュを理解するための枠組み 179
ハーッジについて 181
アホワーシュの様子 183

アホワーシュとハーッジ　187
アホワーシュの魅力　188
ハーッジとアホワーシュをめぐる語り　194
おわりに――太鼓は誘う　199

第七章　楽園の宗教と観光と私をつないだ食堂――バリ島の忘れえぬ恩人たちとの出会い　吉田竹也　205
研究と人生の隘路の記述　205
目論見の挫折から研究の脱構築へ　208
観光地の宗教研究から観光地の研究へ　215
かけがえのない出会い　225

第三部　身のまわりから

第八章　異文化表象の誤配と交響するフィールド　菊地滋夫　237
点と点を結ぶ　237
オリエンタリズム批判の余波から　239
フィールドワーク、ケニア海岸地方後背地へ　241
教室での挫折、再び「フィールドワーク」へ　244
ザンジバル　246

コンタクト・ゾーンにおける異文化表象の誤配　250
再び教室へ――初年次教育への挑戦　254
結びにかえて――フィールドはどこに？　263

第九章　異分野との共同研究の現場――現場＝フィールドの学としての人類学　中尾　世治　269

異分野との共同研究という現場　269
オートエスノグラフィーという手法　270
学際的な共同研究の現場　273
文書作成という現場　288
現場＝フィールドの学としての人類学　291

第十章　そんなことはどうでもいい、というわけでもないのかもしれない　山崎　剛　297

学問を取り払ってはじめる　297
本を開いている時には、見えていないこと　299
本も動くし、あなたも動く、でもそんなことは考えない　306
本を読み終えるけれど、終わらない　313
暮らしの中でつづける　316

あとがき　321
著者紹介　331

序論――生き方としてのフィールドワーク

中尾　世治、杉下　かおり

はじめに

いま、果たして、フィールドワークについて、何か新しいことを語りうるのか。本書が対象とする文化人類学（以下人類学）という学問分野に限っても、すでに多くのことが語られているのではないか。実際のところ、その通りである。

フィールドワークを論じた書籍は増加傾向にある。人類学者によって書かれた入門書や概説書も、すでに複数存在する（たとえば、菅原　二〇〇六、小田　二〇一〇）。それらは、学生の実習やレポートなどを題材としつつ、調査手法についての具体的なアドバイスや心構えを提供している。また、NPO法人FENICS（Fieldworker's Experimental Network for Interdisciplinary CommunicationS）が刊行を続ける「一〇〇万人のフィールドワーカーシリーズ」は、[1]近年の学際的な試みのひとつとして特筆すべきものである。同シリーズにおいては、自然地理学、雪氷学、社会文化人類学、人類生態学、民族植物学といった様々な分野の研究者が集い、フィールドワークの初期経験（椎野・白石　二〇一四）や、特定の問題系に関するフィールドワークのあり方（佐藤・村尾　二〇一四、椎野・白石　二〇一七）、フィールドワークの具体的な技術（秋山・小西　二〇一六、梶丸・丹羽・椎野　二〇一六）について、わかりやすく論じている。このほかにも、フィールドワークを学ぼうとする者に向けて書かれた書物は枚挙にいとまがない。

本書の試みは、これらの入門書や概説書とは若干異なっている。本書は、フィールドワークという、人類学的実践の核心をなす営みを通して、この学問分野の厄介な面白さを初学者に伝えることを目的としている。同時に、本書は、職業的な人類学者に対して、それぞれの人生とフィールドワークを真摯に見つめ直すことを促す試みでもある。多くの人類学者にとり、フィールドワークは人生の一部であり、学者としてのアイデンティティとも深く結びついている。しかし、フィールドワークは、人類学者の人生に否応なく他者を呼び込み、その安定と同一性を常に揺さぶっている。本書はこのような営みを「生き方としてのフィールドワーク」として捉え、その豊かな可能性を提示するものである。

本書では、研究関心も専門地域も異なる十人の人類学者が、それぞれのフィールドワークについて自由に語っている。以下では、まず人類学的なフィールドワークの現在地を確認した上で、本書の視角と概要を紹介することにしたい。

いま、フィールドワークとは

フィールドワークの対象の変化

かつて、人類学は「辺境」をフィールドワークする学問であった。ひと昔前の人類学者は、文明の中心から遠く離れた土地に住み込み、その土地に住む特定の「民族」を調査し、その生業・信仰・社会組織などを全般的に記述・分析することを試みた。しかし、近年では、人類学者が特定の「民族」を研究対象とすることさえも、それほど一般的ではなくなっている。ある地域に住む「民族」集団を同定し、そのような集団を調査研究の単位とするよりは、医療、開発、選挙、ジェンダーといった、地域や集団に限定されない研究テーマを掲げることの方が、現代人類学では主流になっている。

人類学の研究対象が拡大していくとともに、人類学のフィールドワークそのものが大きく変化してきた。佐藤知久は、この変化を伝統的な「フィールドワーク1.0」から新しい「フィールドワーク2.0」への転換としてわかりやすくまとめている（佐藤　二〇一三）。

人類学者が想起する伝統的なフィールドワークは、マリノフスキが二十世紀初頭にトロブリアンド諸島で行った長期調査である。この調査の成果をまとめた『西太平洋の遠洋航海者』の「序論」は、人類学のフィールドワークの模範を示している（マリノフスキ　二〇一〇：三五―六六）。佐藤は、これをつぎのように要約し、「フィールドワーク1.0」と呼んでいる。

（1）研究者が真の学問的目的をもち近代的民族誌学（ethnography）の価値と基準を知っていること、（2）調査のためにふさわしい環境に身を置くこと（単身で、現地のひとびとのど真ん中で暮らすこと）、（3）証拠を集め操作し決定するためにたくさんの専門的な知識を用いること、（4）長期（一年〜二年）、（5）現地語の習得、（6）信頼関係（ラポール）の創出→聞き取り調査［信頼関係を作り出してから聞き取り調査へと移行すること］、（7）成員（メンバーシップ）として承認されること→年齢集団・親族集団への（擬制的な）加入［特定の社会の成員として承認されること、すなわち、年齢集団・親族集団に擬制的に加入すること］（佐藤　二〇一三：一八、［　］は引用者による）。

しかし、一九六〇年代以降、フィールドワークの対象は、周縁地域の特定の民族から都市や現代的な現象へと大きく移行した（佐藤　二〇一三：二九）。日本民族学会（現在の日本文化人類学会）の学会誌『民族学研究』を事例にながめると、第三世界の特定の民族における親族・儀礼などの古典的なテーマではない「イスラーム原理主義」や、移民、高齢者などの同時代の事象を扱う論文は、一九八〇年代半ばから増加し、一九九〇年代前半には、そのような対象の変化を機敏に捉えた論文が出現している(2)。

日本語の文献のなかで、調査対象の拡張という点で画期的であったのは、『現代人類学のプラクシス――科学技術時代をみる視座』(山下・福島 二〇〇五)の出版であろう。ここでは、新たなフィールドワークの対象として、科学技術、現代社会の制度とライフサイクル、産業と開発援助、教育や学習などが、具体的に取り上げられている。こうした事象を対象としたフィールドワークは、かつてマリノフスキが示した伝統的なものとはかけ離れている。

佐藤は、新しい「フィールドワーク2.0」をつぎのように要約する。

①先進国/発展途上国の区別を問わず、世界各地をフィールドとする(「かつての未開社会」には限らない)、②異国/自国の区別を問わず、世界各地をフィールドとする(ホームの人類学が増加し、自国内でのフィールドワークもかなりの割合を占める)、③フィールドでは本来的に、複数の文化や制度が併存しているものと考える(ローカルな文化とグローバルな制度、科学技術と生活世界などのぶつかりあいがつくる断層に注目する)、④対象は必ずしも民族集団ではない(学校・工場・企業・病院などのさまざまな組織や、障害・病気・災害の経験など、特定の生活状況を生きる人びとを含む)、⑤個々人の生活に着目する(集団の均質性を前提せず、個々人と、かれらをとりまく諸制度との関係に着目する)(佐藤 二〇一三:五四)。

こうして、人類学の研究対象は、必ずしも「遠くの」「エキゾチックなもの」ではなくなったのである。グローバル化によって研究対象そのものが変化したということもあれば、人類学者の興味関心が変化してきたということもあるだろう。佐藤のいう「フィールドワーク1.0」は、自文化とかけ離れた異文化を想定していたわけであるが、そのような想定そのものが、学問として妥当ではなくなった。こうして、人類学のフィールドワークは、あらゆる事象へと拡張された——それは、時に、宇宙であったり、非人間であったりさえする（たとえば、岡田・木村・大村　二〇一四、床呂・河合　二〇一九）。

フィールドワークをめぐる書籍の増加

こうした人類学におけるフィールドワークの対象の変化に並行して、その位置づけも、この三十年あまりで大きく変貌した。端的にいえば、フィールドワークに関する入門書や概説書が増加したのである。

日本語の書籍に限定すると、その画期は、社会学者の佐藤郁哉による『フィールドワーク——書を持って街へ出よう』（一九九二）にあるだろう。この書籍以前では、調査時の情報の整理法（梅棹　一九六九、川喜田　一九七三）や、村落調査における調査項目や手法（杉本　一九八三、市川　一九八五）が、生態学や人文地理学から文化人類学に越境する学者によって論じられてきた。こうした試みと比較すると、佐藤の著作は二つの点で画期的であった。

第一に、佐藤（一九九二）は、村落調査などの特定の調査手法に限定せず、フィールドワーク一般を対象としている。これは、先に述べたフィールドワークそのものの変化と対応しており、フィールドワークについての認識の変化としても捉えられるだろう。第二に、この著作はフィールドワークの入門書であると同時に、フィールドワーク論ないしはフィールドワークについての認識論を展開している。のちに述べるように、佐藤郁哉はフィールドワークの技法の重要性を主張しているのだが（一九九三）、彼の議論の大半を占めているのは、フィールドワーク一般についての心構えや認識である。つまり、佐藤（一九九二）は、あらゆる対象に適応可能なフィールドワーク論としての入門書・概説書という新たなジャンルを開拓したのである。そして、この著作以降、類書が増加していくことになる。

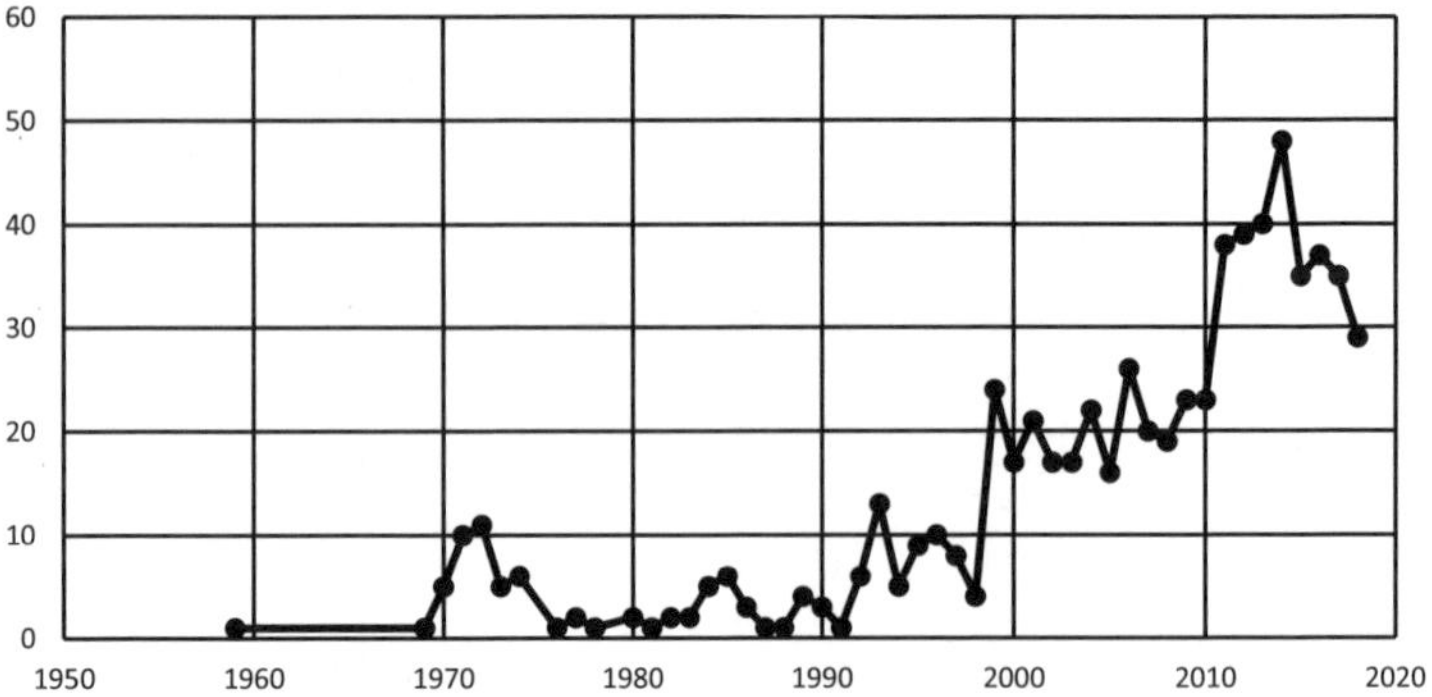

図　フィールドワークをタイトルに含む日本語書籍の出版点数の変遷(3)

このことは、数量的にも大まかにたどることができる。次の図は、国立国会図書館の検索システムを用い、同館に所蔵されている書籍のなかで、タイトルに「フィールドワーク」という語を含む日本語書籍の点数をまとめたものである。一九九〇年代初頭から上昇傾向にあることがわかる（一九七〇年代に一時期増加しているが、これは自然科学系の書籍のシリーズのタイトルにフィールドワークの語が用いられていたことによる）。推移をよく見ると、フィールドワークを論じる書籍は、一九九〇年代から十年ごとに段階的に増加していることがわかる。一年ごとの出版件数の平均としては、一九九〇年代は八・三点、二〇〇〇年代は十九・八点、二〇一〇年代は三十六点となっている。それぞれの書籍の内容については詳細な分析が必要とされるが、大まかにいって、一九九〇年代、二〇〇〇年代、二〇一〇年代のそれぞれに大きな変化があったことは確かであろう。

このような数量的な変化を念頭におきつつ、とくに、『民族学研究』と、その後継誌である『文化人類学』（日本文化人類学会の学会誌）に掲載された二つの論考に注目し、フィールドワークを巡る認識の変化をたどってみよう。

フィールドワークをめぐる状況の変化

『フィールドワーク――書を持って街へ出よう』（佐藤　一九九二）の出版

の翌年、佐藤は『民族学研究』に「秘伝とハウツーのあいだ――フィールドワーク技術論の可能性についての覚え書き」（佐藤　一九九三）という文章を寄せている。

佐藤は、当時、フィールドワークの手法を教える書籍や論文、大学の講義がなかったことにふれ、「どうやら日本では、これまでフィールドワークの技術それ自体に関する情報が公開の場における討論のテーマになる事は滅多になかったらしい」（佐藤　一九九三：二七二）と述べている。[4] この時代においては、フィールドワークとは、「現場での実習を通して先輩や教師からの秘伝ないし口伝として伝えられてきたのだという」（佐藤　一九九三：二七二）。それから二十年以上が経過し、フィールドワークに関する書籍や大学の講義・実習があふれている現状からすると、時代は大きく変わったといえるだろう。

とはいえ、佐藤（一九九三）に見出される「フィールドワーク技術論」への反発と擁護は、現在にも通じるところがある。佐藤は、「フィールドワーク技術論」がハウツー本のような側面をもっていることを踏まえ、「安直な言語化」によってフィールドワークの難しさや多様性を伝え損なう危険性を認めている（佐藤　一九九三：二七三）。つまり、「フィールドワーク技術論」によって、フィールドワークという「面倒で時間がかかる実習体験を経ずに、文字や言葉のみを介して技術を身につける事が出来るという錯覚を与えがち」であるのだ（佐藤　一九九三：二七三）。

こうした危惧は、現代のフィールドワーク入門書にも共有されているだろう。佐藤は、そうした懐疑論の正当性を認めつつも、「フィールドワーク技術論」を擁護している。まず、それがフィールドワークについての「議論の出発点」としての意義をもつと主張する（佐藤　一九九三：二七四）。「具体的な技術に関する議論を公共の場で展開することは、理論や思想をめぐる不毛な『空中戦』に対する歯止めともなりうる」し、ひいては「民族誌自体の信憑性を高める」（佐藤　一九九三：二七五）と期待しているのである。「フィールドワーク技術論」が「民族誌自体の信憑性」を高めることになったのかどうかは疑問の余地がある。しかし、「具体的な技術に関する議論を公共の場で展開すること」の意義は、広く浸透していったように思われる。

このことは、佐藤による一九九三年の問題提起から十四年後の二〇〇七年に『文化人類学』誌上で組まれた「人類学的フィールドワークとは何か」という特集にみてとることができる。前身の『民族学研究』も含めて、『文化人類学』においてフィールドワークに関する特集が組まれたのは、それが初めてのことであった。

特集が組まれた背景は、フィールドワークの入門書や概説書の増加であった。この特集の序論は、人類学以外の諸学問分野においても、また、学界のみならず、国内外の「一般市民、民間レベルでも、『フィールドワーク』を重視する傾向が強まり、またその関心も広がっている」ことを指摘している（富沢　二〇〇七：三四六）。人類学以外の学問分野としては、社会学、心理学、教育学、看護学、「一般市民、民間レベル」としては、開発援助の実務者やボランティアが具体的に言及されている（富沢　二〇〇七：三五一―三五四）。また、大学における人類学分野でのフィールドワーク教育も、大きな関心事として取り上げられている（富沢　二〇〇七：三五七）。

この特集が組まれてから十年以上経ったいまふりかえると、興味深い点が二つある。ひとつは、この特集の序論では、諸学問分野におけるフィールドワークと「人類学的フィールドワーク」とのあいだに本質的な差異を見出していないという点である（富沢　二〇〇七：三五一―三五四）。前述のように、古典的な人類学のフィールドワークにおいては、長期の現地滞在、現地語の習得、現地の人々との信頼関係の構築、現地社会の一員として受け入れられること等が求められていた。しかし、そのような条件が現在の人類学のフィールドワークに必ずしも適合するわけではなくなった結果、「人類学的フィールドワーク」は再定義すべきものとなったのである。現代的な事例としては、調査者にとっての自文化・自社会を対象とするホームの人類学、民間企業を対象とする産業人類学、大学の研究室などを対象とする科学人類学などが想起されるだろう。このように対象が拡大し、方法論的な交配も進んだ結果、「人類学的フィールドワーク」それ自体が多様化し、その再定義を難しくしている。かつては「秘伝」とされたフィールドワークは、すでに一般化したのである。

もうひとつの興味深い点は、二〇〇七年段階では、フィールドワークを重視する「一般市民、民間レベル」の具体的な対象が、開発援助の実務家やボランティアしか想定されていなかったことである。現在であれば、たとえば、アーティストも想定できるだろう。アートと人類学の関係については、一九九五年にすでに、美術批評家のフォスターが「民族誌家としてのアーティスト」という視角を提示している（Foster 1995）。彼は、古典的な人類学における知と権力の結びつきに対するクリフォード（二〇〇三）の批判を参照しつつ、「真正なアート」を認証する制度に抵抗し、特定のローカルな集団と協働するアーティストを「民族誌家」として論じている（Foster 1995: 306-307）。現代アーティストのなかには、このような意味においてフィールドワークに類比できる調査を行う人々が実際に存在する。より一般化していえば、人々の生や社会のあり様を提示する作品の制作や、社会運動にかかわる活動が、フィールドワークと類比的なものとして捉えられる時代に既になっているのである。

二〇一八年六月号の『美術手帖』は、「アートと人類学——多元化する『世界』の描き方」と題した特集を組み、アーティストと人類学者の双方が論考を寄せている。そこでは、「いま、芸術と人類学は新たな協同のフィールドを見出して、それぞれの活動を発展させようとしている」と主張され、両者に共通する方法論として、「創造の過程や関係性に注目すること、リサーチを重んじること、集団性や共同制作の場そのものをエネルギーにすること」が挙げられている（港　二〇一八：一〇—一一）。

まったく別のコンテクストであるが、民間企業においてもフィールドワークが一般化しつつある。現在では、フィールドワーク（あるいはそれと同義の実践として捉えられている「エスノグラフィー」）が、民間企業による市場調査、製品開発、コンサルティングなどにおいて広範に用いられている。[5] たとえば、二〇一二年八月号の『宣伝会議』には、「マーケティング最先端会議」として「ビジネスの場で取り入れられる『エスノグラフィー』」が紹介されている（國澤・久保隅・蓮池・濱田　二〇一二）。そこでは、エスノグラフィーは「（異）文化を記述する」こととして捉えられ、「まったく違う国を理解するため」に利用したりするだけでなく、「隣の部署や隣で働く人」等、「今までよく知っていると思っていた身の回りの『異文化』を知るためにも有効」であるという考え方が示されている（國澤・久保隅・蓮池・濱田　二〇一二：一〇九―一一〇）。

さらには、いまのところフィールドワークとの関連は明示的に語られていないが、科学（技術）コミュニケーションの活動においても、フィールドワークが実践されているとみなすことができる。科学（技術）コミュニケーションとは、「科学技術の専門家と非専門家（一般市民）との間で、コミュニケーションがうまくいくよう仲立ちする、橋渡しする」（杉山　二〇〇七：三）ことである。こうした科学コミュニケーションは、異文化コミュニケーションとの類比で捉えられており（Aikenhead 2001、廣野　二〇〇七：八一）、その実践そのものが異文化の理解と解釈と表現であるという点で、ある種のフィールドワークとして位置づけられるだろう。

こうしたアナロジーをすすめていけば、コンサルティング会社や大学などの特定の業界を超えて、さまざまな業種の仕事のなかにフィールドワークを見出すことができるだろう。たとえば、文化人類学を専攻し、フィールドワークを行い、修士号を取得したのちに「社会に出た」ＯＢ・ＯＧたちの報告は、それぞれの仕事のなかにフィールドワークを見出している。ＮＰＯ法人スタッフとしての事務・広報・営業活動（監物・中尾　二〇一三）、高校教育と土木建設業（中根　二〇一七）、営業とマネージメント（山森　二〇一七）が具体的に言及されてきたが、こうした業種が無限に広がっていくことは容易に想像がつくだろう。

つまり、二〇二〇年代が始まろうとする現在、フィールドワーク概念は際限なく拡張している。そのような拡張の果てにあっては、生きることとフィールドワークすることは、ほぼ同義となる。このような認識は、二〇〇〇年代後半以降、さまざまな書籍のなかですでに語られている。たとえば、菅原（二〇〇六：三—五）は、『普通に生きている』ことの偉大さに日々新しく驚き続ける」ことを基盤として、「生きかた」としてのフィールドワークを語っている。あるいは、西井は、「人はみなフィールドワーカーである。ただそのことに気づきさえすれば、人々の生活が新鮮な発見の場となり、驚きと愉しさに満ちたものになるであろう」（西井　二〇一四：一二）と綴っている。これらの著作は、職業的な研究者、あるいはその卵としての学生のフィールドワークについて論じているが、生きることとフィールドワークが重なりあうものであるという認識が共有されるようになってきたのである。

一九九〇年代初頭においては、フィールドワークが人類学者の「秘伝」として語られたことを思えば、この三十年余りの時代の流れは激変といっても過言ではない。人類学者の認識としては、フィールドワークは、二〇〇〇年代後半に社会学、心理学、教育学、看護学、開発援助の実務者やボランティアと共有されるものになり、二〇一〇年代ごろにはアートやビジネスへと拡張していったといえるだろう。こうした状況と並行するかたちで、生とフィールドワークの不可分性が語られるようになってきたのである。

フィールドワークとは、「辺境」の特定の「民族」についてのみ行う現地調査ではない。フィールドワークとは、人々が「他なるもの」と出会い、交わり、分かり合おうとする営みである。人生もまた、他者との関わりのなかで、それまで「見えていなかったもの」が「見えるようになる」経験の連続である。こうした認識は、ある時はアートと人類学の協同を促し、またある時はビジネスにおけるフィールドワークの応用を促すだろう。こうしてフィールドワークは多様化し、フィールドワーク概念もまた拡張していくのである。

本書の視角

本書は、大学ないしは研究所に籍をもつ職業的な人類学者によって主に執筆されている。しかし、本書は、多様化するフィールドワークに対して、人類学の「正統な」フィールドワークのあり方を示そうとするものではない。むしろ、多様化するフィールドワークとフィールドワーク概念の拡張を積極的に捉え、そこから「人類学的なフィールドワーク」を捉え直す試みである。

冒頭で述べたように、職業的な人類学者にとり、フィールドワークは学者としてのアイデンティティを構成する要件のひとつである。このことは、フィールドワーカーを自認する他分野の学者にも当てはまるのかもしれない。しかし、人類学ほど方法論的にフィールドワークに固執する人文・社会科学があるだろうか。好むと好まざるとにかかわらず、多くの場合、長期のフィールドワークを経験せずして職業的な人類学者になることは困難である。それが手段であり目的でもあるかのように、人類学者はフィールドワークあるいはフィールドワークのある人生に、文字通り取り憑かれている。本書は、この呪縛とも祝福ともつかない執念に支えられた人類学的営みとして、「生き方としてのフィールドワーク」を探求するものである。

本書の多くの章が共通して描いているものは、受動性のなかにあるフィールドワークである。人生のすべてを自らの意思通りに動かしてきたと言い切れる者などいるだろうか。人は皆、自らの意思とは無関係に生じる出来事に流されながら、あるいは抗いながら、ままならぬ人生を生きているのである。人類学者にとり、フィールドワークは、そのような人生と地続きである。時間と空間を区切り、明確な問題意識を携えてフィールドに赴いたとしても、計画通りに事が進むわけがない。フィールドで出会う人々もまた、人類学者と同様にままならぬ人生を抱えているのであり、両者は学術調査を越えた関係性の中で互いの生を揺さぶる。そうした受動性のなかで、人類学者は立ちすくんで懊悩したり、自己と他者の言動のつじつまを合わせたり、寄る年波に慨嘆したりしながら、フィールドワークが埋め込まれた人生を生き、そのことに意味を与えようとしている。本書で描かれるのは、そのような、学術論文として昇華される以前の思考と情動をまとった「生き方としてのフィールドワーク」である。

フィールドワークを生き方として捉えることは、研究者が人としてフィールドワークとどのように向き合っているのかを問うことでもある。自分自身にとっての学問のあり方、そして、そのあり方と社会との関係は、他者をまきこむフィールドワークという調査手法をとる研究者なら誰しもが考えざるをえない局面があるだろう。このことが本書のすべての章で明示的に論じられているわけではないが、「生き方としてのフィールドワーク」という問題設定には、学問を「わがこと」として捉えるという視角が含まれていることを強調しておきたい。職業的な人類学者ともなれば、いつしか「研究のための研究」に陥る可能性がある。先行研究や欧米の最新理論を消化することに汲々とし、学界やスポンサーの求める学術論文や報告書を生産することが自己目的化することもあるだろう。しかし、フィールドワークは、自らの研究の手段としてのみ存在し得るのだろうか。本書は、このような視点から、各執筆者が自らの生と学問を顧みる試みでもある。

フィールドワークを生き方として問題化する視点は、同時に、身のまわりの日常生活を照らし出す。生きていること自体がフィールドワークであるのなら、本書の執筆者の多くが携わる大学教育を始め、様々な専門家が集う職場での業務、アルバイト、家事や育児、介護や闘病、さらには、いま手にとっているこの本を読むという行為でさえも、フィールドワークとして対象化することができる。そのような場合、「フィールド」と「ホーム」の関係は反転を繰り返し、「仕事」と「休息」は渾然一体となり、もはやフィールドワークと日常生活の線引きが不可能となる。このように、生と学問という区別自体が意味をなくすような局面も、本書のいくつかの章で描かれている。

最後に、本書の視角は、人類学者のライフコースに応じたフィールドワークのあり方もまた浮かび上がらせていることを指摘しておきたい。本書は、三十代、四十代、五十代という異なる世代の人類学者によって執筆されている。一般的に、多くの人類学者にとり、長期調査を行うことができるのは、大学院生時代の二十代に限られている。人生はまさに人それぞれではあるが、歳を重ねるごとにフィールドワークのあり方が変化していくことは避けがたい。にもかかわらず、これまでのフィールドワーク関連書籍は、年齢的あるいは社会的に「若い」世代の長期調査のみを念頭において編まれてきたように思われる。現実には、気力と体力と時間に恵まれた青年期はあっという間に過ぎ、人類学者は老いてゆく。たとえば、教務を始めとする社会的責任を果たし、研究資金を工面し、家庭問題に悩みつつ、長期休暇中にやっと数週間フィールドに身を置くのである。「生き方としてのフィールドワーク」とは、フィールドワークのある人生を選んだ者たちの紆余曲折の記録でもある。

本書の概要

本書は三部十章で構成されている。

第一部「はざまで」は、ホームとフィールドの狭間、文化の狭間、人と人の狭間にある「生き方」として展開するフィールドワークを紹介している。人類学者は、生活の場であるホームと、調査地であるフィールドの往還のなかで生きていく。両者の絶え間ない反転のなか、人類学者は様々な人と文化に出会い、翻弄し翻弄されつつ、喜怒哀楽に満ちた学究生活を送る。

第一章「フィールドを選ぶ／フィールドに選ばれる――エチオピアのイスラーム聖者村と人類学者」（吉田早悠里）は、調査地ではなかった「トリ村」をたまたま訪問することになった吉田が、その村に暮らすイスラーム聖者に名前と家と特別な役割を与えられ、「研究者」から「アクター」に変化していく過程を描き出している。吉田はそれまでイスラーム聖者信仰に関心を寄せたことがなく、その村で調査する気にもなれない。一方で、聖者は吉田に「外国人委員会」を組織させて村の諸事案の処理にあたらせ、吉田は村で生起する出来事に絡め取られていく。村への訪問を重ねるなかで、その村で調査することを決心した吉田は、その聖者が「将来、外国人と共に働く」という予言があることを知るとともに、自分がその「外国人」なのではないかと意識し始める。さらに吉田は、村での自らの立場に自覚的になるにつれ、「フィールドに選ばれた」ことを実感するとともに、ホームとフィールドが逆転し、もはや日本には「出稼ぎ」に来ているとさえ感じ始める。フィールドワークは、人類学者の人生の意味をかくも鮮やかに変容させてしまうこともあるのである。

第二章「文化の狭間に生きる――トランスポーター、ジョセフの生き方」（川崎一平）は、パプアニューギニアでガイドとして生計を営む「ジョセフ」を巡るエピソードから、文化の狭間に生きる彼と人類学者の「ナマの生」を描き出す試みである。ジョセフの長年の顧客である川崎にとり、彼との関係は肩すかしの連続である。川崎が深く悔いたジョセフとの口論や、フィールドでの思い切った文化的介入が、ジョセフの口からは取るに足らぬ出来事として明かされる。最も痛快なエピソードは、ジョセフが川崎を白人観光客相手のガイド「助手」に仕立てあげるものだろう。ジョセフはパプアニューギニアのさまざまな言語集団を渡り歩き、携帯電話やインターネットを通じて世界中の観光客とやりとりする。その事業の拡大の末に詐欺罪に問われるのだが、釈放された彼は意外にけろりとしている。文化の狭間を行き来する人類学者とガイドの物語は、時に二人の立場が入れ替わり、二人目の「ジョセフ」さえ現れるなか、狐につままれたように終わる。

第三章「生きるように学問する――私が南アフリカまで日本人に会いに行く理由」（杉下かおり）は、ザンビアを経て南アフリカで調査を続ける杉下が、「黒人」と「白人」と「日本人」の狭間にある自らの生と学問を顧みる試みである。ザンビアで初めてフィールドワークを行った杉下は、高級住宅街から貧民街に通い続けるうちに、自らの特権に対する罪悪感にさいなまれる。そのフィールドワークの最終盤に調査助手の「トレさん」を亡くして以来、杉下は長い苦しみのなかをさまよう。心機一転を図った南アフリカでは、人種隔離政策によって固定化した「白人」と「黒人」の分断を目の当たりにし、杉下の苦悩は深まる。日本で教職に就いた杉下は、自らの「日本人」あるいは「名誉白人」としての人種意識に向き合うことを決意し、南アフリカの日本人コミュニティの調査を始める。杉下の秘められた「疚しさ」を白日の下にさらすこの章は、生きることの意味をフィールドワークに見出さざるをえない人類学者による「懺悔」と「自己弁護」として読者に突きつけられている。

第二部「おわりとはじまり」では、世代の異なる人類学者がそれぞれのフィールドワークを振りかえり、過去と現在と未来をつなぐ新たな意味を発見している。過去を振りかえると、当時は「見えていなかったもの」が「見えるようになった」と感じることが多々ある。人類学者にとり、学位の取得や長期的な研究計画の終了は、過去を現在の視点から意味づけ、未来を展望する絶好の機会ともなるのである。

第四章「失われた時を求めて――フィールドワークにおける老いと時間」（菅沼文乃）は、沖縄県で「老い」をテーマに行った長期調査のあと、四年後に再訪した菅沼自身に「時間がもたらしたもの」を論じている。学生だった菅沼が博士論文を完成させる間にフィールドで起こった変化は、プルーストの小説『失われた時を求めて』に描かれる「〈時〉の独特な変革の力」を思わせる。かつて親しんだ街並みは再開発により一変し、かつての老人はさらに老い、転居や入院、死去によって再会が阻まれる。しかし、菅沼を最も困惑させたことは、世話になった元自治会長の男性との「出会いそこない」である。菅沼を忘れたかのように見えた彼は、実は彼女を別人だと思っていた。かつて世話をした「あの子はもっと若かった」からである。フィールドの人々と自らの老いが重なる。このエピソードは、菅沼の研究テーマである「取り消しのきかない老い」が、人類学者自身にも降りかかることをまざまざと示している。

第五章「フィールドワークと『甘え』――フィジーの自殺研究を振り返って」(杉尾浩規)は、「一昔前の話」となった長期調査について杉尾が感じる「不思議さ」を、自身の現在の研究関心から読み解くものである。杉尾がフィジーで行った自殺に関するフィールドワークは、資料収集にまつわるストレスと困難の連続だった。にもかかわらず、「なぜできたのか」という「不思議さ」を、杉尾は土居健郎の「甘え」論から理解することを試みている。調査の過程を丹念に振りかえると、現場での良好な人間関係は「甘え合い」としての「狎れ合い」と紙一重であり、必ずしも調査をスムーズに進めたわけではないことが分かった。一方で、調査に直接関与していたわけではないフィジーの「父親」の重要性が明らかとなった。フィールドで疑似的な家族関係を結んでくれた人々に対する「素直な『甘え』」があったからこそ、「分からなさ」に満ちた調査を完遂できたのではないか。こうして、フィジーの「家族」との温かな思い出は、新たな研究視座の元で新たな意味を獲得したのである。

第六章「『生活実感』からの再出発――モロッコのベルベル人男性ハーッジとの出会いと歌舞アホワーシュ」(齋藤剛)は、モロッコでフィールドワークを続けてきた齋藤が、学術的な問題関心や認識枠組みから一旦距離を置き、調査対象とした人々との直接的な交流の場に立ち戻ろうとする試みである。齋藤は、フィールドで長年親しんだ古老「ハーッジ」が愛してやまなかった歌舞「アホワーシュ」を取り上げ、その魅力を当事者の視点から理解しようとする。太鼓の音に矢も楯もたまらなくなる古老の微笑ましいエピソードと共に開示されるのは、老若男女が様々な形で参加し楽しむことができるアホワーシュの多面性である。そこでは、「ベルベル人」と「アラブ人」の対置や、「大衆音楽」と「イスラームのエリート文化」の対比といった、既存の分析枠組みの限界が明らかとなる。このような枠組みが支配する「研究のための研究」を穿つきっかけを、齋藤はハーッジとの交流や彼の「生活実感」に求め、そこから再出発するのである。

第七章「楽園の宗教と観光と私をつないだ食堂——バリ島の忘れえぬ恩人たちとの出会い」（吉田竹也）では、インドネシアのバリ島についておよそ三十年にわたって研究してきた吉田が、自らの生と学問の紆余曲折を回顧する。吉田が明かす研究の挫折や行き詰まりといった学術的な困難は、彼の親族の病と死という私的な苦悩と重なっていた。苦境からの転機は、バリのとある食堂での女性従業員との会話がもたらした。「マデ」が実践する「個人的な祈り」や、「コボ」が体現する経済格差は、吉田を「伝統的なバリ宗教」の裏側へと導いた。さらに、吉田は食堂の従業員との会話を「休息」とし、調査対象者との会話を「仕事」とみなすことの恣意性に気づく。自らの研究を転換させた気づきは、「休息」と思っていた時間にこそ訪れたのである。最後に読者の心を捉えるのは、還暦を目前とした吉田の諦念である。新たな出会いと探求への期待とともに語られる、自らの老いと限界。人生も学術調査も、限られた時間と空間のなかで何がしかの意味を創出する営みであり、いつかは必ず終わるのである。

第三部「身のまわりから」は、どこか遠くの国や地域ではなく、人類学者の日常生活にフィールドワークの契機が埋め込まれていることを明らかにする。大学での教育活動や職場での事務作業、この本を読むといった行為にもフィールドワーク概念を拡張することにより、人類学的な知と実践が果たしうる新たな役割や、平凡な「日常」に対する新たな視座を見出すことができるだろう。

第八章「異文化表象の誤配と交響するフィールド」（菊地滋夫）は、大学教育における人類学者の挫折と成功を描いたものである。着任当初は順調だったかに思われた菊地の授業運営は、「大学全入時代」の幕開けとともに迷走を始める。学生に学ぶ意欲をもたせようとする試みはことごとく失敗し、菊地は私語や居眠りを叱責するしかない自分の教員としての限界に直面する。起死回生を図るべく、菊地は「フィールドワーク」という授業で学生をザンジバル（タンザニア）に連れ出し、現地の人々との「おしゃべり」を通じた学びを模索する。試みは成功し、学生は初対面でも気軽に家族や仕事の話をするザンジバルの「おしゃべり」文化に触れ、「心の壁」を乗り越えて輝きを取り戻していった。手応えを感じた菊地は、ザンジバルの「おしゃべり」の場を勤務先大学に生み出すべく奔走し、遂には全学必修の初年次教育科目の創設にこぎつける。こうして、日本の教室とザンジバルの街角は、人類学者のフィールドとして思いがけなく結びつき、他者との出会いと相互理解の場として響き合うことになったのである。

第九章「異分野との共同研究の現場——現場＝フィールドの学としての人類学」（中尾世治）は、衛生工学を中心とする複数領域の専門家で構成された共同研究の現場を取り上げる。博士論文提出直後に任期付き研究員として参加した中尾は、衛生工学という「異文化」に戸惑い、人類学者としてどのような貢献ができるのかわからず、学びながら苦悩する。共同研究の調査地のひとつであるブルキナファソの専門家として、「現地情報提供者」や「コーディネーター」以上の役割を果たすことができるのか。考えあぐねた結果、中尾は共同研究の現場をもフィールドとして分析対象化するという方向性を見出した。自身は歴史人類学者として植民地統治期の行政文書を渉猟し、文書相互の引用・言及関係を読み解いてきた。一方、衛生工学の共同研究者として文書を作成する際は、申請書や報告書、論文といった様々な文書の引用・言及関係に整合性をつけていく。このような対照性を発見した中尾は、共同研究を文書作成の現場として「メタ研究」する視点を獲得し、知の技法としての人類学の可能性を再発見したのである。

第十章「そんなことはどうでもいい、というわけでもないのかもしれない」（山崎　剛）は、読者がいま手にとっているこの本を読むという行為をフィールドワークする、という異色の試みである。山崎がいうように、人生もフィールドワークも、ほとんど「どうでもいいこと」であふれている。振りかえって語られる「生き方としてのフィールドワーク」とは異なり、それは「今、まさに起こり、簡単にはまとまりのつかないかたちで展開しているものである」。それをフィールドワークすることに、学問は必要とされない。書店に立ち寄り、この本を買い、様々な場所に持ち歩き、読み終えたら本棚にしまう。このような日常の「どうでもいいこと」に注意を向け、吟味することは、生きていることそれ自体を大切にすることである。それこそが学問やフィールドワークのはじまりとして位置づけられるものであり、「どうでもいい、というわけでもないのかもしれない」のである。

おわりに

以上のように、本書は人類学者の生に埋め込まれた「生き方としてのフィールドワーク」をさまざまな視点から開示している。そのほとんどは、学術論文では敬遠されがちな一人称単数を主語とし、「私」の主観的な視点から自らの生と学問を事後的に意味づけている。このような記述は、第七章の吉田と第八章の菊地が慎重に述べているように、見晴らしの良い境地に至った現在の「私」が過去を再構成しているに過ぎず、「事実」を述べているわけでも、あらゆる個人的な意味を開示しているわけでもない。また、第三章で杉下が尖鋭的に示しているように、事後的な自分語りは「自作自演」の「自己弁護」、さらには「自家中毒」的な自己耽溺に陥る可能性もある。最終章で山崎が突き放してみせるように、人生やフィールドワークは、結局のところ、「振り返ってもしかたない」ものなのかもしれない。それでもなお、本書は敢えて学術論文の行間に消えゆく「私」を拾い出し、その研究対象とされた他者との関係性を再確認する試みとしてありたい。人類学という学問の途方もない面白さと可能性は、そのような関係性のなかにこそ見出されると信じるからである。

われわれは皆、「どうでもいいかもしれない」出来事の海を暗中模索しつつ、失敗と成功を積み重ねていく。一息ついて振り返ってみると、雑多な点と点をつなぐ意味が見出され、秋の星座に託された神話のように、人生という悲喜劇が成立する。しかし、こうした物語もまた、移ろう時とともに変容していく。本書で語られた「生き方としてのフィールドワーク」は、語り手にとってさえも固定的なものではあり得ない。それが読者諸氏の「いま」と「私」に響くことを、執筆者一同は願うものである。

注

（1）「FENICSは、学問分野や産学の壁にとらわれずフィールドワーカーをつなげ、フィールドワークの知識や技術、経験を互いに学びあい、新たな知を生み出すことを目指すNPO法人」である。FENICSのHP（https://fenics.jpn.org/　二〇一九年七月二十五日最終閲覧）を参照。「一〇〇万人のフィールドワーカーシリーズ」全十五巻は、二〇一九年七月現在、十巻が刊行されている

（2）たとえば、そのような対象としては、「イスラーム原理主義」（大塚　一九八五）、「在日朝鮮人のエスニシティ」（原尻　一九八六）、「米国カリフォルニア州白人の定年退職者」（藤田　一九八八）がある。フィールドワークの対象として「閉じた」「純粋な」集団を想定しないという点を明示した論考としては、太田（一九九三）や石川（一九九三）が挙げられる。

（3）国立国会図書館サーチ（https://iss.ndl.go.jp/）から、二〇一九年七月二十五日時点で筆者（中尾）作成。

（4）イギリスでも同様に、少なくとも一九九〇年代後半まで、主要な大学で人類学のフィールドワークの方法論が講義されることはなかったとされる（Okely 2012: 4）。

（5）産業と文化人類学の関係、および二〇〇〇年代後半から日本でエスノグラフィー（フィールドワーク）が実務にとりいれられた過程については、伊藤（二〇一七）に詳しい。

参考文献

Aikenhead, Glen S. 2001 "Science communication with the public: A cross-cultural event" in *Science Communication in Theory and Practice*, S. Stocklmayer, M. Gore and C. Bryant (eds.), pp. 23-45, Dordrecht: Kluwer Academic Publishers.

Foster, Hal 1995 "The artist as ethnographer?" in *The Traffic in Culture: Refiguring Art and Anthropology*, G. Marcus and F. Myers(eds.), pp. 302-309, Berkeley: University of California Press.

Okely, Judith 2012 *Anthropological Practice: Fieldwork and the Ethnographic Method*, London: Berg.

秋山裕之・小西公大（編）　二〇一六『フィールド写真術（FENICS 一〇〇万人のフィールドワーカーシリーズ14）』古今書院。

石川　登　一九九三「農民と往復切符――循環的労働移動とコミュニティ研究の前線」『民族学研究』五八巻一号：五三―七二。

市川健夫　一九八五『フィールドワーク入門――地域調査のすすめ』古今書院

伊藤泰信　二〇一七「エスノグラフィを実践することの可能性――文化人類学の視角と方法論を実務に活かす」『組織科学』五一巻一号：三〇―四五。

梅棹忠夫　一九六九『知的生産の技術』岩波書店。

太田好信　一九九三「文化の客体化――観光をとおした文化とアイデンティティの創造」『民族学研究』五七巻四号：三八三―四一〇。

大塚和夫　一九八五「あご髭とヴェール――衣裳からみた近代エジプトのイスラーム原理主義」『民族学研究』五〇巻三号：二三九―二六九。

岡田浩樹・木村大治・大村敬一（編）　二〇一四『宇宙人類学の挑戦――人類の未来を問う』昭和堂。

小田博志　二〇一〇『エスノグラフィー入門――〈現場〉を質的研究する』春秋社。

梶丸　岳・丹羽朋子・椎野若菜（編）　二〇一六『フィールドノート古今東西（FENICS 一〇〇万人のフィールドワーカーシリーズ13）』古今書院。

川喜田二郎　一九七三『野外科学の方法――思考と探検』中央公論社。

國澤好衛・久保隅　綾・蓮池公威・濱田有希　二〇一二「ビジネスの場で取り入れる『エスノグラフィー』」『宣伝会議』八四二号：一〇八―一一七。

クリフォード、ジェイムズ　二〇〇三『文化の窮状――二十世紀の民族誌、文学、芸術』太田好信・慶田勝彦・清水展・浜本満・古谷嘉章・星埜守之訳、人文書院。

監物もに加・中尾世治　二〇一三「人類学と共に生きる――大学／院とその後の人類学にむけて」『南山考人』四一号：二五―四三。
佐藤郁哉　一九九二『フィールドワーク――書を持って街へ出よう』新曜社。
――　一九九三「秘伝とハウツーのあいだ――フィールドワーク技術論の可能性についての覚え書き」『民族学研究』五八巻三号：二七二―二七六。
佐藤知久　二〇一三『フィールドワーク2.0――現代世界をフィールドワーク』風響社。
佐藤靖明・村尾るみこ（編）二〇一四『衣食住からの発見（FENICS 一〇〇万人のフィールドワーカーシリーズ11）』古今書院。
椎野若菜・白石壮一郎（編）二〇一四『フィールドに入る（FENICS 一〇〇万人のフィールドワーカーシリーズ1）』古今書院。
――　二〇一七『社会問題と出会う（FENICS 一〇〇万人のフィールドワーカーシリーズ7）』古今書院。
菅原和孝（編）二〇〇六『フィールドワークへの挑戦――「実践」人類学入門』世界思想社。
杉本尚次　一九八三『フィールドワークの方法』講談社。
杉山滋郎　二〇〇七「なぜ今、科学技術コミュニケーションか」『はじめよう！　科学技術コミュニケーション』北海道大学科学技術コミュニケーター養成ユニット（編）、一―一三頁、ナカニシヤ出版。
床呂郁哉・河合香吏（編）　二〇一九『ものの人類学2』京都大学学術出版会。
富沢寿勇　二〇〇七「序論――人類学的フィールドワークの外延と展望（〈特集〉人類学的フィールドワークとは何か）」『文化人類学』七二巻三号：三四五―三六〇。
中根弘貴　二〇一七「人類学と繋ぐ、フィールドにて。――南山考古文化人類学研究会 OBOG 会に寄せて／を事例に」『南山考人』四五号：四七―六三。
西井涼子（編）　二〇一四『人はみなフィールドワーカーである――人文学のフィールドワークのおすすめ』東京外国語大学出版会。
原尻英樹　一九八六「在日朝鮮人のエスニシティ――筑豊A地区の事例より」『民族学研究』五一巻三号：二七五―二八九。
廣野喜幸　二〇〇七「科学コミュニケーション」『科学コミュニケーション論』藤垣裕子・廣野喜幸（編）、六五―九二頁、東京大学出版会。
藤田真理子　一九八八「象徴の連続性と生活秩序の再定義――米国カリフォルニア州白人の定年退職者の事例から」『民族学研究』五三巻一号：五八―八五。
マリノフスキ、ブロニスワフ　二〇一〇『西太平洋の遠洋航海者』増田義郎訳、講談社。

港　千尋　二〇一八「新たな協同のフィールドへ向けて（特集：アートと人類学――多元化する『世界』の描き方）」『美術手帖』七〇巻一〇六七号：一〇―一一。
山下晋司・福島真人（編）二〇〇五『現代人類学のプラクシス――科学技術時代をみる視座』有斐館。
山森哲史　二〇一七「文化人類学×仕事」『南山考人』四五号：七三―八三。

第一部　はざまで

アブドゥルカリームの従者、同行者、筆者の記念撮影（2010年10月17日）

第一章　フィールドを選ぶ／フィールドに選ばれる——エチオピアのイスラーム聖者村と人類学者

吉田　早悠里

はじめに

いかなる研究においても、出発点は研究者自身の「問い」からはじまる（はずである）。研究者は、自らの問いに対して答えを導き出すべく、さまざまな方法でアプローチをする。そうしたなかで、文化人類学はフィールドワークという手法によって、問いを解明しようと試みてきた。

文化人類学において、フィールドワークは学術的なアイデンティティを構成する主要なもののひとつである。フィールドワークは、フィールドに継続的に何度も通い、そこに暮らす人々と信頼関係を形成しながら、長期的に滞在することでなされるものである。人類学者にとって、フィールドとは自らがたてた学術的な問いを検討するための場所であるが、それ以上に人類学者の人生に深く関わる場所でもある。それゆえ、フィールドの選択は、期待に満ちたものである一方で、不安も伴う。それは、研究をはじめたばかりの者であろうと、人類学者としての研究キャリアを積んだ後に新たなフィールドを開拓しようとする者であろうと変わらない。

人類学者はどのようにフィールドを選択するのであろうか。フィールドワークに関する書籍が数多く出版されているものの、佐藤は「フィールドをいかに選択するのか」という主題で書かれた論文や書籍が乏しいことを指摘している（佐藤　二〇〇八：二六―二七）。フィールドの選択は、佐藤の「フィールドをいかに選択するのか」という表現からもわかるように、人類学者自身による能動的な行為であるように思える。とはいえ、人類学者が自らフィールドを選択したとしても、そのフィールドが人類学者を受け入れてくれるかどうかは別の問題である。現地の人々との信頼関係の形成がうまくいかなかったり、そもそも調査の実施を拒否されたりすることもあるだろう。フィールドワークとは、その土地で生活するものであるため、自らが選んだフィールドが学術的な問いを明らかにする上で適切だとしても、現地の気候や食事、人々の慣習など、フィールドでの生活が自分の肌に合わない場合、フィールドワークは苦痛でしかない。場合によっては、心身の健康を壊すことさえありうる。

一方で、「人がフィールドを選ぶのではなく、フィールドが人を選ぶのだ」ともいわれる。人類学者の意思とは裏腹に、自分自身の力の及ばない偶発的な出来事や、人との出会いや関係性のもとでフィールドが決まることが多々ある。そして、こうしたことは「フィールドに選ばれる」と表現される。実際、多くの人類学者がいくつもの偶然、あるいは必然ともいえる出会いや経験に支えられてフィールドワークを行い、研究成果を生み出している。藤本が指摘するように、フィールドワークの前後最中には、いくつもの貴重な邂逅があるはずである。しかし、そうしたことが文化人類学の研究成果に記されることは滅多にない（藤本　二〇〇八：一七六）。フィールドワークが成立した背景や、フィールドにおける現地の人々と調査者の関係性の詳細などは、民族誌のまえがきやあとがき、あるいは謝辞の部分で簡潔に触れられる程度にすぎない。フィールドワークの背景や現地の人々との関係性といった個人的な経験は、フィールドワークから得たデータをもとに理論を構築し、それを一般化する上ではさして重要ではないのである。ただし、個人的な経験として切り捨てられがちなことにこそ、人類学の面白さや奥深さ、そして魅力が息づいているということについては、多くの人類学者が認めるであろう。

フィールドの選択、そして問いの設定と調査の実施は、どのようなプロセスを経るのであろうか。実際には、フィールドは人類学者による選択に加えて、フィールドの人々との関係性や彼らによる働きかけ、あるいはフィールドの状況など、人類学者の思いも寄らない偶発的なことによって、つまり「フィールドに選ばれる」ことによって決まるのではないか。たとえば、フィールドワークの祖ともいわれるマリノフスキが、第一次世界大戦の勃発により帰国できなくなり、トロブリアンド諸島で単独かつ長期のフィールドワークを行うことになったように。そして、それによって民族誌の古典的名著である『西太平洋の遠洋航海者』（マリノフスキ　二〇一〇）がまとめられることになったように。

本章では、「フィールドを選ぶ」ということと、「フィールドに選ばれる」ということについて、私個人のフィールドの選定にまつわるエチオピアでの経験をもとに考えたい。そして、フィールドの決定がどのようになされ、そこにいかなる紆余曲折や葛藤があるのか、「フィールドを選ぶ」ことと「フィールドに選ばれる」ということがどのような関係にあるのかについて検討していきたい。

調査対象外の村

初めての訪問

私は、修士課程と博士課程に在籍していた二〇〇四年から二〇一二年までの八年間、エチオピア南西部に位置する南部諸民族州カファ県をフィールドとして、マジョリティの農耕民カファとマイノリティでかつて狩猟を主な生業としていたマンジョの社会関係に関する研究を行ってきた。博士号の学位取得後の二〇一二年半ばから現在までは、エチオピアのオロミア州ジンマ県ゲラ郡を主なフィールドとしている。カファ県とゲラ郡のいずれのフィールドも、研究対象も、実は私自身が積極的に選び取ったわけではなかった。

大学院に入学した時、私はコーヒーを栽培する農民の生活と世界経済の関係に興味を抱いており、「コーヒー発祥の地」とされるカファ県でコーヒー生産者の農民たちの生活について調査するつもりでいた。調査地をカファ県に決めた後、石原美奈子先生（南山大学）が故福井勝義先生（京都大学）に私の研究テーマについて相談してくださった。すると、福井先生は「カファ県であれば、マンジョでしょう」とおっしゃったという。マンジョは、かつて狩猟を主な生業とする狩猟集団で、同地に暮らすマジョリティのカファから差別されているという。突然私のもとに提示された研究対象に対して、戸惑うとともに悩んだ。とはいえ、私には断る理由もさして思い浮かばなかった。そもそも、マンジョについての情報がほとんどなかった。それゆえ、具体的な問いをたてることさえままならないなか、私はなぜマンジョがカファによって差別されているのかについて研究してみることにしたのであった。

初めてのフィールドワークは、二〇〇五年一月から二〇〇五年三月にかけて、カファ県の役場で紹介された村をフィールドとして行った。調査をするなかで、実は数年前にその村でカファによる差別に反発を抱いたマンジョがカファを襲撃するという事件が起きていたことや、差別の改善を求めた政治的活動が行われていたことが判明した。福井先生に研究対象を提示され、私自身の研究の問いが曖昧なままではじまったフィールドワークは、期せずしてフィールドからテーマを提供される形で展開していった。その後、二〇〇六年度、修士課程の三年目であった私は、修士論文を書き上げるにあたって二〇〇六年八月から二か月間、エチオピアで補足調査をする計画をたてていた。

二〇〇六年八月の渡航直前、石原先生がエチオピア南西部のオロミア州ジンマ県ゲラ郡に調査に出かける予定であるという。折しも、私と石原先生の渡航日程は重なっており、石原先生は私にゲラ郡に行くことを誘ってくださった。カファ県とゲラ郡はゴジェブ川を挟んで隣接している。私はゲラ郡にもマンジョの人々が暮らしているという話を耳にしていたため、ゲラ郡に行ってみたいと思っていたところであった。そこで、私は小旅行に行く気分で石原先生の誘いに応じた。

石原先生は、エチオピアのイスラームについて、とくにスーフィー聖者アルファキー・アフマド・ウマル（以下、アルファキー、一八九一年—一九五三年）に関する調査を一九九三年から行っていた。アルファキーは、現在のナイジェリアの北東部に位置するボルノで生まれ、その後、天命を聞いてエチオピアを訪れたムスリム聖者である。アルファキーはティジャーニーヤと呼ばれるスーフィー教団に属しており、神秘階梯のレベルの高い導師であったとされる。石原先生は、アルファキーの足跡を追ってエチオピア各地を訪問しながら、アルファキーの人生や、アルファキーに対する人々の敬愛や信仰実践について調査をしていた（石原　二〇〇九、二〇一九）。そして、当時、石原先生はアルファキーの実子であるアブドゥルカリームとの拝謁を希望して、彼が暮らすゲラ郡オッバトリ村のトリ集落を訪問する計画をたてていたのであった。石原先生は、一九九六年十一月にトリを訪れたことがあり、今回が二度目の訪問だった。

二〇〇六年八月、石原先生と私、そしてエチオピア人の助手二人を加えた合計四人でトリへ向かった。トリは、森林豊かなゲラ郡のなかでも極めて不便な場所に位置していることと、雨季の真っ只中であったことも相俟って、道中は難儀を極めた。途中まで馬にのり、その後は徒歩で進んだ。朝九時半頃に出発し、トリに到着したのは夜九時頃であった。

到着後の記憶は、残念ながら朧気でしかない。トリでは、集落の住民の家に宿泊させてもらった（約六年後、実はこの家がアブドゥルカリームの息子の家であることを知ることになる）。そして、二回ほど、アブドゥルカリームと拝謁したらしい。らしい、というのは、私の記憶も、記録も、曖昧だからである。当時の私は、そもそもアルファキーに関して知識も関心もなく、アブドゥルカリームが誰であるかについても知らなかった。加えて、エチオピアの実用語であるアムハラ語もさほど習熟していなかった。そのため、当時のフィールドノートでトリでの滞在中に記した部分を見返しても、記述はほとんどない。唯一、覚えているのは、石原先生がアブドゥルカリームに私のことをカファ県でマンジョについて調査をしている学生であると紹介した際、アブドゥルカリームがとても喜んでいた、と石原先生が私に教えてくださったということであった。

トリでの滞在は、四泊五日であった。当初はもっと短い日程を予定していたが、雨が降り続き、帰路に就くことができなかったのである。そして、トリを出る際には、ぬかるんだ山道を約四十キロメートル、徒歩で帰ることになった。それでも、なぜだかわからないが、私はトリの居心地が良く、将来、この地で調査ができれば良いなと感じていた。とはいえ、当時の私は、自分はカファ県での調査を生涯にわたって続けるのだと考えていた。

アルファキーとアブドゥルカリーム

アブドゥルカリームは、アルファキーが晩年に得た男児の一人で、一九四四／四五年にエチオピア西部に位置する西ウォッレガ地方クサイェで生まれた。[1] アルファキーの妻がアブドゥルカリームを懐妊したのは、アルファキーが人々との拝謁を謝絶して九か月のハルワ修行（観想修行）に入った時であった。この妻は、アルファキーと肉体的な関係をもつことなく、アブドゥルカリームを身籠ったとされる。アブドゥルカリームが母胎にいた時、礼拝の時間になると母親の胎内からティジャーニーヤの主要な唱句が聞こえてきた。不安に思ったこの妻が、従者（*Ar. khādim*）を通じてアルファキーに尋ねると、問題ないといった。出生時、アブドゥルカリームは歯が生え、髪も髭もある老人のような顔つきであったという。アブドゥルカリームは、生まれるとすぐにくしゃみをして、「アルハムドゥリッラー（アッラーに讃えあれ）」といったと伝えられている。アルファキーが「急ぐのはやめよ」といってアブドゥルカリームの顔を手でなでると、歯や髭がなくなり、普通の赤子の顔になったという。

アブドゥルカリームのもつ霊的な力については、さまざまな語りが伝えられている。たとえば、アルファキーは、「アブドゥルカリームは自分（アルファキー）の七倍（あるいは七十倍）の力をもっている」「自分（アルファキー）は十二の袋のうち、一袋と半袋のみをつかった。残りの十袋と半袋は、アブドゥルカリームに託されている」と語ったと伝えられている。そのため、人々はアブドゥルカリームも聖者として敬愛し、「王（Or. *mooti*）」と呼ぶ。

アルファキーは一九四〇年代半ばにゲラ郡を訪れた。そして、当時、コルカという地名で呼ばれていた土地を領主から購入して、オロモ語で「適する」を意味するトリと名づけた。しばらくして、幼いアブドゥルカリームがゲラに呼び寄せられた。その後、アブドゥルカリームの母も呼び寄せられて、弟アブドゥルハリム、そして妹カディジャが生まれた。アルファキーと共にゲラを訪れた人々のなかには、そのままゲラに残ることになった者もいた。アルファキーは、人々をトリと隣接する地に住まわせ、トリの森林を切り開いてマサラ（Or. *masaraa*、宮殿、邸宅の意味）を造らせた。アルファキーは、ゲラで約五年間を過ごした後、実子の養育と集落の維持・管理を弟子に託し、ゲラを去った。

今日、トリには、アブドゥルカリーム、そして彼とアブドゥルハリムおよびカディジャの子孫に加えて、約七十世帯の住民が暮らしている。なお、アブドゥルハリムは一九九五年に、カディジャは二〇〇六年に死去した。現在、アルファキーの実子で存命している男性は、アブドゥルカリームのみである。

聖者との出会い

聖者からの呼び出し

二〇〇八年六月から二〇〇九年三月、私は博士課程在学中でカファ県において約九か月間のフィールドワークを行っていた。帰国まであと一か月に迫った二〇〇九年二月、私は精神的に疲弊し、体調も崩していた。そこで、心身の安息を求めて数日間、首都アディスアベバに戻ることにした。

しかし、アディスアベバではお世話になっていた家族との諍いに直面した。二日後に調査地に戻る予定だった夜、その家の息子の一人と激しい口論になった。翌朝、私はその家族にお世話になったことの御礼を告げ、全ての荷物をもって家を出た。ほぼ家出同然であり、私は、その日の宿泊先を探すことになった。そこで、約一年ぶりに、かつて身を寄せていたエチオピア人女性のもとに一晩だけ宿泊させてもらうことにした。

その日の夜のことである。彼女の家の電話が鳴った。「サユリ、あなたに電話よ」という。私はその家を約一年近く訪れておらず、その日、私がその家に滞在していることなど誰も知らない。私は携帯電話をもっており、友人であれば私の携帯電話に直接電話をしてくるだろう。私はいぶかしく思ったが、受話器を取った。電話の相手は、知らない女性であった。名前はラフマといい、オロミア州ジンマ県の都市ジンマから電話をかけているといった。「あのお方が、ミナコ（石原先生）か、サユリに会うことを望んでいらっしゃいます。一度、会っていただけないでしょうか」という。折しも、私は翌日にアディスアベバからカファ県に戻る予定であった。ラフマが暮らすジンマは、アディスアベバからカファ県への道中に位置している。そこで私は、ラフマと翌日の昼過ぎにジンマで会う約束をした。

電話の受話器を戻した後で、私はラフマとの会話の内容をその家の家族に話した。すると、その家の女性の弟が

「あのお方というのは、トリに暮らすアブドゥルカリームのことだろう」といった。彼は、二〇〇六年に石原先生と私がトリを訪問した際に同行した一人だった。そこで、あのときに会った男性か、とぼんやりと思い出したのだった。

翌日二月十日の十三時頃、バスでジンマに到着した。ホテルで部屋をとってからラフマに電話をし、ホテルのカフェに来てもらって話すことにした。ラフマは、この半年間、私と石原先生を探し続けていたと語った。そして、私にトリへ一緒に行ってくれないかという。私はカファ県で予定があったため、予定通りに戻ってくることを条件にトリへ行くことを承諾した。

二月十一日の朝、ラフマと二人でトリに向かった。途中の町では、私たちをトリへと乗せていくトラックが待っていた。トリに到着したのは、その日の夜だった。ラフマについていくと、一人の男性が門を少し開け、私たちの様子を窺っていた。アブドゥルカリームであった。アブドゥルカリームは、私とラフマを自らの邸宅に招き入れようとしたようだった。しかし、ラフマは恐縮し、私を別の家に連れて行った。ただし、その家もアブドゥルカリームの邸宅の一部であったのだが。

二月十二日、私はアブドゥルカリームに拝謁した。アブドゥルカリームが私と会うことを望んでいるとのことだったが、私はアブドゥルカリームにいくつかの質問を尋ねられ、それに答えるだけであった。まず、「喧嘩をした者たちに対して、どのような言葉をかけたら良いと思うか」と聞かれた。三日前に、アディスアベバでお世話になっていた人々との激しい口論の末にその家を飛び出したばかりの私自身のことを指しているようであった。アブドゥルカリームの質問に、私は具体的に三日前の口論の相手を思い描きながら答えた。その過程で、私は自らについて反省し、相手に対する怒りが徐々に薄れていくのを感じた。私自身の言葉が、その時の私自身が求めていた言葉として自らに返ってきた。それは、自分で自分自身を治療するという不思議な体験であった。気がつけば、私は晴れやかな心持ちになっていた。ほかには、「最近、携帯電話が普及しており、村の住民のなかにも携帯電話をもつようになった人物がいるが、弊害はないか」や、「自分の邸宅にマリヤムという名前のマンジョの女の子が一人おり、彼女がトリを去って別の土地へ行きたいといっているが、どうしたらよいか」などであった。

結局、アブドゥルカリームがなぜ私と会うことを望んでいたのかは、判然としなかった。携帯電話や、マリヤムという名前のマンジョの女の子の処遇といったことについて、私の意見を聞きたかったのだろうか。しかも、わざわざ外国人の私を探してまで質問するような内容だっただろうか。それとも、当時の私の怒りを鎮めるためだったのだろうか。腑に落ちなかったが、わずか二泊三日のトリの訪問は、カファ県やアディスアベバでの人間関係で疲弊した私の心を癒したのであった。

名前を授かる

私は、その後もカファ県に継続して通った。カファ県へ行く際には、ほぼ毎回、ラフマの家を訪れ、滞在させてもらった。ラフマは、私よりも五歳ほど年下だったが、芯が強く、自分の意見をもった女性であった。ラフマは、カナダで暮らす兄弟がジンマに設立した学校で運営スタッフとして働いていた。エチオピアで女性の友人が全くいなかった私にとって、ラフマは私が唯一、本音で話すことができる友人であった。

二〇一〇年九月、私はカファ県での調査に向かう途中でラフマの家に立ち寄った。すると、私が二〇〇六年と二〇〇九年にトリに滞在した際、トリで私を歓待してくれた青年アレムがおり、一緒にトリへ行こうという。私は、カファ県での調査を終えた後にトリへ一緒に行くことを約束してアレムと別れた。なお、数年後に知ったが、アレムはアルファキーの孫であり、アブドゥルカリームの弟アブドゥルハリムの息子であった。当時、アレムは私がエチオピ

図1-1　アブドゥルカリームに拝謁し、感極まる参詣者（2015年1月29日）

アに滞在していることを知らないなかで、私にトリを再訪してもらうにはどうしたらよいかと考え、ひとまずジンマを訪れることにしたのだという。すると、お互いがジンマに到着した直後に出会うことになり、とても驚いたという。

カファ県での調査中、私は風邪をひいた。咳が出るようになり、喉を痛めた。声がかすれるなかで、無理矢理声を絞り出して聞き取り調査を続行したこともあり、トリに行く日程が近づく頃には激しい咳に加えて、胸に痛みを感じるようになっていた。体調が悪いなか、トリを訪問するというアレムとの約束を反故にするか、迷った。しかし、アルファキーは多くの病人らを治したことからオロモ語で「薬師（Or. *abba qoriccha*）」と呼ばれていたこともあり、トリに行けば私の病気も治るだろうと楽天的に考えて、私はアレムとトリに行くことにした。

二〇一〇年十月十六日、たまたまバス乗り場に居合わせたアレムの友人も加わり、合計七人でトリに向かった。三回目のトリ訪問であった。当時の私は知らなかったが、トリは一年を通して多くの人々がエチオピア各地から訪れる参詣地で

図1-2　金曜日の集団祈祷で祈るトリの住民と参詣者たち（2019年3月22日）

あった。訪問者がトリを訪れる理由は、トリを訪れることで得られるバラカ（神の恩寵）を求めるものであったり、病気や問題、悩みの解決を求めるものであったり、さまざまである。金曜日と土曜日に行われる集団祈祷に参加するために訪れる者もいる。アブドゥルカリームに拝謁すると、病気が治癒し、問題が解決するとされているため、アブドゥルカリームとの拝謁を望む者も数多いが、その希望が叶うことは滅多にない。

トリに到着した翌日の十七日、私と同行者たちはアブドゥルカリームへの拝謁が許された。同行者らは、アブドゥルカリームへの拝謁が叶ったことで、喜びに満ちあふれ、翌日の十八日には私を残してトリを去った。しかし、トリについても、アブドゥルカリームについても何も知らない私は、アブドゥルカリームとの拝謁には関心も用事もなかった。むしろ、私は自分自身の体調のほうが気がかりであった。痰が絡む咳が昼夜を問わず続き、発熱と頭痛も伴った。夜になると、喘息のような症状が出ることと、部屋の床をネズミが走り回ることもあって一睡もできなかった。

二〇一〇年十月十九日、火曜日、アレムがアブドゥルカリームに呼び出され、私にアブドゥルカリームからの伝言をもってきた。アブドゥルカリームは、二か月前の二〇一〇年八月に石原先生がラフマとともにトリを訪れた時のことに言及し、「以前、ミナコが訪れた際には香水などが手元にあり、それを贈ることができたが、今は手元に何もない。現金を贈ったとしても、現金は消えてなくなるものである。そこで、あなたに名前を授けるのはどうだろうか。マリヤムという名前を授けようと思うが、いかがか」といったという。

私は、「恐れ多いことです。お受け取りいたします」というアブドゥルカリームへの返事をアレムに託し、マリヤムという名前を授かった。マリヤムという名前は、アラビア語のマルヤム、すなわちイエス・キリストの母マリアのことである。トリの住民は、アブドゥルカリームが私に名前を授けたことについて、「バラカである」といった。しかし、当の私自身は、それがバラカであるという実感は全くなく、むしろ名前を授かった後に病状が悪化したことを気にしていた。これについて私は、新たな名前が私にふさわしいかどうかを試す通過儀礼のようなものであろうと解釈した。民族誌では、よくある話である。

翌十月二十日、二十一日も、私の体調は一向に回復せず、高熱、頭痛、咳、痰、鼻水、全身の筋肉痛に悩まされ、死の予感が頭をよぎるようになっていた。日本から持参していた風邪薬はとうの昔になくなり、頭痛薬も最後の一回分になっていた。アレムをはじめ、私の体調について耳にした集落の人々が、私を献身的に看病してくれた。私は、病院に行くためにトリを離れて町に戻りたいとアブドゥルカリームに伝えることにした。私の帰国日も迫ってきていた。そしてその際、名前を授かってから病気が悪化したと伝えると、アブドゥルカリームは「なるほど。どうやら、もうひとりの肌の黒いマリヤム（マンジョの少女のこと）があなたに嫉妬しているようだ。ゲラ郡を離れれば病気は良くなるだろう」といった。私には、アブドゥルカリームの言葉の意味がわからなかった。

翌日、十月二十二日の金曜日、歩ける状態にない私のためにアレムがラバを手配してくれた。私は最後の頭痛薬を飲み、ラバに乗って三時間の道を進み、バスが通る幹線道路へと向かった。幹線道路沿いにある一軒の家に宿泊させてもらい、翌日、バスを乗り継いでジンマに戻った。バスのなかでは、座っていることもできず、隣に座ったアレムに膝枕をしてもらった。しかし、バスがジンマに到着すると、私の体調は改善し、病院に行かなくても良いのではないかと感じる程であった。ジンマでは、アレムの兄が私たちの到着を待っており、少し休んだあとで病院へ連れて行ってくれた。臀部に注射を二本打たれ、帰国予定を一週間ほど延長することになった。

ジンマでは、ラフマの家にお世話になった。病気になって死の恐怖を感じたこと、マリヤムという名前を授かったことをラフマに伝えると、ラフマはいった。「あのお方（アブドゥルカリーム）は、あなたに新しい名前を授けて、新しい人生を授けたのよ。あなたを死から救うために、名前を授けたのね」と。

トリでは、アレムをはじめ、人々による献身的な看病があったからこそ、私は死を逃れた。一方で、ゲラ郡を離れてジンマに戻ったところ、アブドゥルカリームのいった通り、私の病状が劇的に好転したことについて、私は驚くとともに、トリとアブドゥルカリームに神秘的な何かを感じるようになっていた。

トリでの調査のススメ

その後も、私はカファ県をフィールドとした研究を続け、二〇一二年三月、博士論文（吉田 二〇一二）を名古屋大学大学院に提出し、二〇一二年六月に博士号を取得した。博士論文の口頭試問を終えた後、私は研究仲間たちと今後の新しい研究の展開についての話に興じていた。カファ県で新しい研究テーマに取り組むか、全く別のフィールドで新たな研究テーマに取り組むか。当時、私はエチオピアの主食であるインジェラもコーヒーも胃に合わなくなっており、エチオピアを訪れると体調を崩すことが常態化していた。そのため、フィールドを別の国にするということを真剣に考えはじめていた。フィールドをカファ県から別の地域に変えることは、新しい調査をはじめるチャンスでもあった。しかし、フィールドを変更することは、言語も含め、全てゼロからの出発である。不安も大きかった。

二〇一二年八月、フィールドでお世話になった人々に博士号を取得したという報告をするとともに、新たな研究の展望を切り開くべく、私はエチオピアに向かった。カファ県へ行く途中、いつものようにジンマでラフマの家を訪問した。すると、アレム、ラフマ、そしてラフマの兄ドゥラの三人の間で問題が生じていた。私と親しい関係にあった三人が問題を抱えていることを知りながら、それを放置するのも、いかがなものかと思った。そこで、私は皆でトリへ行くことを提案した。私自身が、二〇〇九年二月にラフマとトリを訪れてアブドゥルカリームに拝謁したことで、当時、抱えていた悩みや困難が軽くなった経験をしていたからである。同様に、彼らもトリを訪れれば、問題が解決するのではないかと思ったのであった。

私の四回目のトリでの滞在は五泊六日で、ラマダンのことであった。皆でアブドゥルカリームに拝謁して、アレム、ラフマ、ドゥラの間での問題について相談した。残念ながら、彼らの問題が解決することはなかった。この時、私は二〇〇九年の二回目の訪問時に滞在した一軒家に、その時と同様にラフマと二人で滞在した。ラフマに、博士論文を書き終え、新しい研究テーマを探していると話した時のことである。ラフマは、「なぜ、あのお方について調査をしないの」といった。そして、アブドゥルカリームが誕生した時のエピソードを語り、アブドゥルカリームについて調査をするようにと私に助言したのであった。

しかし、私はアブドゥルカリームについての調査をすることに、さほど興味をもてなかった。アルファキーについては石原先生が研究をなさっていたし、アブドゥルカリームについての調査は、アルファキーについての調査と重なる部分が大きいだろうと考えていた。そもそも、私には研究をはじめるにあたって不可欠な問いがなかった。トリでの滞在を終えた私は、カファ県に向かった。カファ県では、マンジョの人々のもとを訪問し、今後の調査項目について目星をつけた。しかし、それらは博士論文の延長といった感じが拭えず、私の心は決まらなかった。

流れに身を任せる

決まらないフィールドと研究テーマ

私は日本にいるときも、ジンマに暮らすラフマと電話で連絡を取っていた。電話で会話をするたびに、ラフマはアブドゥルカリームが、私がトリに来るのを待っているという。私は、トリでの調査テーマはとくに思い当たらなかったが、それまで数日間の滞在しかしたことがなかったこと、電話のたびに「いつトリに来るのか」と聞かれることもあり、さしあたりトリに滞在して、何らかの研究テーマを探してみようと考えた。二〇一三年一月末、私は初めて調査者としての心構えをしてトリに行くことにした。

エチオピアに到着し、ラフマに電話をかけると、アブドゥルカリームが私に首都アディスアベバなどから、ある人々を連れてトリに来るようにといっているという。その人々とは、プロテスタント諸派の教会の牧師と、アブドゥルカリームの息子と甥たちであった。私は、彼らと面識がなかった。連絡先を教えられた私は、彼らに電話をかけ、一緒にトリに行ってくれないかとお願いした。拒む者は誰もいなかった。

二〇一三年二月一日、アブドゥルカリームに呼ばれた人々と私は、トリに向かった。五回目の訪問であった。私と、同行した人々は、別々の家に滞在することとなった。私だけ、アブドゥルカリームの敷地内に位置する家に滞在することになった。それは、私が以前にラフマと滞在した家であったが、改修されて「外国人の家」と呼ばれていた。この家には、生活するのに必要な寝具、調理器具など、全てが準備されていた。また、私を歓迎する徴なのか、造花も飾られていた。アブドゥルカリームの従者たちが私の食事の準備や洗濯、水汲み、身の回りのことを行ってくれた。従者たちは、「外国人の家は、サユリの家だ」といい、この家は私がトリにいる時だけ扉が開かれ、私がトリにいない時は扉が締め切られるとのことだった。

私は、同行した人々と共にアブドゥルカリームに拝謁した。どうやらアブドゥルカリームは、プロテスタント諸派の教会の牧師と何か話し合いたいことがあったようである。しかし、なぜ私が彼らをトリに連れてくる役割を担うことになったのかは謎であった。しかも、その顔ぶれのなかにはアブドゥルカリーム自身の息子や甥がいた。私は何を期待されているのか、わからなかった。

拝謁から数日後、アブドゥルカリームの甥の一人を除いては、皆、帰って行った。トリに残った私は、さしあたりトリとその近隣を歩いて研究テーマを探してみることにした。これまでの自分の研究経歴と連続性があるテーマが良いだろう。まずは、トリの近隣に暮らすマンジョの家々を訪問してみた。また、ゲラ郡ではかつて奴隷交易が行われていたことから、以前から興味のあった奴隷交易について話を聞いてみたりした。マンジョについては、カファ県での研究の焼き直しになりそうであったし、奴隷に関しては過去の歴史を探ることに留まり、同時代的な研究にはなりそうになかった。他方で、アブドゥルカリームに拝謁すると、「なぜ外国人はトリを訪れないのか」という。トリに外国人が訪れようと、訪れまいと、私の知ったことではないと思ったが、何か力になれればとも思った。

「外国人」の訪問

二〇一三年二月末にエチオピアから帰国して少し時間が経った頃、私はエチオピアの様子について話をするために石原先生のもとを訪ねた。すると、石原先生が同年八月にエチオピアを訪問する際に、ゼミの男子学生が石原先生と一緒にエチオピアに行きたいといっているという。そこで私は石原先生に、トリに行くのはどうかと提案した。それにはふたつの理由があった。第一に、トリには私が滞在している「外国人の家」があり、滞在先には困らず、安全だった。かなり辺境の地にあるが、エチオピアの農村部の生活を知るにはふさわしかった。第二に、私が以前からアブドゥルカリームに「外国人が必要である」といわれていたことがある。なぜ外国人が必要なのかはわからなかったが、トリを訪れる外国人は、さしあたり私の他に誰もいなさそうだった。そこでこの機会に学生たちがトリを訪れれば、外国人を求めているアブドゥルカリームの希望を満たすことができるのではないか、と思ったのである。

二〇一三年八月、私と石原先生、四人の男子学生の合計六人でトリへ行った。私にとって六回目の訪問である。このとき、私は新しい調査地をトリにしようと決意を固めつつあった。というのも、私はマリヤムの名前を授かっていたし、アブドゥルカリームが外国人を求めているということも知っていたからである。加えて、日本にいる時に、研究会の後の懇親会の席で、学部と修士課程の指導教官であった坂井信三先生（南山大学）に、たまたまトリの話をしてみたところ、面白そうなフィールドだからトリでフィールドワークに取り組んでみるべきだと背中を押されたこともあった。しかし、相変わらず研究テーマは決まっていなかった。

滞在中のある日、私たちが滞在していた「外国人の家」のある一室に、集落の年長者らが集まって何かを話し合っていた。アブドゥルカリームの従者が私たちのもとにやって来て、私と石原先生に話し合いの場に同席するようにといった。というのも、アブドゥルカリームが「外国人と一緒に話し合いなさいといっている」からだという。私も石原先生も、状況が飲み込めなかったが、その日、話し合いの場に身を置いた。

石原先生と四人の男子学生は、数日後にはトリを去る予定だった。石原先生は、まだしばらくトリに滞在する予定であった私に対して、このまま人々の要領を得ない話し合いに同席することが求められるのであれば、私の時間が奪われることになりかねないと心配してくださった。だが、私は人々の話し合いの場に身を置くことにした。というのも、正直なことをいえば、手持ち無沙汰だったからである。私は前回の訪問で予備調査をしてみたものの、展望を見出せておらず、調査事項も決まっていなかった。そこで、私は流れに身を任せることにしたのであった。

石原先生と四人の男子学生がトリを去った後も、話し合いは継続された。議題は、トリの現状を改善するためにはどうしたらよいか、というものであった。アルファキーがトリを拓き、その地を去ってから半世紀以上が経つなかで、エチオピアの政権交代やさまざまな影響を受けてトリの状況も大きく変化した。そうしたなかで、宗教的な場所としてのトリにふさわしくない出来事や問題が多く発生するようになっていたのである。そして、私と人々は、そうした問題を改善するための解決策を探ることになったのであった。

話し合いのメンバーは、トリに暮らすアブドゥルカリームとアブドゥルハリムの息子たち、トリの年長者ら、アブドゥルカリームの従者たちであった。話し合いの場では、私は上座に座らされた。そもそも、集落で話されている言語はオロモ語である。私が話すことができる言語は、アムハラ語とカファ語である。オロモ語での話し合いの場に身を置いても、言語は一切理解できない。アムハラ語を話すことができるアブドゥルカリームの息子の一人が、状況が飲み込めず困惑する私に司会をするようにといった。私は、話し合いの詳細も理由もわからなかったが、人々に指示されるままに司会をした。すると、人々はトリで生じている問題と、望ましい状況、そしてかつてのトリの暮らしぶりについて語った。そして、問題を解決するためにどうしたらよいのか、人々は話し合いの内容がまとまると、私に話し合いの結論をアブドゥルカリームに伝えるようにというのであった。私は、アブドゥルカリームと人々の間をつなぐ伝言人のようだった。

なぜ、こうした話し合いの場に私が必要とされたのか、人々がその理由を語ることはなかった。人々も、理由がわからなかったようだ。私も、自分の立場は何なのかについて理解に苦しんだが、話し合いに参加することで、とりあえずフィールドノートに書く事柄があることに安堵していた。

「外国人委員会」の設立

二〇一三年末から二〇一四年三月にかけて、私は博士論文を単著（吉田　二〇一四）として出版する準備に追われており、エチオピアに行くことは叶わなかった。二〇一四年八月、一年ぶりにトリを訪れた。七回目の訪問である。すると、アブドゥルカリームは、私に対して集落の住民らを呼び集めて、前回の話し合い以降の状況について質問するとともに、「外国人委員会（Am. *färäng komite*）」を組織するようにといった。

私は、なぜ自分が人々を組織しなければならないのかよくわからないまま、人々を呼び集めた。私は、参加者の出欠を確認し、司会をしながら、約一年間の間に起きた問題とその解決策について人々から意見を聞いた。私はアムハラ語とオロモ語の通訳を介して、人々から話し合いで重要な点を教えてもらうだけであったにもかかわらず、人々から私が「外国人委員会」の代表者であると言い渡されたのであった。

私が日本に帰国するためにトリを出発する予定日の前日、人々の話し合いは終わりそうになかった。そのため、話し合いは別の機会に持ち越しになるという伝言を従者に託してアブドゥルカリームに送った。しばらくして従者がアブドゥルカリームのもとから戻ってきて、人々にアブドゥルカリームの言葉を伝えた。「なぜあなた方は外国人に一日滞在を延ばしてくれるようにお願いしないのか」という。すると、その場にいた男性全員が立ち上がり、私に対して「もう一日、トリに残って下さい」と懇願するのであった。七十代の年長者らも含む、男性たち二十人以上に懇願されて、断ることはできなかった。私は、調査者ではなく、トリでの出来事に関わるアクターの一人となっている自分自身の立場に困惑した。その後も、トリを訪れるたびに、私は人々を集めて話し合いを開くことが続いた。

訪問者から調査者へ

調査者になる

私は日本にいる間、月に一回程度、トリに暮らすアブドゥルカリームの息子に電話をし、トリの様子について教えてもらうことを心がけていた。トリには携帯電話のネットワークがないため、電話は滅多につながらなかった。だが、電話がつながると、「いつ来るのか。あなたが来るのを待っている」といわれた。よくよく話を聞いてみると、私が日本にいる間にいくつかの問題が起き、アブドゥルカリームが「外国人が来るまで、外国人委員会の活動はやめよう」といったという。実際、私がトリを訪問すると、全てが停止している状態であった。なぜ外国人が必要とされるのか、全く理解できないまま、私はトリを再訪し続けた。私は、相変わらず人々の話し合いの司会・進行役を果たすばかりで、文化人類学の調査らしきことは何もしていなかった。

私が人々の「外国人が来るのを待っている」という言葉を真に受けて、トリを訪れる義理などなかったのだろう。しかし、私にはトリではなく、別の調査地で調査を行うという決断もできなかった。ひとつには、私が二〇一〇年にマリヤムの名前を授かったことが、「鎖」となって私を縛っていると感じていた。もうひとつには、この頃には私のトリ訪問は既にかなりの回数に達しており、トリでの滞在に費やした時間と費用を考えると、今更、何も形にすることなくトリへの訪問を中断することもできなかった。

転機が訪れたのは、初めてのトリ訪問から約十年後の二〇一六年一月、十回目のトリ訪問であった。「外国人が来るのを待っている」といわれてトリを訪問し続けたが、私がトリを不在にしていた期間に何があったのかを教えてくれる住民はいなかった。加えて、「外国人委員会」の話し合いが毎回、表面的なものでしかないことにやや嫌気が差していた。私がトリを訪れて話し合いを開き、さまざまな議論を経て物事を決定した後に、日本に帰国してみると全て覆って振り出しに戻る、ということが繰り返されていた。のれんに腕押し、とはこのことである。

私は、トリでの「外国人委員会」の活動に携わることを一時的にやめると宣言した。そして、自らのペースで調査をはじめることにした。私はフィールドワークのためにトリを訪れていたにもかかわらず、この時まで、トリで生起する出来事に身を任せ、アブドゥルカリームの言葉に従うばかりで、自ら主体的に動いたことはなかったのである。そもそも、トリの集落に暮らす人々について、何も知らなかった。

私は、住民の構成と生活を把握するべく、本格的に世帯調査に着手することにした。調査の実施にあたって、トリを訪れて十年目にして初めてエチオピアの首都に位置するアディスアベバ大学が発行した「調査協力依頼書」を村の代表者にみせ、住民たちに滞在および調査の目的と内容について説明することになったのである。その際に明らかになったのは、私は何度もトリを訪れて、「外国人委員会」の代表者として振る舞っていた一方で、住民は私がどのようにしてトリを訪れるようになったのか、そしてなぜ何度もトリを訪れているのか知らなかったということであった。人々のなかには、私が石原先生と同様にアルファキーの調査に来ていると思っている者や、私がアブドゥルカリームへの拝謁を求めて参詣に来ているのだと思っている者もいた。

世帯調査はそれなりに進展したが、私は次第にトリでの生活に疲弊してきた。研究の問いがない状態での調査だったからである。そもそも、私の調査の実情は、トリに滞在するために調査をする、というものであった。というのも、私はマリヤムの名前をもち、「外国人が来るのを待っている」といわれ続け、そして「外国人委員会」の代表者にもなった。それに応えるべく、トリを訪れ続けてきたのである。そして、今更、トリから足を洗うこともできなかった。

全ては、三回目のトリ訪問時にマリヤムの名前を授かったことからはじまったのだと考えた私は、アブドゥルカリームに「普通の人」になるべく、名前を返却するとどうなるかと尋ねた。すると、アブドゥルカリームは、マリヤムの名前は一時的なものであるので、名前を変更することができるといった。選択肢は、マリヤムか、アミーナのいずれかであるという。アミーナとは、預言者ムハンマドの母の名前である。私は、くじで決めることにした。数珠が入った布袋のなかに手を入れて、つかんだ数珠の位置が示すことに従うというやり方である。私が三回、くじを引くことを願い出て数珠をつかんだところ、アミーナが二回、マリヤムが一回だったことから、二〇一六年二月二十五日の木曜日、私の名前はアミーナになった。名前を変更したことで、何か新しい変化が起きることを期待した。

「外国人」にまつわる予言

世帯調査は、二〇一六年二月から二〇一七年三月まで、合計四回、通算六か月間にわたって実施した。(2) 最初はトリの住民からはじめ、その後、近隣集落在住でトリに通ってくる人々に調査対象を拡大した。当初、世帯調査では、それぞれの世帯構成や生活状況についての聞き取りを行っていたが、途中からはインフォーマント自らがトリに暮らす理由、あるいは通う理由について語るようになった。そこでは、インフォーマントの人生においてアルファキー、アブドゥルカリームがどのような存在であるのか、そして彼らが経験した奇跡譚や、過去に耳にした予言などが語られた。彼らは、しばしば、「外国人（*Am. färäng*）がやってきて、ついにその時が来たんだ」といった。

「外国人」について、私が何の話なのかと人々に尋ねてみると、アルファキーが「将来、アブドゥルカリームは外国人と共に働く」と語った言葉があるのだという。アルファキーは、「外国人」に限らず、将来、起こり得る出来事についてさまざまな言葉を遺している。また、アブドゥルカリーム自身も、一九八〇年頃から「将来、外国人がやって来る」と繰り返し語っていたという。

二〇一六年五月の預言者昇天祭の夜、私はトリで同世代の男性たちと談笑していた。私が、イスラームの祝日には多くの人々がトリを訪れるが、外国人が来たことはあるのか、と質問すると、彼らは「外国人はミナコとサユリで十分だ」という。私がトリを継続的に訪れるようになった後も、アブドゥルカリームは「外国人が必要である」と語り続けていたため、私は彼らの言葉に首をかしげた。

一人の男性によると、一九九六年十一月に石原先生がアルファキーに関する歴史を聞くために初めてトリを訪問したとき、石原先生はアブドゥルカリームに、ある男性の家へ行くようにといわれたという。石原先生がこの男性のもとを訪れると、男性はクルアーンを取り出した。そして、ウドゥー（身体の一部を水で洗い清めること）の後で礼拝をし、そのクルアーンを開いて、そこに挟んであった一本の白い線香を取り出した。その線香に火をつけた後に、石原先生にアルファキーの歴史を語ったという。この白い線香は、アルファキーが「将来、自分のことについて質問する外国人が訪れる。そのとき、この線香に火をつけて語りなさい」といってこの男性に手渡したものであった。石原先生は、アルファキーがその訪問を予言した「外国人」として人々に認識されていたのであった。[3]

トリの住民の間では、私は石原先生とともにトリにやって来て、アブドゥルカリームからマリヤムという名前を授かったという点で他の外国人と区別されていた。[4] 住民の一人は、私はアルファキーとアブドゥルカリームの二人から素性を保証された「外国人」なのであると説明した。トリの住民は、私のことをサユリと呼んだり、「外国人」と呼んだりする。マリヤムやアミーナと呼ぶ者もいる。私が世帯調査に出かけた時には、私の訪問を「アッラーの使用人が訪れた」や、「天使（*Am. mälʾak*）がやって来た」と評する者もいた。私は、自分自身が日本からトリを訪れた単なる外国人ではなく、住民が語るようにアルファキーが予言した「外国人」の一人なのではないかと意識しはじめた。

「なぜトリをフィールドに選んだのか」

二〇〇六年から二〇二〇年現在まで、私のトリ訪問は二十回を超えた。[5] エチオピアで、「なぜトリをフィールドに選んだのか」と質問されることが多々ある。そんなとき、私は「私にはわからない。天命で」と答える。そして、私が本章で記してきたことを語ると、人々は「それ以上の説明は不要だ。アッラーがなされたことだ」といって納得する。実際のところ、私自身、なぜトリをフィールドとし、トリで何をしているのか、未だにうまく説明することができない。二十回を超えるトリ訪問を経て、学術的な問いはそれなりに形をなしてきたが、私がトリで行っていることを言語化して他者に説明できる段階に至っていないのである。

最初の訪問からおよそ十年間、私はトリをフィールドとしてみなさず、具体的な調査をしてこなかった。当初、私のトリ訪問は調査とは全く関係がなく、私はアルファキーについても、アブドゥルカリームについても、とくに関心はなく、調査をする気もなかったのである。一回目は石原先生に誘われてトリを訪問したこと。二回目はラフマから電話がかかってきて、トリへの訪問を懇願されたこと。三回目はアレムの誘いでトリを訪れ、アブドゥルカリームからマリヤムという名前を授けられたこと。四回目は友人の問題解決であり、私自身はトリを訪れる用事はなかったこと。こうした理由ゆえ、トリ滞在期間中のフィールドノートにはほとんど記述がない。

私がトリに通い続けた理由は、私に対してアブドゥルカリームをはじめとしたトリの人々からの働きかけが多分にあったためである。そして、私自身の意思とは無関係に、私はトリでの出来事に深く携わるアクターになっていったからでもある。五回目の訪問の際には、私は面識のない人々に電話をかけて、彼らと共にトリを訪問するように求められたこと。そして、「外国人」を連れてくることを期待されたこと。六回目の訪問の際には、「外国人」として話し合いの場に同席するように求められたこと。七回目の訪問では、「外国人委員会」の代表者になるように求められたこと。いずれも、私は誰かに強制されたり、義務として課せられたりしたわけでもない。私はそれらを拒むこともできたのであろうが、拒む理由もとくに思い当たらなかった。むしろ、マリヤムという名前を授かっていたこともあり、拒むのは後ろめたかった。

あるとき、私はトリの住民に冗談半分で、「私をトリに縛る『鎖』がたくさんある」と話したことがある。すると彼らは、「サユリはマリヤムの名前だけだと思っているかもしれないが、そうじゃない。アミーナ。外国人。外国人委員会の代表者。それに、サユリはカファ県でマンジョの研究をしていてトリにやって来た。それもひとつだ。カファとマンジョ。あのお方（アブドゥルカリーム）は、サユリのことをカファ（出身）だというし、マンジョのことはサユリに聞けというじゃないか。サユリをトリに縛る『鎖』はまだ足りないから、今後、もっと増やしていくよ」と笑いながらいった。別の男性は、「好むと好まざるにかかわらず、サユリがトリと（霊的な）結び付きをもっていることは明らかだよ」と語った。彼らの真意はわからないが、トリで生起する出来事に関与すれば関与するほど、私とトリの関係がさらに密なものになっていくのは紛れもない事実であろう。

研究対象としての私

私が二〇一六年から二〇一七年にかけて世帯調査を一通り終えると、調査の内容や方法も変化していった。世帯調査をはじめた頃は、それぞれの家に出向いてさまざまな話を聞かせてもらっていたが、二〇一八年頃からは、とくに何も計画をたてずに、何か出来事が起きるのを待つことが多くなった。住民が相談や話があるといって私のもとを訪れることも普通のこととなった。私のもとに、トリで生起する出来事に関するありとあらゆる情報が集まるようになった。

また、世帯調査を経て、集落の歴史や住民の暮らしぶりの全体像がみえるようになると、それ以前に私が人々を集めて話し合いをしたり、人々を組織したりするなかで耳にしていたことが調査データとして生きるようになりはじめた。加えて、二〇〇六年の私の初めてのトリ訪問から二〇一六年に世帯調査をはじめるまで、私自身がトリをフィールドとみなさず、トリで具体的な調査もしないで人々の話し合いの場に身を置いたり、アブドゥルカリームの言葉に従っていたりした約十年間の経験も、調査データとして重要な意味をもつようになった。というのも、私がトリで生起する出来事にアクターとして関わっていたこと、そこで私自身が何を発言し、何をしたのか、そうした自らの行為、実践そのものが、トリで生起する社会的現実にいかなる影響を及ぼしていたのかを、調査者として把握できるようになったからである。つまり、フィールドの人々の世界に、外国から訪れた文化人類学者の存在がいかなる影響を及ぼしているのかについて、私自身のトリにおける実践と経験をもとに検討することが可能になったのである。

それは、単に私がトリに継続的に通い続けた結果に伴う副産物であり、私自身の追想にすぎないかもしれない。だが、アルファキーが「将来、アブドゥルカリームは外国人と共に働く」と語り、アブドゥルカリームが「将来、外国人がやって来る」と繰り返し語っていたということや、人々が私の訪問を受けて「外国人がやってきて、ついにその時が来た」と語ることから、私自身の存在を研究対象に含めることは的外れではない。私は、トリの住民にとっては、日本からやって来た外国人であるとともに、その訪問が予言されていた「外国人」の一人でもあるといえるからである。そうしたなかで、私自身はトリ、すなわちフィールドで生起する社会的現実を創りあげるアクターの一人でありながら、その社会的現実の全体像を研究者として明らかにしようとしているのである。

おわりに

一般的に、研究は学術的な問いがあったうえではじまり、文化人類学においては、その問いを検討するうえでふさわしいフィールドが選ばれる。だが、実際には、フィールドは多くの紆余曲折を経て、長い時間のなかで、さまざまな人々や出来事との偶然、あるいは必然や宿命的な出会いのもとで決まっている。私たちは、こうした一見、偶然のようにフィールドが決まることを「フィールドに選ばれる」と一言で片づける。

本章で示したように、私がトリを訪れて調査をするようになった経緯は、文化人類学の教科書などで一般的に記されるフィールドの選定や、研究テーマの決定とは異なるものであった。私のトリでの研究テーマや調査内容について、説明を求められたとしても、その答えはあくまで後づけでしかない。未だに、私はトリでの研究を他者にうまく説明することができない。「フィールドに選ばれた」という一言が最も妥当な答えなのである。

多くのフィールドワーカーは、「フィールドを選ぶ」とともに、「フィールドに選ばれる」のであろう。自らがフィールドを選んでも、フィールドに受け入れてもらうことができなければフィールドワークは成立しない。また、「フィールドに選ばれる」ということは、調査者が一方的にフィールドに選ばれ、受動的にそれを受け入れる、というものではない。そこをフィールドとするか否かの判断は、あくまで調査者の手中にあり、調査者も自らの意思でフィールドを選びとっているからである。その判断には、フィールドの人々との関係性や、タイミングも絡んでくる。

ところで、いつの頃からか、私にとってトリはフィールドであるとともに、ホームであり、帰る場所となった。私がトリを去るときには「いつ来るの」ではなく、「いつ帰ってくるの」と問われるようになった。他方で、私にとって日本もホームであるが、同時に日本での生活は「出稼ぎ」のように感じられるようになった。日本での生活は、あくまで経済的収入を得て、生活するためのものであるという感覚である。

私がこうした感覚を抱くようになった理由は、私自身がトリにおいてどのようなアクターとして、どのような役割を担い、私自身の行為や実践がトリで生起する社会的現実にどのように関わっているのか、トリにおける私自身の位置を把握することができるからである。すなわち、個人の実践、あるいは個人の生と、その人が生きる世界とが、いかなる関係性のもとで成立しているのか、個人と社会の関係を、自らの身をもって主観的かつ客観的に経験できるからである。ただし、これは私がトリと日本を往復する生活をし、トリから物理的な距離をとり、トリで生起する出来事について、あくまで研究者として客観的な視点を保持しようとしている限りにおいて可能になっていることは留意する必要がある。

私たち個々人の生が、社会、そして世界を構成している。普段、日常生活を営むなかで、自らが生きる世界についてじっくりと考える機会は乏しい。日常生活はあくまで生活の連続であり、その連続性のなかにいる時は、自らがどのような社会、世界に生き、どのような位置にいるのか、自らの日常的な行為や実践がその社会に、世界にどのようなインパクトを与えているのかについて把握することは容易ではないからである。

フィールドは、普段、私たちが当たり前であると考えていること、私たちが生きる社会、世界、そして自分自身について客体化することを可能にする。だからこそ、文化人類学においてフィールドワークが重要な意味をもつのである。同時に、フィールドは自分自身の生活感覚の転換をもたらすものでもある。生活感覚の転換は、一時的な感覚かもしれないし、持続的な感覚かもしれない。重要なのは、まずはフィールドに身を置くことなのである。

注

(1) アルファキーは、各地で領主の娘と結婚し、十人以上の実子をもうけた。アルファキーは、基本的に一人の妻から一人の実子を得ては離縁している。しかし、晩年に得た二男アブドゥルカリームとアブドゥルハリム、一女カディジャは、同腹の兄弟姉妹で、トリで育った。二〇二〇年現在、アルファキーの実子は五男、七女が判明している。ただし、広く知られていない実子が存在しているという噂がある。

(2) 二〇一六年度から二〇一八年度にかけての研究は、科学研究費補助金・挑戦的萌芽研究「自己/他者表象としての新たな民族誌の開拓：代言者/『巫女』としての実践から」(16K13303、研究代表者：吉田早悠里)によって可能となった。

(3) 石原先生にこの話をしてみたが、当時のことはあまり覚えていないとのことだった。

(4) 日本人で女性の、しかもイスラームについての関心も知識も持ち合わせていなかった私が、なぜアブドゥルカリームと共に働く「外国人」とみなされたのかについて、二〇一七年頃、アブドゥルカリームに質問してみたことがある。アブドゥルカリームは、「誰もが数字をもっていて、あなたの数字がたまたま、私たちの数字と同じだったのです」と回答し、私はその答えに首を傾げた。ある敬虔なムスリムの男性にこのエピソードを話したところ、「それは、アブドゥルカリームがもつ内側の何かと、サユリがもつ内側の何かが同じで霊的に惹かれ合ったという意味だろう。アッラーのみが知るということだ」と彼は私に解説した。

（5） 二〇一七年度から二〇二〇年現在にかけての研究は、科学研究費補助金・基盤研究（B）「エチオピアにおけるイスラーム化の史的検証：アラビア文字資料の収集・分析を通して」（17H04528、研究代表者：石原美奈子）によって可能となった。

参考文献

石原美奈子　二〇〇九『エチオピアのムスリム聖者崇拝――ティジャーニー導師アルファキー・アフマド・ウマルと西部オロモ社会』東京大学大学院博士論文。

――　二〇一九「スーフィー聖者アルファキー・アフマド・ウマルの人生とその時代背景」『フィールドプラス』二十二号、四―七頁。

佐藤知久　二〇〇八「フィールドはいかに選択されるのか」『はじまりとしてのフィールドワーク――自分がひらく、世界がかわる』李仁子・金谷美和・佐藤知久編、二一―四二頁、昭和堂。

マリノフスキ、ブロニスワフ　二〇一〇『西太平洋の遠洋航海者』増田義郎訳、講談社。

藤本　武　二〇〇八「邂逅と往還のフィールド――エチオピア山地社会での経験から」『はじまりとしてのフィールドワーク――自分がひらく、世界がかわる』李仁子・金谷美和・佐藤知久編、一七一―一九六頁、昭和堂。

吉田早悠里　二〇一二『忌避関係から「差別」へ――エチオピア南西部・カファ地方におけるカファとマンジョの関係史から』名古屋大学大学院博士論文。

――　二〇一四『誰が差別をつくるのか――エチオピアに生きるカファとマンジョの関係誌』春風社。

セピック川上流を遡るカヌー（2010年３月）

第二章　文化の狭間に生きる——トランスポーター、ジョセフの生き方

川﨑　一平

はじめに

「人間、何かをしなければなりませんかね。」

毎年三月ともなると職場や友人、家族で定年を迎える人の送別会や祝賀会が開かれる。とりわけ定年制度を生きる近代的な勤め人にとって、定年は個々の人生の大きな節目でもあり特別な意味合いをもっている。組織からの最終的な離脱であり、そのことを束縛からの解放と喜ぶ人もいるが、雇用のあり方や年金制度も大きく変化し、また人生百年時代といわれる今日的な社会状況において、定年後の暮らしを（も、また）不安定だと不安にとらわれるむきも決して少なくない。そうした不安は、自分の老いをどのように迎えていくのか、また自分の死をどのように迎えていくのかといった究極的には個の生のあり方が揺さぶられているということでもある。だからであろうか、見送る人と見送られる人の高揚した気持ちで会場はあふれる。

ある大学教員の定年を祝して開催された送別会も、やはりそうした雰囲気で満ちていた。参加者たちが互いに個々の人生を振り返り、語り合っていたそのときである。少し甲高い、そして拍子が抜けたような声が辺りに響いた。「人間、なあにかをしなければなりませんかねぇ」と、そしてその後に、ズルズルとうどんをすする音が続いた。人

生が劇的に表現されている送別会において、隙間に忍び込むように入ってきたわずか一言である。暑い空気に包まれていた場が、一瞬、冷ややかにフリーズした。明らかに場違いなその言葉は、職場でも相当の地位にある人から発せられたものであった。しかし、その言葉は決して茶化しているわけでもなければ、自分を卑下していっているわけでもない。妙にリアリティがあり、ある種の力さえ感じてしまう言葉であった。あらゆる修飾を取り除いたナマの声なのである。その言葉や態度は、物語化され社会化された生き方を越えた次元で存在している個のありようを示していると思えてならない。

本章では、こうした物語にならない生のあり方、別のいい方をすれば注目されない生き方に注目していくことにしたい。というのも、文化人類学は世界の周縁化された場所や事柄、人々に焦点をあてつつ、中心的かつ支配的な価値や考え方を相対化していくことを目論んでいるわけであるので、その意味では注目されていない人々の生き方から学ぼうとする姿勢は当然といえば当然である(1)。しかしながら、フィールドワークの現場において文化人類学者に有益な情報を提供してくれる人は、当該社会や集団のなかで注目される生き方をしている人物であることが決して少なくない。知識人やリーダーといったような、一定のポジションや地位をもつ者たちである。なぜなら外の世界からやってくる好奇心いっぱいの、それでいてまだ十分に文化を読み取る準備が整っていない人類学者に対して、その社会の言葉や習慣、制度や組織などについて、豊かな経験と知識をもち、理路整然と説明できるのは、平々凡々とした生き方を送っている人にはとうてい不可能だと思えるからである。社会に埋没している生き方、注目されていない生き方を見出し読み込んでいくことはなかなか難しい。

さて文化人類学の業界においては、初めてフィールドワークに赴く若き研究者に対する先輩諸氏の決まりきったアドバイスがある。フィールドで優れた情報提供者・インフォーマントを見つけることが重要だよ。そしてまた同時に、優れたインフォーマントを見つけ出すのはそう簡単なことではないよ、というような助言である。まるで赤ん坊のように何も分からないまま異文化に飛び込んでいく人類学者にとって、いったい誰が優れたインフォーマントなのか、そのことを知ること自体非常に困難なことだ。いきおい自分自身に都合よく解説してくれる良き理解者を優れたインフォーマントだと考えてしまったとしても不思議ではない。そこにひとつの落とし穴がある。ことさら、その地のことについて事前にしっかりと勉強をして、学問的な仮説を立ててフィールドに入るような研究者であれば、この落とし穴にはまってしまう危険性が高い(2)。

近年フィールドワークを題した書籍が増加している。フィールドワークの魅力が発信されているのは好ましい。発見の喜び、知的好奇心、予想外の出来事との遭遇といったような言葉がフィールドワークと結びつけられている。確かにその通りだろう。しかしフィールドワークには他者の表象にかかわる落とし穴があることも知っておくことが必要だし、未知の経験を通して自分の世界を広げるとか、何らかの仮説を検証するために現場に赴くといったことで片付けてしまっては、実にもったいない。フィールドワークは、今の自分自身をベースにプラスアルファの経験を積み重ねていく作業ではなく、過去の所与の経験に対しての新たな作り直しの作業なのである。だから面白い。その意味で、形作られ生きられたこの世界を異文化・社会に住まう他者との関係の中で刷新し続けていく、とでもいえるような一連の実践行為がフィールドワークなのである。生きられた世界の刷新は、フィールドでの滞在期間中に留まるわけではない。ホームに戻ってきてからも続いていく。このような意味でその契機となるインフォーマントとの出会いは、非常に重要なのである。

一方、人類学者はインフォーマントの知識や態度がその社会なり集団を代表しているはずだと考えると同時にその人固有の生き方や価値観を通して、対象となるその社会を形づくり、文化を解釈する。フィールドにおいても多様な生き方が存在し、多様な文化の解釈が存在するのにも関わらず、である。

本章では、フィールドの多様な全体を描きだすことは到底叶わぬことだとしても、私たちにとっても、また彼ら彼女たちにとっても、注目されることのない個の生き方に関わりながら、私自身のフィールド経験を振り返ってみたい。とはいえ、それによって私や彼・彼女の生き方を強くたくましく主張しようというわけではない。生き方という言葉はあまりにも煩わしい。生き方という言葉の背景には、社会に抗している個人、あるいは社会に埋没している個人なるものが存在していて、それらを何とか抽出して明るみに出そうとする企てを感じてしまうからだ。人間という生き物は、物語を作り出すのが大好きであり、個々人の生き方というものがあたかも存在しているがごとく演出していく。ここでは、その演出から抜け落ちてしまうナマの生を可能な限り描きだしてみたい。

エピソードI——ジョセフとの出会い

出会いという出来事

フィールドに赴いた直後というのは現地の言葉さえ十分に理解できず、したがってフィールドワーカーがとらえる世界のほとんどは視覚にたよらざるをえない。しかし、当然のことながら、見て、分かるというわけでは決してない。そこで「これは何なのか」と人に尋ね、さらに「なぜ、そうなっているのか」と説明を求める。そして納得のいく回答は、たいてい、かえってこない。ただただ疑問は膨らむばかりである。ところが研究者自身の身に直接かかわるような事態が発生すると状況はいくぶんか異なってくる。私の身に起こっていることは、この私が一番良く理解しているはずだという思い込みがある。そこにひとつの落とし穴がある。

フィールドでこの身におこっている事柄を、その場において、そのときの自分の手持ちの概念で何とか捉えて形づくろうしていくわけだが、どうもしっくりとこない。五感で捉えていることと言葉とが何となくちぐはぐに感じてしまうときがある。ほんのちょっとした違和感。以下に紹介するのは、本章で取り上げる「注目されることのない生き方」をしている主人公ジョセフとの出会いの一シーンである。一九八八年、私がパプアニューギニアでのフィールドワークを開始したときのことを当時のフィールドノートから再現してみよう。

疑心暗鬼のスタート

一九八八年八月、パプアニューギニアで人生初となる海外での長期フィールドワークが始まった[3]。さぁフィールドに入るぞ、といっても十分な情報はない。地図を広げ、なるべく奥地の村に行こうと決めてはいたが、どうすればよいのかさえ分からない。この地の公用語であるピジン語はおろか英語すらおぼつかないのだから。既に二年間にわたるフィールド経験をもっていた豊田由貴夫さんが、私の調査地探しに同行してくださることになった。滞在している町ウェワクからセスナに乗り、一時間ほどでセピック川沿いの飛行場に到着した。飛行場といっても草がぼうぼうの滑走路があるだけのエアー・ストリップ。飛行機から降りると人がぞろぞろと集まってくる。(豊田さんは)上流にカヌーで行きたい、英語のできるガイドはいるかと尋ねた。みんな、口をそろえて「それなら、ジョセフがいい」という。さっそく彼に会ってみることにした。

第一印象は、正直、あまりよくない。抜け目ない態度、流ちょうに英語を使いこなす。ぼろぼろになった紙切れを私たちに示した。料金表らしきものである。二週間の行程、船外機付のカヌーのチャーター代金、ガイド料、燃料代、総額は日本円にして約十五万円。日本とパプアニューギニアを往復できるだけのチケット代に匹敵する。一日一万円もかかる計算だ。豊田さんは、彼に私を紹介し、私がこれから約半年この地に滞在すること、その間、数回カヌーをチャーターすることを伝えて交渉に入った。結果、最初の探査費用は日本円にして十二万円程度となった。

豊田さんとおおよそ二週間の旅をした結果、調査地をバヒネモ族のガホム村と決定。カヌーで行くことのできる一番奥地にある村だ。ガイドのジョセフは、私ひとりの滞在を心配しているらしい。奥地の連中は、野蛮だという。滞在期間は、翌年一月までの約半年。都市ウェワクからガホム村までのアクセスは、セスナを乗りついだあとカヌーしかない。行程は、片道四、五日。ジョセフが調査地の村まで私を運んでくれる。とりあえず村での滞在期間は一か月とした。無理することはない。半年の間、町と村を何度か行き来しよう。

ウェワクに戻ってから再度、支度を整えて、豊田さんと別れた。いよいよこれから単独行動である。別れ際、豊田さんから日常生活に必要となるピジン語の言い回しを教えていただいた。また、ジョセフとの関係をうまく保つようにアドバイスをいただいた。町と村を結ぶ交通は、命綱。とにかく生きて戻ってくるように。そして、パプアニューギニアでは何ひとつ信用できるものはないということも心得ておいたほうがよいと。そのときから、ジョセフは私にとって特別な人となった。命綱を握っている人なのだ。彼のことを知らなければならない。

セピック川に戻りジョセフと再会。何回も君を使うから、料金を安くしてくれないかと……。交渉は成立。よし出発だ、と思いきや、ジョセフはなかなか動いてくれない。豊田さんが一緒だった時とは大違いである。ダラダラと時間が過ぎていく。こちらは、スタンバイしているというのに。いったい何をしているのだ。イライラが募る。

「ＯＫ！　準備完了」とジョセフに声をかけられ、カヌーに乗り込もうとしたら、アラアラ……。見知らぬ人たちが、カヌーに乗っているではないか。誰なのだ、この人たちは。私がカヌーをチャーターしたのだぞ。燃料代を支払ったのも私だぞ。私に何の断りもなく、五人ほどの人たちが平然とカヌーに乗っている。ジョセフに尋ねても、仲間だというだけ。こみ上げてくる怒りをぐっと抑えて、カヌーにのりこんだ。

こんなことでは、先が思いやられる。料金を値切ったせいだろうか。やがて、カヌーが出た。しかし、遅いのなんの。全くスピードが出ない。というより、あえてスピードを出さないようにしているみたいだ。見知らぬパプアニューギニア人に囲まれ、自らチャーターしたカヌーだというのに、狭苦しいわずかなスペースに膝を抱えた私の姿があった。出発して直に、日没。予定していた中継点には、ほど遠い。今晩は、ある村に泊まるという。ジョセフの故郷の村、ブルックナウイ村だ。村に到着すると同乗してきた人たちが下船。最初から、そのつもりだったのだ。まんまと利用されたということか。信用してはいけないということは、こういうことだったのだ。

翌朝、私とジョセフ、そして助手という男が二名、総勢四名となってバヒネモ族の村を目指した。しかし、カヌーは、依然としてスピードをあげない。どうしてなのか。奥地のバヒネモの村まで、たどりつくことはできるのだろうか。果たして、その日は、掘っ立て小屋のようなブッシュキャンプに泊まることに。夜中、外は豪雨。あたりはジャングル。雷鳴の響く中、ジョセフが口を開いた。

「奥地まで行くことは、できないね」。

「えっどういうことか、説明してくれ」と私。

「この川の状態では無理だ」。

「何が、無理なのか、詳しく教えてくれ」。

「水位が下がっている。つまり、×××……」。

困った、よく理解できない。私の英語力に問題がある。あさはかな私は、考えた。そうか、金か。値切ったから金を要求しているのだ。きっと、そうだ。私は尋ねてみることにした。

「つまり、なんだ、現金がほしいのか」。

「あぁ、そうだ」と彼。

やっぱり……。無性に腹が立ってきた。高額のチャーター代金を支払ったのにもかかわらず、見知らぬ人間をカヌーに乗っけるわ、ダラダラとカヌーを動かすわ、とんでもない人間だ。金をつり上げるために、ゆっくりとカヌーを走らせ、行き場のないジャングルで停泊させていたのだ。パプアニューギニア人なんて、こんなものなんだ。

「おまえは、カナカ（未開人）だ　Yu Kanaka!」

私は、いってはいけない侮蔑語をジョセフに吐き捨てていた。こんな汚いピジン語だけを覚えてしまっているとは、情けない限り。でも、いってしまったからには後の祭り。彼の顔色が変わる。それきり、会話はなくなった。雷鳴が響くジャングルで、私は真っ白になっていた。

深夜、ジョセフが懐中電灯を持ち、助手の男をつれてブッシュキャンプを出て行く。このまま私を置き去りにするつもりなのかもしれない。あわてて、彼の後についていく。どしゃぶりの雨の中、足をすべらせて私はころんだ。そんな私を無視するかのように、ジョセフはカヌーに乗る。あー、待ってくれ。私が悪かった。一人にしないでくれー。

大河に生きる

これまで紹介した出来事は、帰国後の一九八九年、『季刊民族学』に収められている拙稿「パプアニューギニアの日々――異文化へのまなざし」でも取り上げている。[4] 結局、ジョセフは、その後、私を調査地であるガホム村まで無事に送り届け、また一か月後には約束どおりに数日をかけて村まで迎えにきてくれたのだ。このジョセフの行動を、私は自らの経験のなかで「わけの分からないもの」として物語化していったわけだが、どこか腑に落ちない面もあった。ジョセフがカヌーをゆっくりと走らせていたことは、一九九〇年に私自身がカヌー操作を修得した際に理解できた。水位が下がると川底に沈んでいる木の切り株や岩に船外機のプロペラが当たって故障してしまうからだ。また水位低下の後は大雨が降り、今度は一気に川の水位が上昇する。深夜、寝込んでいる間に大雨が降り、係留していたカヌーが流されることも多々ある。このような時期の操船は細心の注意を払わなければならないわけである。未経験であるゆえに、私はとんだ思い違いをしていたことになるわけだが、ひとつ気がかりだったことは、私の暴言で彼を怒らせてしまったと私自身が考えていることだ。

今から数年前、二〇一〇年ごろであったか、私との出会いのシーンについてジョセフに尋ねたことがある。一九八八年八月、豪雨の夜のブッシュキャンプ、これら時期と場所とも彼は記憶に留めていた。そして私の暴言については、どうだったのかを尋ねると、たった一言「えっ? そんなことをいったの、ひどいなぁ。覚えてないよ」。思い入れたっぷりの出会いとは、こんなものだったわけである。

ただ興味深いことに、ジョセフは一九八八年以降、何十回となく私をガホム村に送迎していくのだが、その途中で私と共に泊まったブッシュキャンプの「場所」を全てといってよいほど記憶している。私はまったく覚えていない。私は特異な出来事があった「こと」は記憶している。でも、それがどこであったのか場所まで特定できない。なぜだろうか。

ジョセフは、大河セピックと共に生きる民族集団イァトムルの人間である。イァトムルの生活世界には常に川がある。川の世界は、動きのある世界だ。上流から下流へと向かう大きな流れ。こうした水平方向の動きだけではない。鉛直方向の動きが加わる。豪雨があれば見る見るうちに水位が上がり、雨が上がると瞬く間に水位は下がる。しばらく雨が降らないと渇水位となり湿地帯が現れる。その水位の差はジョセフの村では通常で五メートルほどになる。川の形が変われば、陸地の形も広さも変わる。また川が氾濫すると陸地を削る。川の状態によって景観がまったく異

図2-1　筆者（中央奥）とジョセフ（右）（2006年８月）

なってくるのだ。川の世界では空間は刻一刻とその姿を変える。したがって位置は、川の水位、流れ、そして陸地形状の三つの位相の相対的な関係で把握される。その三つの位相が刻々と変化していくわけだから、時間という位相を加えて四次元の世界が作られているといってよい。定点が少なければ位置の把握がままならない。ひとつの木を目印にしたところで、水没してしまうかもしれない。氾濫して土砂が削られると目印そのものがなくなってしまう。だからセピックの人間は出かける先々でマークを残していく。空間と時間がここで交差する。空間を定位するために出来事を留めておく。出来事を刻むためではない。そのためには出来事はなるべくシンプルにした方がよい。喜怒哀楽などといった感情の変数をそこに刻印してしまうと、例えば楽しかった思い出が洪水と共に跡形もなく流されてしまうことになる。これがセピックのロギング法だ。一方、カヌーの操船方法は、手漕ぎであれ、船外機であれ、こうした位相の変化に沿って身体を動かしていくことが求められる。基本、逆らってはいけない。まさに流れに棹さすわけである。この文法を知り、そして特定の空間を数多くシンプルな出来事と結びつけてマーキングしていくこと、これがセピックという大河に生きる術なのである。

エピソードII——優れたインフォーマント

クロスチェック

一九八八年から一九九〇年にかけて、のべ約一年間、バヒネモ族のガホム村での調査は、基礎的データを収集するという当初の目的を達したように思えた。当時の私は、その社会の制度なり慣習なりを体系的に説明できる人物を求めており、その意味で良いインフォーマントに恵まれていた。しかし、インフォーマントという存在は、人類学者が作り上げた架空の人間像である。同一の人物が、また別の状況では異なった説明もする。その別の状況を人類学者が把握できるわけでは決してない。データを収集できたとする私の思いは、断片的なものにすぎなかったのである。

フィールドワークにおいては、クロスチェックが非常に重要になる。同じ内容について複数の人物からそれぞれに聞き取りしなければならないのは当然であるが、同一人物への聞き取りについても、時間、場所、状況を変えて繰り返し確認しなければならない。これが基本である。その確認と検証がラフ、例えば「××なんだよね」というような念を押すような確認の仕方であればまちがった理解と解釈をもたらしてしまう。そのためにはやはり時間が必要だ。なるほどと納得しえたときが、一番危ういのだが、どうしても現場ではその感覚が鈍ってしまう。だから、いったん現場から離れてみるということも必要になってくる。時間をおき場所を離れて、冷静になって人々との関わりと情報を整理していく方法を考えていくのがフィールドワークである。

さて、バヒネモ族ガホム村での調査とインフォーマントのことについてここで少しだけ触れてみよう。本章の主人公ジョセフが巧みに絡んでくることになる。

知識人ナヨ

話しは、再び一九八八年に戻るが、あるときガホム村で野豚が獲れた。狩ったのは村一番のハンター。妻が二人もいる男前の男性である。その翌日、ひとりの幼い子供が私に食べ物をせがんできた。ここ数日、まともに食べていないらしい。親は誰かと尋ねたら、その男前のハンターだという。そこで父親本人に確認してみたところ、そうかもしれないというあいまいな返事だった。子供の母に確認してみた。「昨日、あなたの夫が豚を狩ってきたよね。私も分け前をもらったよ。あそこにいるあなたの子供には食べさせなかったのかい。おなかが減っているというじゃないか」。答えは「あなたのいっていることがよく分からないわ。あの子になぜ豚をあげなければならないのよ」。えっ？他の人間に聞いてみる。回答は同じ。私の疑問が理解できないようだ。

村での調査はこのような感じである。スッキリしたいと思っていると、私のインフォーマントがやってくる。鮮やかな説明を与えてくれる。なるほど、年齢階梯制と食物禁忌があるのか、と。お喰初めの儀礼があることも教えてくれる。母方オジが子供の成長にふさわしい食べ物を最初にあたえる権利を有している。実の両親といえども、成長段階前の食物を与えてはいけない。親が豚を狩ったとしも、その子の母親のキョーダイが肉を与えていないかぎり、子供は豚を食べることのできる適齢期に達していないわけである。それでスッキリする。この優れたインフォーマント、名前をナヨという。彼の父親は村では知識人と称され、村の相談役のような人物だった。ナヨは、父親ゆずりの博識のところがある。村で注目される人物のひとりであった。実際、現在は選挙で選ばれた村の村長になっている。彼がいたおかげで調査は順調に進んだことは確かであろう。

さて、このナヨという男性。当時は結婚したばかりでまだ子供がいない。本人たちは子供を授かりたいと考えてはいるが、ナヨの説明では妻の親族が、二人に呪術をかけているから、その夢は叶わないという。呪術をかけられている理由は、ナヨが婚資を払っていないこと。というのも自分たち親族ではとうてい支払うことのできない現金を要求されたからだと私に説明した。いつか現金ができ婚資の支払いが終われば、この呪術は解かれるだろうと。私はすぐにノートに書き込む。「なるほど、それで、」とナヨに話を促す。彼が妻方親族の名前を挙げだしたときだ。ナヨの体に異変が起こった。腕の血管が浮き上がり、体がガタガタと震えだしたのだ。どうしたナヨ！ 大丈夫か！ 苦しみながら彼はこれも呪術のせいなのだと答えた。その日から彼の体はみるみる痩せ細り衰弱していった。ナヨの親族が集まり解決策を練ることになった。ナヨの父方オジは呪詛返しをおこなうことを主張した。しかし、報復の連鎖となり互いに多くの被害者がでるだろうということで反対された。これといった解決策がなかなか見つからないようであった。婚資を支払えばナヨの命は助かるのか？ と私は尋ねてみた。やってみる価値はあるだろうというのが一同の意見だった。しかし、誰も現金をもっていない。その試みも無理だろうということになった。「じゃあ、私が払うよ」。日本円にして二万円ほどであった。私にとっては厳しい金額ではある。これで解決するのかどうか、そのことが検証できるならば。そういう思いで私は介入を決断した。

婚資のゆくえ

私は、ナヨの婚資を支払うため彼の姻族の村へ行くことにした。村に到着後、早速、夫妻の案内のもと、婚資の受け取り手であるナヨの妻方親族に会いに行く。既に私が赴くという情報が伝わっていたらしく、一同が家の前で私たちを迎える。ナヨが演説する。今日、自分たちが婚資をもってきたこと、それをカワサキが払うこと、これで両親族の結束が固まっていくこと。家の周辺には、いつのまにか大勢の村人が集まっている。ビニールシートが広げられて、ナヨに促されて私は金をシートのうえに並べた。紙幣とコインとを分けて、丁寧に一枚ずつ並べていく。そして、私の演説。これで全てはクリアになった。両親族を祝福すると、一同から拍手がおこる。姻族が一人ひとり私のところにやってきて握手と抱擁。これでカワサキは、ナヨの父親になったという。ナヨが私のところにやってきて抱擁しつつ、「マ・フア（お父さん）」と呼ぶ。これでカワサキは、われわれ一族に加わった。われわれの土地、川、森の所有者のひとりとして加わったのだ。感動的ですらあるやりとりであった。

さて、この出来事だが、先のエピソードと同様、オチがある。翌年、ジョセフから奇妙な話をきいたのだ。どうも婚資が渡されていないということである。ジョセフは、私の送迎のためにガホム村を幾度となく訪問しているので、村人とは周知の仲である。ナヨが私の優秀なインフォーマントであることも知っている。ジョセフがいうには、私が帰国したあと、ナヨが町まで出てきて昼間からビールを飲んで酔っ払っていたということだ。しかしビールが飲めるほどに現金収入があるわけではない。飲み代はどうしたのかとジョセフがナヨに尋ねたところ、私からもらった金で飲んでいると答えたらしい。ナヨと一緒にいた酔っ払いの一人は、さらに、こう付け加えた。「おれも見たぜ。カワサキが金をいっぱい並べて、ナヨに渡しているところをよう」。

ジョセフは、ナヨの婚資を私が支払ったことを知っていた。より正確にいうと、彼は、私が「婚資を支払った」といった、ことを聞いていた。そこでジョセフは状況を私に説明してくれた。私は支払ったと理解していたのだが、正しくは婚資を見せただけにすぎなかったのだ。婚資のやり取りには、こうしたお披露目がなされる。ディスプレイである。また婚資は現金だけではない。バヒネモでは、通常、豚、貝のネックレスに加えて現金だということである。ジョセフは、バヒネモの慣習にも精通していた。こうしたディスプレイは日中行われ、婚資の実際のやり取りは、夜、家屋の中で親族たちだけでひっそりと行われる。婚資が誰に、何が、どれだけ渡ったのか、外部者には分からないものだという。「お前は、婚資が現金だけではないことを、ナヨから聞いていなかったのか」。もっともな話だ。

私は、事実を確認するためにナヨの妻の村に赴いた。結果は、あいまいとしたものだった。ジョセフの指摘通り、婚資の支払いとお披露目は別のものであった。婚資が、現金だけではなく複数の貝の装飾品、そしてまた野豚やヒクイドリなどの贈与品も必要であることが確認できた。現金以外の婚資については未払いであった。現金に関しては、その一部が妻の父方オジ一人だけに手渡されていたようで、他の親族には支払われていないことが分かった。ナヨと妻のオジの間である種の密約が交わされていたようである。改めて、現金以外の贈与品を整えてくるので、その保証として現金の一部をオジに払っておきたい。他の親族には、もうしばらく支払いを待ってくれるように上手に説明しておいてくれと。

また呪術に関しても慎重に聞き取りをした結果、ナヨがいうような呪術、つまり婚資の未払いを理由とした避妊呪術は存在せず、かつて異なる民族集団間との戦闘終結後に交わされる調停婚において見られたものであるとの説明であった。

つまり、ナヨは私が婚資のために用意した現金を着服したということになる。その金でビールも飲んでいた。しかしこの解釈は、どうやら間違っている。というのも第三者であるジョセフの説明は、次のようであったからだ。

通常、婚資は完済されるものではない。女性を輩出した親族は、婚資を請求できる権利があることを主張している。と同時に妻を娶った集団は、婚資支払いの義務があることを認めることが肝心なことである。その後数十年たち、妻の女性が亡くなったおりには、妻を娶った親族から妻方の親族に対して婚資と同等以上の贈与品を請求できることになる。それを弁償贈与という。こうしたわけで、実際には、伝統的装飾品を除いて現金に関しては支払われないケースがほとんどなのである。ナヨは、婚資の一部である現金を用意し、妻方親族に対して自らの義務を認めたことに意義がある。それを、実際にどのように使うかは、彼と妻方親族間において決定することなのである。カワサキが婚資の支援をしたことは事実である。

理屈と実際についての調査の三角測量

アフリカ研究の高名な人類学者川田順三は、その著書『文化の三角測量』において、ヨーロッパ的な価値観を相対化していくために単に日本の価値観と比較するだけでは不十分であり、氏が研究しているアフリカの価値観を参照として加え、ヨーロッパ、アフリカ、日本という三角形の視点から「醒めた目で見る」ことを指摘している(川田 二〇〇八)。この視点は、ミクロな調査においても有効である。斉藤尚文とゼレニエッツは、パプアニューギニアのキレンゲにおいて当地における戦争体験者への聞き取り調査をそれぞれ個別に実施したが、同一インフォーマントが斉藤に対しては親日的に、ゼレニエッツに対しては親米よりに回答していたことを示した(Zelenietz 1986)。一人のインフォーマントに対して異なる二人の調査者が個別に関わることによって、戦争体験という繊細な問題に対して三角測量的な関係において出現する微妙な差異と揺らぎを明らかにした点で参考になる。

ジョセフは、私の主たる調査地の住民ではなく、私の運び屋・トランスポーターである。また次の節で明らかにしていくが、彼は青年期に出身村から離れた後、他の町や村を転々とし、自給自足生活も給与収入も経験し、他の民族集団の女性と結婚した経験をもつ。文化と文化の狭間に生きる文化のトランスフォーマー(変圧器)でもある。ジョセフの説明はもちろん絶対的なものではない。彼の経験からくる実践的な生きる術からなされるものである。一方、調査のインフォーマントであるナヨは、当事者としてその社会に生きているわけであり、私との関わりにおいて私がその理念形を求めたから説明したに違いないのだが、彼自身が戦略的戦術的に問題に対してどのように動いていくのかについて語ることはしなかった、できなかったのであろう。そして、私もまたそのことが見えていなかったのである。

ナヨとジョセフ、この二人と私との関わりにおいて、フィールドのあり方をめぐって私が見ようとしていたことの外に私が置かれて、ほんの少しだが、婚資をめぐる動きの一部が確認できたと考えている。

エピソードⅢ――ツアーガイドと人類学者

ツアーガイドへの道

少し古いデータだが二〇一五年の統計によるとパプアニューギニアへの観光客数は既に十八万人を超えており、観光開発が進む。ジョセフの暮らすセピック川は、独立前の一九七〇年代から原始美術の宝庫としても知られており、本流域に暮らすイァトムルなどが作る彫刻や仮面はマニアの間では高額で取引きされているようである。それもあって美術品バイヤーたちが欧米諸国からやってくる。装飾あでやかな儀礼家屋やイニシエイション儀礼は一部の観光客に根強い人気をほこっている。一九八七年、この地の観光現象を取り扱ったドキュメンタリー番組が製作された。オーストラリア人のドキュメンタリー作家デニス・オルークが監督した『カニバル・ツアー』である。食人の旅と題したこの番組では、豪華客船に乗った白人観光客が、セピック川の村々を訪問し、村人から彫刻を値切って買ったり、男性の背中にほどこされた瘢痕分身（スカリフィケーション）を撮影し謝礼金を払ったりする様子が映し出されている。未開であることに好奇心を抱きエンジョイする白人観光客たち。一方、デニス・オルークのカメラは、村人にも向けられる。観光客を迎える村人たちは、この現象をどのように理解しているのだろうか。白人たちが何に関心をもっているのか分からないとしながらも、現金収入のひとつの手段として割り切る無味乾燥な表情をみせる村人。ゲストとホストの対比が印象的な作品であり、観光人類学でも取り上げられる話題作でもある。

さて、この番組で登場する白人を連れてやってくる客船、メラネシアン・エクスプロラー号、セピック・エクスプロラー号にジョセフは添乗員として乗り込んでいた時期があった。一九五九年生まれのジョセフは、小学校を五年で中退したが、自給自足の村での暮らしにも飽き足りていた。そんなときに自分の村近くにまでこの豪華客船が白人観光客を乗せてやってきたのである。華やいだ観光客に強く憧れた。観光客は、客船からモーターボートに乗り換えて村までやってくる。ボートを操縦し、白人に村を案内するのはパプアニューギニア人だ。ジョセフは思い切って、そのガイドに声をかけた。ぼくも、この船で働きたいのです。村のガイドならできます。雇ってください、と。一九七八年だった。

この客船は、マダンという町に本拠地をおく旅行会社メラネシアン・ツーリスト・サービスが所有している。白人観光客を対象としたダイビングやセピック川のエスニック・ツーリズムが売りである。船長に認められ、見習いとなったジョセフは、客船に乗り込み、観光客である白人と直接コミュニケーションをとることになった。自分の英語が通じる。英語力がどんどん身についていく気がした。船長に気に入られ、村を後にして会社のあるマダンの社宅で暮らすようになった。観光客相手の暮らしは楽しく、ダンスをしたり、酒を飲んだり、天国のような日々を過ごした。給料も生まれてはじめて手にしたし、悪いことも覚えた。やがて年上の女性と恋に落ちたが、しばらくしてうまくいかなくなった。お互い金遣いが荒く借金まみれになったので、町から逃げるように村に戻ってきたのだ。しかし村には現金収入の道がまったくないといっていい。彫刻を作っても、いつ売れるか分からない。

そんなとき上流の町で鉱山開発がおこり、白人がやってくることになった。英語が堪能な通訳兼モーターボートのドライバーを探しているという情報をえた。給料は安かったが、ジョセフは持ち前の気転のよさから雇ってもらうことになった。働き始めてすぐに、同じ職場に近くの村から働きに来ている年下の明るい女性モニカと仲良くなった。民族集団ウォガムッシュの女性である。結婚を決意した。しかし民族集団が異なると言葉だけではなく慣習も異なる。二人の両親ともに、この結婚には反対だった。駆け落ちするしかない。こんな二人の決意を知り、双方の親族とも、しぶしぶだったが結婚を認めることにした。一九八五年、二十六歳のときであった。

ビジネスになる

二人は、ジョセフの村でも妻のモニカの村でもなく、川沿いにエアー・ストリップのある町アンブンティに居をもつことにした。この町は、一九二六年にキリスト教ミッションのセンターとして開かれたところで、少ないながらも観光客がやってくる。小さなゲストハウスもある。土地は、独立後は州政府が地主から借り上げており、その一角に居住区があった。教会活動を手伝う人々は、借地代を払わずに誰でもこの居住区に住まうことができた。ミッションの下、大工をしていたジョセフの父が、その居住区に別宅を建てていたので、ジョセフたち夫婦は、その敷地内に夫婦のための小さな家を建てた。

フリーのツアーガイドを始めたが、現金収入はほとんどない。彫刻の買い付けにやってくる米国人バイヤーが唯一の顧客だ。彼と一緒に村々を回り彫刻を買い集める。ジョセフは単なる運び屋である。そのうち白人の嗜好が分かってきた。古めかしく、それでいて複雑な文様が彫られているものだ。バイヤーが来る前に自分で村々を回り、なるべく古いものを収集することにした。それならば、比較的高額で買い取ってくれるに違いない。バイヤーがやってきた。彼はジョセフの目利きのよさに驚いた。予想以上の収入があった。これならいける。ジョセフは、再び、村々を回り、自ら彫刻を集めた。彫刻が売れたら金は支払う、彫刻家にはそう約束した。商談成立。ジョセフが手に入れるだろう利潤を含めて売り手は納得した。これは市場経済の原理とは異なる。等価の交換なのである。彼は借金という形ではあったができるかぎりの彫刻をかき集めてきた。再びバイヤーが来たとき、なんと全品まとめて買い取ってくれたのには驚いた。借金を返してもジョセフの手元には、日本円にして数十万円の現金が残った。彫刻家も喜んだ。ジョセフに作品を預ければ捌いてくれる。ときおりやってくる観光客を村々に案内するときにも、ジョセフは観光案内のついでに彫刻を集めた。それを見て観光客も彫刻を買う。しかし、彫刻家のなかには現金よりも白人観光客がもっている時計やカメラをほしがる者もいた。

そうか現金だけではないのか、ジョセフはひらめいた。村人のほしいモノと交換すればよいのだ。観光客のなかには、ガイドが終わった後、プレゼントを置いていく客もいる。それをもとに彫刻と物々交換をすればよい。いや、西洋のモノだけではない。町で売っている商品でもいいはずだ。待てよ、モノでなくてもいいかもしれない。この地は相互扶助の強い慣習がある。ジョセフはそれを利用した。困っている人があれば、手助けした。恩を売ったのである。彫刻家と直接交渉ができなくとも、人を介して彫刻を手に入れることができた。相互扶助の互酬原理は親族内ではさらに強く働く。彫刻家の親族に恩を売っておけば、その親族がジョセフの希望を叶えてくれるというわけだ。

恩は、量ではない。質である。その質において等価であれば、交換は成立する。これが非市場世界の原理である。村で子供が病気で苦しんでいる。親は、なんとしてでも救いたい。しかし病院は、遠く離れた町にしかない。不幸なことに村には船外機もない。そんなとき、ジョセフが観光客を連れてやってくる。町の病院まで子供を運んでくれないかと親は頼む。ジョセフは、観光客に説明する。流暢な英語だ。観光客も同情する。子供が病院まで運ばれ、親はジョセフに感謝する。命の恩人だといわんばかりである。この親は、ジョセフの頼みを決して断ることはできないであろう。

そして、一九八八年八月。ジョセフのもとに日本人二人がやってきた。二週間かけて上流の村々を回りたいという。ひとりは、英語もピジン語も通じるが、もうひとりはパプアニューギニアが初めてという。話かけてもうなずくかニヤリと笑うばかり。ハッピーであるようには見えない。何のためにセピックまできたのだろうか。そう、そのひとりが私、カワサキなのである。

人類学者は何する人？

私がジョセフから受けた恩は計り知れない。細やかで人の気持ちを察することのできる人である。今は亡き吉田集而さんにジョセフを紹介したとき、吉田さんをして「どちらが日本人か分からんな。カワサキはパプアニューギニア人になってしもうとる。それに比べて彼のビヘイビアーは日本人そのものや」といわしめたほどである。

さて、一九八八年に始まった最初のフィールドワークは一九八九年に終わり、翌年の一九九〇年、私は再びアンブンティに降り立ち、セピック川のこの世の全てを飲み込んでしまいそうな茶色い濁流を眺めていた。憂鬱だった。ウェワクの町で現金を盗まれてしまい手元にはわずかな現金しかなかったからである。これから調査地のガホム村に行こうにも、ジョセフにカヌーのチャーター代を支払うことができない。どうしたものか。途方にくれる私を察して、ジョセフが声をかける。「キョーダイ、何を悩んでいる?」「金がないんだ」と暗く応える私。「金？　何に使う金だい?」私を覗き込むようにして質問してくるジョセフ。「君に支払うチャーター代だよ、ジョセフ」。それを聞くや否や、彼は大きな声で笑いだした。「チャーター代なんて、いらないよ。金がないのだろ。いいよ、払わなくても。俺の船外機だ。使ったらいい。その代わり、俺がカヌーの操船を教えるからさ、カワサキ、お前も運転しろよ。俺もガホム村に一緒にいくから。連中にちょっと頼まれていることがあるんだよ」。

セピック川でジョセフに仕込まれ、私はカヌーの操船を覚えた。彼の教え方は的確だった。優れた教師である。言葉で説明はしない。やってみせ、させてみて、ほめてみせ、である。先述した川読みの術は、彼から仕込まれたものである。セピック川での練習を始めて数日たったころ、ジョセフにオファーがあった。白人の観光客がやってくるという。それなりの収入が見込める。ただ彼は悩んでいるようだった。私を調査地まで送り届けなければならないからである。「いいよ、ジョセフ。観光客をとりなよ。金になるだろ」。「カワサキ、お前は、どうする？　村には行かないのか?」「客が帰ってからでいいよ。せいぜい四日か五日ぐらいだろ」と私。「OK、それじゃガイドに行ってくるけど、どうだ、お前も一緒についてくるか?」とジョセフに誘われた。観光客がどういった行動をとるだろうか、ドキュメンタリーのようにカニバル・ツアーを楽しむのだろうか、前々から私にはそうした興味があった。「ジョセフ、いいよ、俺も行く」、私は即答した。

下流の村まで数時間、観光客と待ち合わせの場所に私たち二人はカヌーを走らせた。待っていたのは四人の男性バックパッカーたち。あの豪華客船の客とはどうも違う。二人はイスラエルから来た男性。国での兵役を終えてアジアを回りパプアニューギニアにたどり着いたという。一人はノルウェーからきた年配の男性。最後の一人はイタリア人。四人は町ウェワクで出会い、共にセピック川に行くことをきめたらしい。セピックをめぐるにはカヌーをチャーターするしか方法がない。同行する人数が多いほど、一人当たりの費用が安くなるというわけだ。早速、値段の交渉となった。観光客は、私がジョセフと一緒にいるのに気づき、チャーター代を私も含めて五人で割ろうと言い出した。そのときジョセフが、「彼は観光客ではないのです。私の助手です。クルーなんです」といったものだから、四人組は驚いた様子で聞き返してきた。「助手だって。その助手という彼は、どこから来たの？　いったい彼に何ができるというのか」と。「ガイドですよ」とあっさりジョセフが答えてしまったことから、私はセピックのガイドということになってしまった。

さぁ、出発。ジョセフがカヌーの後尾につけた船外機をスタートさせる。手動のスターターであるからその振動で丸木舟のカヌーが大きく左右に揺れる。体の大きな白人にとっては、カヌーは窮屈なうえにバランスをとりにくい。あやうく転覆しそうになる船に私は飛び乗り、舳先へとむかった。ドライバーのジョセフに航路を示すためである。横に大きく腕を伸ばし手のひらを上に向ける。これは浅瀬があるサインだ。前方に腕を伸ばし、握手のように手のひらで方向を示せば、航路の方向である。人差し指を振り方向を示すと、そこには漂流物がある。人差し指を上に上げれば、船外機を上げて障害物を回避する。後方で舵をとるジョセフにしてみれば、知り尽くした川であるから、私の指示など余計なお世話かもしれない。私が後ろを振り返ると、ジョセフは笑顔でウインクしてみせる。そうそう、カワサキはガイドだからね、と。

村に上陸すると、セピック文化の紹介である。パプアニューギニアには七百を超える言語があるといわれています。このセピック川本流には十を超える言葉がありますが、話者人口で一番大きいものがイァトムル語、ジョセフが話す現地語ですが、その人口は一万人にも至りません。今、到着した村では、マナンブ語が話されていますが、話者は数千人ほど。村が異なると言葉も慣習も異なるといえます。と、こんな具合である。私のガイドの問題は英語の発音で、「神聖なる（sacred）」が「秘密（secret）」に聞こえてしまうなど、随分とゲストに修正してもらうことになった。イスラエルから来た二人は文化のことにはどうやら関心がないようで、カニバル・ツアーで見られるような彫刻品を買うこともない。スコールの中を走り回ったり、飛ぶ鳥を見てはライフルで撃つ格好をしたり、冒険を楽しんでいるようであった。ジョセフはというと、しっかり商売をしていたらしく、どこから入手したのか、盾や彫像などを下げている。

夕飯は、観光客と私たち二人は、それぞれ別にとることになった。私の耳元でジョセフが、「あのイスラエル客、見ていてごらん。きっと、たまねぎをもってきているから。米と一緒に炒めて食べるぜ」と囁いたが、果たして、二人がその通りにしたときには、ジョセフの洞察力に感心して笑いを隠すことができなかった。ただ、その笑いがイスラエル人にも見えてしまい嘲笑と受け止められたときには、言い訳ひとつもできなった苦い思いがある。ちなみにジョセフは、観光客の動作をよく観察していて、日本人、中国人、韓国人の動作の違いを実際に演じてみせてくれた。こうした動作やしぐさ、顔つきによって人を識別できることをピジン語で"luk（見る）save（知）"があると表現するが、他民族で構成されているパプアニューギニア人がもつ文化的な能力といえるかもしれない。三十年間、パプアニューギニアに通いつづけているおかげで、この私にも"luk save"が備わってきたようである。

どうにかこうにか、数日間にわたる私のガイド初体験も無事に終わることになった。観光客から、よくやったよ、まるで人類学者のようだねといわれたときには、さすがにとまどってしまったが、ジョセフが私のことを「彼はきっと良いガイドになれるでしょう」と追い討ちをかけたのには閉口した。このあたりのメンタリティは、おそらく白人から吸収したものに違いないと私は確信している。それどころか、ジョセフと共に観光客を案内して村々を回ると、私はガイドをして、彼はというと村人からなにやら話を聞いてメモや写真をとったりしている。私と彼といったいどちらが研究者なのか分かったものではない。その観察力と吸収力。優れた研究者になる資質をもっている人である。ただひとつ難点をいえば、遊びにきている観光客から怒涛のごとくビールをあびる習慣も学習してしまったことであろう。

エピソードX《エックス》——拡大するネットワークのゆくえ

注目される事件

二〇一八年七月、パプアニューギニアの知人からジョセフが新聞記事になっていると連絡があった。詐欺で逮捕されたというのだ。すぐに本人に連絡を入れたが通じない。ジョセフの実の弟にも連絡を入れてみた。逮捕されていることは間違いないようである。その記事が掲載されているというパプアニューギニアの新聞『ナショナル』のウェブサイトにアクセスしてみた。「イスラエル観光客をだました男性、詐欺罪で起訴」という見出しが見つかった。ああ、これだ。記事の内容は、以下の通りである。

「警察は、イスラエル観光客から五万キナ（日本円にして約二百万円相当）を騙し取ったことにより、ひとりの男を逮捕、起訴したと発表した。関係者によると、被告人は、アンブンティのジョセフ・カネガウィで、三か月間におよび観光客から断続的に金銭を騙し取ったとされている。被害にあったのは、イスラエル北部のハイファの男性、オリ・ハダル氏（五十一歳）で、セピック川探検に必要な準備支度金として都合三回、被告人に送金したという。カネガウィは、送金された金銭が盗難にあったという理由から、同氏に対してさらなる資金送金を請求していた。……〈中略〉……ハダル氏は、二〇一六年にパプアニューギニアを訪れた際に被告人と知り合い、帰国後もパプアニューギニアの人と文化、景観に魅了され、再度パプアニューギニアを訪れたいと思うようになったという。二〇一八年初頭、再度カネガウィに連絡、セピックに入った後、上流のグリーンリバーからビスマルク海にまで及ぶセピック川全踏破を計画、それに必要な支度を整えるように依頼したという。カネガウィから、その行程に五週間、費用にして五万キナが必要であると見積もりが出されたため、同氏はパプアニューギニアに到着する前に支度金を被告人に送金。

図2-2　携帯電話を使うジョセフ（2010年３月）

六月二九日、首都ポートモレスビーに到着、地方都市バニモで被告人と合流予定だったが、被告人は現れなかったという。……〈中略〉……同氏は、ウェワクへ行程を変更、被告人に対して三十三回もの電話やメールを送り続け返事はなかったが、三日間ホテルに滞在しメールを送り続けた結果、七月三日になってカネガウィがアンブンティからウェワクに現れた。同氏が、自分が送金した金銭で購入してあるはずの支度品はどうしたのかと被告人に問い詰めたところ、言い訳をするばかりであった。その結果、警察に告訴状を提出、逮捕に至った」。

この事件は、外国人観光客を相手にしていること、そして、その被害額の規模から全国紙に掲載された。また旅行ガイドブック最大手であるロンリープラネット社がつくる公開ネット情報上でも話題になった。因みに、"Joseph Kone Sepik"と検索してみれば、七千件以上がヒットし、そのトップは、彼の逮捕の話題である。パプアニューギニアのセピック旅行を計画する旅行者の間では、注目すべき話題であった。

二〇一八年九月、私はジョセフに再会した。拘置所から出てきたばかりであった。被害者であるイスラエル人観光客は、メールにてジョセフと称する人間と連絡。ジョセフとは別人に送金していたことが認められたという。いわゆる「振込み詐欺」である。ただ真犯人については現在も捜索中であり、ことの真相が解明されたわけではない。『ナショナル』紙は、サイバー詐欺などネット犯罪についての記事も掲載しているが、この事件の顛末については掲載していない。

拡大するネットワーク

こうした事件が起こった背景には、ジョセフ自身がローカルな互酬原理に基づいて人的ネットワークを拡大していったことがある。前述したように、彼はセピック流域の村々を巡り、恩を売りつつ人間関係を拡大してきた。しかし、捉えようによっては、恩を売られていたわけでもある。ジョセフの捉え方は、人間関係の構築は、彼自身が恩を「売る」ことでスタートしているわけだが、相手方にしてみれば相手が先にジョセフに恩を「売った」と捉えているケースも少なくない。彼の関係構築は、既知の仲の人間を媒介として、拡大していく方法である。時によっては、ジョセフは既知の仲との清算が終わっていない段階で、その人間を仲介としてさらに別人と互酬関係を結んでいくので、自転車操業といってよい。つまり借金の借り換えをしているわけであり、非常に危うい。非市場経済の原理を活用する彼にあっては、財の所有や蓄積は到底困難であり、彼の手元に一時的に金銭が集中するように見えたとしても、それらは分配されるべきものである。

二〇〇〇年代にはいり、インターネットや携帯電話の普及がさらに彼の関係性に変化を与えた。ネットの普及は、海外からの旅行者を結びつける一方で、携帯電話の普及は、セピックに留まっていたローカルな関係をさらに広域に拡大することとなった。このことは私のエッセイ「携帯電話――ビジネスマンの必須アイテム」(川崎　二〇一〇)

で取り上げたが、二〇一〇年以降、ジョセフの取引額は日本円にして数百万円にまで増加している。旅行者たちは、ネットを通じて情報を交換し、ジョセフの存在を知ったうえで、事前に日程や人数を調整、時には十数名の団体を構成して彼に旅行パッケージを依頼してくる。パプアニューギニア到着から帰国までの一切合財をジョセフが自らの関係をたどってアレンジしていく。そのため彼が企画する一旅行あたり直接関係している者の人数も増加し、その範囲はフェイストゥフェイスの関係を超えた携帯つながりによってパプアニューギニア国内各地にまで拡大されてきた。そのなかで起こった詐欺事件である。

注目されない人

この事件についてジョセフの妻に尋ねてみた。「身から出たサビじゃないの。近頃は、何万キナという高額の金を動かしていたわ。先月なんかも十五万キナ（日本円で約六百万円）も動かしていたわよ。でもね、手元に残ったのは一千キナ（約四万円）もないのよ。それさえも家計に入れようとしないので、もう大変な夫婦ゲンカよ。そしたら、町に出ていって遊んで使ってしまうのだから。もう離婚したいと思っているけど、拘置所に入っているのを見るとかわいそうで、毎日、彼に会って面倒をみてやったわ。それが、どうよ。拘置所を出たといっても、戻ってこないじゃないの。やってられないわよ」。

ジョセフのパートナーになることの多い知人にも尋ねてみた。「あの事件ね。あいつ、稼いでいたっていうけど、本当は借金だらけだよ。真犯人がいるっていわれているが、きっと関係者だと思うよ。借金を返してもらってない奴が多いんだもの。俺？　当然、返してもらってないよ」。

この事件だが、知り合いの間で話題にはのぼるが、しかし、どうも世間の注目度は低いようである。彼を知らないだろう人に何人か尋ねてみたが、新聞の紙面に載った事件のことは記憶していても、関心をもった様子ではない。被害者が外国人であったこと、また当地において、ジョセフ自身が荒稼ぎをして名をはせるような著名人では決してなかったこともあるだろう。

一方のジョセフ本人であるが、事件後、拘置所から出てきたばかりではあったが、私には何事もなかったかのような接し方である。へこんでいる様子もない。いつもと変わらぬ彼であった。彼にとっても、ささいな出来事なのかもしれない。

三十年以上にわたる彼とのつき合い。私たちを知る人間は、私たち二人を「ツイン」と呼ぶ。私たちは、同じ年に生まれ、故郷を離れた年、結婚した年、子供が生まれた年も同じ。自分たちは、お互いにあまり気づいていないが、ちょっとした仕草さえも良く似ているらしい。お互いに影響しあって、今日まで来たのだろう。文化の狭間に生きているこども、同様である。私が今ここで様々な出来事を断片的に寄せ集めているが、このエピソード自体、私とジョセフ以外当地でことさら問題になるようなことではない。文化の狭間に埋没し、出来事・化されることなく消え行くものである。

つい最近、私に「英語」のメールが届いた。普段はピジン語でやりとりしているジョセフからである。「おひさしぶり。家族ともどもアンブンティでしあわせに暮らしています。一年間のブランクがあったけれど、そろそろ、仕事を再開しようと思っています。よい週末を」。よく見ると発信元は、観光客が被害にあったというアドレスからであった。もうひとりのジョセフも、注目もされず、文化の狭間に生きる人間なのであろうか。

注

(1) インド研究から出発したリネキンが示すサバルタン研究は、非エリートの言説に注目しつつ、サバルタンを表象できない他者として位置づけ、その断片性を重要視した。また、この断片性こそが民族誌的権威を脱構築していく手法とも捉えている（Linnekin 1992）。こうした断片性については、社会学者の岸政彦の民族誌が興味深い（岸　二〇一五）。

(2) この落とし穴については、一九八三年にデレク・フリーマンが著した『マーガレット・ミードとサモア』がひとつの例であろう。フリーマンは、ミードのフィールドワークを検証し、次のような落ち度があったと指摘する。ひとつは、ミードの師であるボアズの影響を受け、師の立てた仮説を検証するために整合的な情報のみを集めたこと。ふたつ目は、インフォーマントの情報の意味、つまりミードに対して冗談をいっていたことを見抜けなかったことがあげられている。

(3) この国の北西部を流れる大河セピック川。その上流域南部に広がっている丘陵地域には、山沿いに少数の言語集団が拡散して暮らしているという。まだ十分に調査の進んでいない文化人類学上のいわば空白地帯である。その地域を集中的に調査するために、一九八四年から国立民族学博物館に在籍する文化人類学者の吉田集而さんをリーダーとした調査プロジェクトが組まれた。私が参加させていただいた一九八八年は、調査プロジェクトは三回目となる。メンバーは吉田集而さんのほか、文化人類学の斉藤尚文さん、豊田由貴夫さん、紙村徹さん、地理学の熊谷圭知さん、民族音楽の山田陽一さん、そして新入りの私の七名である。私以外の全員が、パプアニューギニアでの長期調査を経験している。フィールドワークをトピックとした研究については、熊谷さんの著作がある（熊谷　二〇一九）。

(4)「異文化へのまなざし」（川﨑　一九八九）では、ジョセフの行動を「わけの分からない」行動、解釈できない行動として扱った。そして、私は、そのことをカルチャーショックとして片付けようとしていた。

参考文献

川田順三　二〇〇八『文化の三角測量——川田順三講演集』人文書院。
川﨑一平　一九八九「異文化へのまなざし——パプアニューギニアの日々」『季刊民族学』四九号：一〇〇—一〇七。
——　二〇〇一「生き方としてのカストム——現代パプアニューギニアカストム観」『民族学研究』六六巻二号：一八四—二〇二。
——　二〇一〇「携帯電話——ビジネスマンの必須アイテム」『南太平洋を知るための58章——メラネシア ポリネシア』吉岡政徳・石森大知編著、九〇—九二頁、明石書店。

岸　政彦　二〇一五『断片的なものの社会学』朝日出版社。
熊谷圭知　二〇一九『パプアニューギニアの「場所」の物語——動態地誌とフィールドワーク』九州大学出版会。
フリーマン、デレク　一九九五『マーガレット・ミードとサモア』木村洋二訳、みすず書房。
Linnekin, Jocelyn 1992 'On the Theory and Politics of Cultural Construction in the Pacific', *Oceania* 62(4):249-263.
Zelenietz, Marty 1986 'Both Sides Now: Anthropological Reflections on Kilenge Reminiscence of the Second World War', *Man and Culture in Oceania* 2: 101-114.

Kaori and Lerato in a field of wild flowers (Sep. 2017, Cape Town, photo by Kyoko Morgan)

第三章　生きるように学問する——私が南アフリカまで日本人に会いに行く理由

杉下　かおり

はじめに

遠い記憶だ。高校三年生の時、大学で専攻することを決めていた「文化人類学」という学問について女子クラスメートに説明すると、こんな言葉が返ってきた。「え〜、杉下さん、アフリカとか行って酋長と結婚するの〜?」あれから何十年も生きてきた。私は確かにアフリカに行った。ザンビア共和国と南アフリカ共和国には長く住みもした。「酋長」には会わなかったし、誰と結婚したわけでもなかったが、南アフリカ人と恋をして子さえ儲けた。何よりも、今、私は「文化人類学者」として日本の大学生に講釈を垂れることを生業とし、「文化人類学」の名のもとに多くの日本人と南アフリカ人の心を煩わせている。あの元クラスメートなら何というだろう。高校生の私達には想像すらできなかった道のりを経て、人類学とアフリカは、私の生の揺るぎない核となった。

本稿の目的は回想ではない。本稿は、私の生と学問に巻き込まれた全ての人々に向けた懺悔であり、自己弁護である。「どうして人類学者になろうと思ったんですか?」「どうしてアフリカを研究しようと思ったんですか?」そう問われるたびに、古傷が疼くような疚しさを感じてきた。本稿は、この底暗い疚しさを白日のもとに晒し、あらゆる人々の裁きに供するものである。とりわけ、私が研究対象としている南アフリカの日本人コミュニティ、さらには、父の不在を常態として日本で生まれ育つ私の娘に、本稿を捧げたい。

語ること自体が欺瞞なのかもしれない。断罪されるにしろ恩赦されるにしろ、私は生き、学び、問い続けるだろう。この業のような執念を私はどのように意味づけるのか。自作自演と嗤われようが、最初で最後の申し開きをさせて欲しい。

私と人類学とアフリカ

人類学を志す

あるアフリカニスト人類学者は忠告する。「内向的な人にはつらい仕事なので、他者とのコミュニケーションをとるのが苦手な人は、間違っても人類学者になろうなどと考えないように」(鈴木 二〇一五:二六)。ならば私は間違えたのだろう。コミュニケーションは社会的スキルとして習得した。そのスキルで内向性を取り繕うこともできる。しかし、たとえば下町の長屋に間借りし、昼夜を問わず他者の関心を浴びるような生活に、私は耐えられない。電気も水道もインターネットもない僻地で、自身の生存を賭けて他者と親しむことにも、私は耐えられない。そのような「いかにも人類学的な」フィールドワークに憧れはするが、失敗は必至なので試みたことさえない。にもかかわらず、なぜ私は人類学者になったのだろう。

私は早くからアフリカに関心をもっていたわけではない。アフリカはおろか、現実世界を忌避する内向的な子供がどうにか大人になり、どうにか人類学者になったのだ。高校生の頃は、大学で哲学を専攻することも考えていた。私はその頃から、「人間」について何かを語りたいという尊大な欲求を持て余していたのである。その欲求を哲学ではなく人類学で満たそうとしたのは、後者が私の内向性を矯正し、広く世界に目を向けさせてくれるかもしれないと考えたからである。実際、人類学科のカリキュラムは、「世界の様々な社会と文化」について学ぶ機会にあふれていた。しかし私の性向はおいそれとは変わらなかった。

就職して社会に出ることを嫌い、大学院で学び続けることを選んだ。相変わらず概念としての人間にしか興味をもてず、学位を目指すための専門地域も定まらない。そんな時、ある教員がふと口にした言葉が啓示のように響いた。「人類学っていうのはね、人間の普遍性を問題化できる地平を切り拓いていくことなんだよ」。彼がその地平を切り拓いていたフィールドが、アフリカだった(1)。

人類学の可能性を確信し、「アフリカ」という豊かな意味世界の探索を始めた。ほどなく、「人間」ではなく「中南部アフリカのバントゥー諸族」に関するそれらしい研究テーマに辿り着くことはできた。しかし、テーマに応じた民族誌を渉猟し、様々な理屈をこねてみても、生身のアフリカ人と切り結ぶ覚悟はできなかった。フィールドワークどころか、アフリカに行ってみたいという衝動さえ湧かない。私は本当に人類学者になりたいのだろうか。モラトリアム的逡巡が続く。退路を断つかのようにイギリスに留学し、博士論文を書くためにザンビアでの長期調査を計画した。こうして私は漸くアフリカの土を踏んだのである。

アフリカで思い知る

ザンビアとは縁もゆかりもなかった。同国を調査地としたのは、それがイギリスの旧植民地であり、英語を公用語とし、先行研究が豊富な上、政情も安定していたからである。ただそれだけのことである。日本で文献研究を進めていた頃は、ザイール（現在のコンゴ民主共和国）での調査を考えたこともあった。しかし、フランス語を公用語とし、長期独裁政権から泥沼の内戦に移行しつつあった旧ベルギー領に、敢えて出かけて行く理由がなかった。当時の私は、アフリカに「都合の良い調査地」を求めていただけだったのである。

ザンビア滞在中は、首都ルサカの高級住宅街にガーデン・コテージを借り、貧困層が住むタウンシップに自転車で通っていた。当時の研究対象は、「伝統医療」と公称されるアフリカ固有の社会システムだった。そのシステムの要である「伝統医」のサービスは、「神」や「精霊」や「妖術」がもつ絶大な社会的リアリティに支えられ、貧苦に満ちたタウンシップの生活インフラともなっていた。私は文字通り「住む世界が違う」人々の希望と絶望に必死で寄り添いつつ、裕福な白人一家の広大な庭に佇むコテージで孤独を確保し、正気を保った。それでもタウンシップに足が向かず、近隣のカフェで地元紙を読み比べる時間が増えるにつれ、罪の意識も募った。

「伝統医療」に効果があろうがなかろうが、タウンシップでは簡単に人が死ぬ。自身が住む世界に比べれば、目が眩むばかりの格差だ。人間は生まれながらに不平等である。日本やイギリスを含むあらゆる社会を蝕むこの理不尽な真実に、なぜ私はザンビアに来るまで気付かなかったのか。一体どういうつもりで、何者のつもりで、「人間」を語ろうとしていたのか。一年あまりの滞在が終わる頃には、私の怒りと悲しみと罪悪感は臨界に達していた。まさにその時、一生忘れられない死が訪れた。

タウンシップでは、「トレさん」という中年男性がリサーチ・アシスタントをしてくれていた。全く嫌味のない気さくなおじさんだったが、どこか冷めたところがあった。週末ともなるとタウンシップ中の教会がミサで賑わい、彼の妻子も出かけてしまうと、トレさんは自宅の擦り切れたソファで悠々と安酒に興じた。その彼が髄膜炎を患い、あっという間に逝った。私が調査を終えてイギリスに戻る数日前のことだった。計ったようなタイミングではないか。なぜあの時、なぜ彼が死んだのか。私のフィールドワークもまた、人類学の知的収奪の歴史の再現であることを、現地人アシスタントの死によって思い知る必要があったのだろうか。泣いても泣いても泣き足りない私を、「アフリカ」は白けたように見ていた。特権まみれのお嬢さん。分かったらさっさとイギリスに帰り、望み通り「博士」にでもなるがいい、と。

長い長い苦しみが始まった。イギリスに帰ってみると、待っていたはずの恋人も去り、私が安らっていた世界は完全に瓦解した。その残響と残骸の中で数年間のたうちながら博士論文を書き上げたものの、学位以外何も残らなかった。ザンビアには一度だけ戻った。あの人もこの人も亡くなっていた。つらすぎて直ぐイギリスに逃げ帰った。ポストドクトラル・フェローシップを得た南アフリカ共和国で心機一転を図るも、ザンビア以上の格差社会と先鋭的なアイデンティティ・ポリティクスに心は疲弊するばかりだった。アパルトヘイト（人種隔離）政策が固定化した「白人」と「黒人」の分断を前に、「日本人」としての暗い内省の淵に沈む。南アフリカという格好のフィールドに居ながら、フィールドワークが始まらない。人々の審問に耐え得る調査動機がないからだ。学位を取るほど研究したアフリカの「妖術信仰」も「精霊信仰」も「伝統医療」も、学界で「それらしい」論文を生産するためのネタとしか思えなくなっていた。自らの人間的かつ学術的な限界をまざまざと知る。

こうして私は人類学者として一度死んだのである。それでも終わりにできなかったからこそ、恥を忍んで本稿を書いている。

日本で生き直す

失意のまま南アフリカを去り、生活のために日本で「先生」を始めた。運良く定職を得ることができた私立大学は、冒頭の女子高校生のような漠とした世界観をもつ学生であふれていた。彼らにアフリカを語るために学び直し、アフリカとの縁を繋ぐためにあがき続け、南アフリカ再訪を重ねた。やがて一つの答えのように子を授かり、四十を過ぎて母となった。これ以上の生き甲斐があるだろうか。学問だけを生の拠り所としていた孤独な人間を、幼子は全身全霊で母と慕った。

ひとり親として育児と教務に忙殺されるなか、研究者としての方向性は完全に見失った。このまま学界に居座っていいのだろうか。転職しようにも、人類学の学位があるだけで他に何もない。ミドルクラス的な生活の安定を捨て去る勇気もない。子は無心に成長する。人並みに住宅ローンでも抱えれば、腹を括って「先生」をきわめることくらいはできるだろうか。世界中を旅したあげく辿り着いたわが身の凡庸さを呪った。

懊悩の果てに一条の光を見たのは最近のことである。ポスドク時代に胚胎した問題意識から、新たな研究テーマが芽吹いていた。「日本人の人種意識」。あるいは自分自身への審問。「日本人」としての自らの意識を問い、その社会的構築と歴史的・地政学的背景を追究するのである。内向的な人間に相応しい研究テーマではないか。いや、そもそも「内」に向かうことと「外」に向かうことは矛盾しないはずだ。「私」と「世界」を繋ぐのが学問ではなかったか。「私」が何者であるかを知らずして「人間」を語れようか。人類学とアフリカと私の生が、はじめて一筆書きで結ばれたような気がした。生きることと学問することの断絶が、漸く埋められるような気がした。これだったのか。

こうして私は、アフリカニスト人類学者として生き恥を晒し続けることを決意したのである。

日本人の人種意識、あるいは自分自身への審問

日本に生まれて

「人種」とは厄介な概念である。その社会的リアリティは、「神」や「精霊」のそれと同様で、「科学的根拠」に支えられているわけではない。身体的特徴、文化的特徴、民族、血縁関係、出生地、時には国籍までない交ぜにした

曖昧な基準によって「人種」は同定され、語られる。[2] 皮膚の色という一見「生物学的」な基準に則った分類法にしても、その恣意性は明らかだ。「黒人」の父と「白人」の母を持つバラク・オバマがアメリカ初の「黒人」大統領とされるのはなぜなのか、考えてみるといい。「人種は存在せず、存在するのは、人種化という過程と差別の歴史だけである」(斉藤・竹沢　二〇一六：二七)。しかし、あるいはだからこそ、自然科学者や社会科学者がいかにその妥当性を否定しようとも、「人種」概念に基づく差別や偏見、それに対応する格差と分断が日々生成され、「人種」のリアリティを補強する。私もまた、その日本的な呪縛の下に生まれ育った。

私は一九七〇年に日本の小さな町に生まれ、中流家庭で何不自由なく育った。両親は共に教養人ではあるがとくに進歩的ではない、ごく普通の夫婦だった。アフリカはおろか海外との接点は乏しく、日本的常識を相対化する契機に欠けた幼年時代だったように思う。当時の日本は、安保闘争の政治熱も冷め、徹底した対米追随の下で世界第二位の経済大国の道を邁進していた。私は日本が欧米諸国のような「先進国」であることを早くから認識し、そのことに誇りさえ感じていた。母が用意した食事に不平でもいえば、東南アジアやアフリカの「発展途上国」の子供達を想うよう戒められたものである。そう、私は自分が恵まれていることを知っていた。けれども、世界の理不尽さに悩むことはできなかった。全ては所与の、当たり前の世界だったのである。

私が子供心に理解した「先進国」と「途上国」という区別は、そこに暮らす人々の肌色と否応なく結びついた。「先進国」には自分より肌色の薄い人々が住み、「途上国」には自分より肌色の濃い人々が住む。このような認識を補強するかのごとく、巷には人種的ステレオタイプを含む欧米の受け売り文化があふれていた。私は金髪・碧眼・白い肌の「姫」や「王子」はもちろんのこと、「ダッコちゃん」や「ちびくろサンボ」や「ジャングル黒べえ」を与えられるがまま消費した。[3]「野生の王国」や「すばらしい世界旅行」といったテレビ教養番組も、私の世界観形成に大いに貢献した。そう、白人が住む欧米が世界の中心かつ文明の最先端であり、黒人は南の島やジャングルで動物達と共に原始的な生活を送っているのである。ほら、知的で勇敢な白人研究者が密林に分け入って行く。黒い肌にグロテスクな装飾を施した偏屈な「未開部族」との接触を試みているのだ。殺されるかもしれない。文明と野生の息詰まる邂逅。前者への憧れと後者への恐怖。この古い記憶が、私の人類学的関心の原点なのかもしれない。

「近代」という病

私が幼年時代に培った世界観は、酷く偏ってはいたが特殊ではなかったはずである。それはまさに、「ごく普通の」日本人が囚われがちな近代的世界観ではなかっただろうか。

江戸末期の開国によって幕を開けた日本の近代化とは、即ち国策としての西洋化だった。明治新政府は文明を評価する尺度ごと西洋文明を受け入れ、西洋化こそが近代化（文明開化）だと信じたのである。人類学を含む西洋的な知の枠組みが次々と導入されるなか、日本人は西洋／白人を頂点とする西洋的な世界観と人種的ヒエラルキーを内面化していった。「アフリカ人は実に愚かにして人間のうちの下等である」といった恐ろしく不当な西洋的偏見も、福沢諭吉のような啓蒙思想家の筆によって日本の人口に膾炙するようになったのである（藤田　二〇〇五：一一三―一一八）。こうして日本人は、西洋による非西洋支配の西洋的な正当化さえ受け入れてしまった。だからこそ西洋化に努め、同時に帝国主義化し、アジア太平洋地域の覇権を欧米と争うことになったのである。

日清・日露戦争に勝利して自らも支配者となった日本人は、支配される非西洋に対する共感を失っていく。西洋列強によるアフリカの植民地支配などは、範例を求める日本人の格好の研究対象となった（藤田　二〇〇五：一四二―一四八）。第一次世界大戦後のパリ講和会議（一九一九年）では、日本全権代表が「人種の平等」を訴えもした。しかし、その目的は、非西洋／非白人国家唯一の「文明国」としての日本の自尊心を満たすことにあり、日本人による朝鮮人差別といった矛盾は棚上げにしていたのである（眞嶋　二〇一四：一五六―一七八、森川　一九八八：四二―四四）。やがて日本はアジア太平洋戦争で欧米に決定的な敗北を喫し、戦後は「平和国家」として経済発展に注力する。早々に「先進国」の仲間入りを果たした日本の復興を支えたのも、欧米を範とし、欧米と肩を並べることに対する欲望だった。この近代的な欲望の素地となる世界観と人種意識を、私は確実に受け継いだのである。

欧米中心の世界観に、白人への劣等感と黒人への優越感。この近代的な病の徴に無自覚のまま、私は成長した。一九八〇年代になるとエチオピアの大飢饉が日本でも盛んに報道され、骨と皮ばかりに痩せた黒人の子供達がアフリカを象徴するようになっていた。私は彼らを忌むように憐れみ、「ライヴ・エイド（Live Aid）」のような欧米の自己満足的救済キャンペーンを通して彼らに心を寄せたつもりになった。やがて日本はバブル経済の狂騒に包まれ、世界は冷戦の終結という歴史的転機を迎える。しかし私の意識はひたすら内向し、自身と日本と世界の関係性を問題化することはなかった。九十年代初頭に南アフリカでアパルトヘイトが終結した際も、「まだ人種差別を制度化している国があったのか」と驚いたことだけを記憶している。外界で生起する個別具体的な事象には目もくれず、「普遍的な何か」を求めて学問の世界に耽溺した。その「何か」を語る者が大抵は欧米の「白人男性」であることなど気にも留めずに。

フロイトやユングの深層心理学に、エリアーデの宗教学、レヴィ＝ストロースの構造人類学、フッサールの現象学。それらが欧米社会の一時代に由来する知的枠組みであることなど、当時は問題にもしていなかった。白人男性が「人類代表」であるかのごとく「人間」について語ることに、私は全く違和感をもたなかったのである。私もまた、語る主体として彼らと同化したような気になっていた。彼らと共に、人類の知の発展に参画しているつもりだった。それが大きな勘違いであることに気付いたのは、人類学をきわめるために日本を離れてからのことである。

「日本人」になり損ねる

私は一九九六年から二〇〇二年までイギリスの大学院に在籍した。同国はアメリカと並ぶ近代人類学発祥の地であり、現代人類学の中心地でもある。アフリカ研究を志す者にとっては、旧英領植民地に関する資料の宝庫であり、学位取得に向けた教育課程が確立していることも魅力である。何よりも、当時の私は、欧米人と肩を並べて英語で人類学を学ぶことに憧れていたのだと思う。そう、アフリカでのフィールドワーク以上に。まさに近代日本的な欲望である。私はそれを満たすためにイギリスに留学し、「白人男性」の恋人や指導教官と時に衝突しつつ、悩ましくも充実した学究生活を送った。そのなかで、私の「日本人」意識は否応なく高められた。

「日本人」という概念が指示する総体が「国民」であれ「民族」であれ「人種」であれ、「日本」は極めて同質的な共同体として想像されている。そこに生まれ育ち、イギリスで初めて長期の海外生活を経験するまで、私は自分を「日本人」として意識する必要はなかった。少なくとも、人類学者としての私は、無標の「人間」として思索しているつもりだったのである。そう、白人男性のように。しかし、いざイギリスに留学してみると、そのような思索はもはや許されていなかった。欧米の学者達は、白人男性的な知を普遍的な知として提示することの欺瞞にとうに気付いていたのである。彼らは西洋の植民地主義と近代主義を徹底的に批判し、富と力を振りかざして知を生産してきたことを真摯に反省した。その上でなお人類学の可能性を模索していたのである。

欧米人類学のこのような自己批判は、「ポストコロニアル」や「ポストモダン」といった言葉で修飾され、私が日本の大学院で学び始める頃には一大トレンドとして認識されていたはずである。(4) しかし、当時の私はこれらの議論に精通していたわけではなく、その意義を理解してもいなかった。他の多くの日本の人類学者がそうであったように、私は欧米の人類学者の内省をトレンドとして消費するばかりで、わが事として消化する視点をもたなかったのである。自己を「普遍的人間」としての欧米人と同一視していたために、ある「国民」なり「民族」なり「人種」なりが担うべき歴史的責任があることに気づけなかったのだろう。事実、私は日本の大学で日本帝国主義と日本人類学の関係について勉強したことさえなかったのである。これでは、欧米人はもちろんアジア人やアフリカ人と肩を並べて人類学を学ぶことなどできはしないのである。

こうして私はイギリスで初めて日本人としての自覚を求められ、日本人として人類学に携わることを促された。今になって思えば大変重要な契機だった。しかし当時の私は反発した。語る主体として同化したつもりになっていた欧米人の内省から疎外され、「日本人は日本の研究をしていろ」という暗黙のプレッシャーをかけられたように感じたのである。実際、イギリスで会った日本人留学生は、誰もが日本を研究対象としていた。アフリカ人留学生も、当然のごとく母国の研究をしていた。なるほど、欧米人類学は、非ヨーロッパ系の研究者を「ネイティヴ人類学者」として抱きこむことで、結局、知の生産の主導権を保持するのか(5)。そのような学界の政治力学への反感もあいまって、当時の私は自らの日本人性を受け入れることができなかったのである。

こうして日本人になり損ねた私は、白人男性的な意識のままザンビアにフィールドワークに赴き、前述のように打ちひしがれてイギリスに帰ってきた。それでもなお、私は日本人として悩むことができなかった。それが漸くできたのは、南アフリカという強烈な人種的磁場に足を踏み入れてからのことである。

南アフリカと出会う

二〇〇二年に念願の博士号を取得したものの、私は自身と人類学とアフリカの関係に明るい展望をもつことができなかった。トレさんをはじめとする多くの貧しいザンビア人を食い物にしたという疚しさに苛まれていたのである。それでも人類学者になることは諦められず、博士論文の査読者から紹介された南アフリカでのポスドクに飛びついた。同国は大陸随一の「先進国」であり、欧米人類学界との関係も深い。ほかに行くあてもなく、ほかならぬアフリカでアフリカニストとしての第一歩を踏み出すことに賭けてみたのである。結果は、さらなる迷いと苦しみだった。

南アフリカには、近代日本人が追認した世界観とヒエラルキーに命懸けで抗い、真の意味で「人種の平等」を実現しようとした人々の輝かしい歴史がある。同国が位置する大陸南端部では、十七世紀にオランダが入植を開始すると十八世紀にイギリスも進出し、英系とオランダ系が覇権を争いつつ白人による黒人支配を確立した。二十世紀半ばにはアパルトヘイト体制が敷かれるが、黒人を中心とする血みどろの反体制運動の末に撤廃が実現し、一九九四年にネルソン・マンデラが初の黒人大統領に就任した。私がポスドク研究員として南アフリカに滞在したのは、こうして数世紀におよぶ白人の覇権が終焉してからおよそ十年後、二〇〇三年から二〇〇五年のことである。当初は同国について基礎的な知識しかもたず、人種間の対立や分断や格差を自身の問題として捉えたこともなかった。しかしそれらはあっという間にわが事となった。

私は南アフリカ最大の経済都市ヨハネスブルグに居住していた。同市は貧富の差と治安の悪さで知られるが、私は人類学者としての自負と関心に任せて多少のリスクを伴う行動をとっていた。その結果、早々に強盗に遭い、腕を数針縫う怪我をした。黒い肌の「彼」は、車の助手席の窓越しに金を乞い、断られると窓を割り、それを奪ったのだった。恐怖と痛みと共に、再び「アフリカ」に諭されたような深い得心に満たされた。そう、ここはルサカのタウンシップのように「人間の不平等」を安いビスケット一袋でごまかせるような場所ではない。「彼ら」は恐ろしく理不尽な「人種の不平等」と闘い、奪われた自由と権利を奪い返すために血を流してきたのである。もちろん、黒人の犯罪をアパルトヘイトの歴史と結びつけて正当化することなどできない。しかし、彼らが歴史的に莫大な不利益を被ってきたことは明らかである。私はその後も強盗に遭うたびに自らの白人ミドルクラス的な特権を再認識し、黒人の「彼ら」に対する罪悪感と疎外感を募らせた。一体どうしたら、乞われ施す（あるいは奪われる）以上の「対等な関係」を彼らと築くことができるのだろうか。

私のヨハネスブルグでの生活と社交の場となったのは、有刺鉄線と電気フェンスを纏った豪邸が立ち並ぶ旧白人居住区だった。一番そりがあったのは自分のような外国人研究者だったが、生え抜きの南アフリカ白人とも日常的な交流をもった。当然ながら、様々な人がいた。リベラルを通り越してヒッピーな価値観をもつ英系夫妻（私の愛すべき大家）。ジンバブウェの独立をいまだ認めず、同国を「ローデシア」と呼んで譲らないアフリカーナー青年。[6]「黒人と共産主義者がつるんでて本当に危険だったのよ」とアパルトヘイトを擁護する初老のイタリア系女性。「黒人に『お前ら俺たちに借りがある』みたいな目で見られるのに嫌気がさして」オーストラリアに渡ったものの、仕事が見つからず南アフリカに帰ってきた英系女性。法的な人種隔離が終わったとはいえ、彼ら白人ミドルクラスのコミュニティは地理的にも心理的にも閉鎖的なままだった。彼らにとって一番身近な黒人は家事使用人であり、友人ではない。懐の深い私の大家でさえも、黒人を家に招くことはほとんどなかった。私は黒人の「彼ら」との関わりを渇望してダウンタウンやタウンシップに出かけては、乗り越え難い溝を感じ、白人の「彼ら」のもとに悄然として帰ることを繰り返した。

長年にわたる白人支配と黒人差別の弊害は、私の所属先大学のキャンパスにも容易に見て取れた。教員は圧倒的に白人が多く、学生は圧倒的に黒人が多い。黒人が自分達の歴史や文化について白人から（時には私のような外国人から）学ぶのである。教育の脱アパルトヘイトに意気込むリベラルな大学でも、白人男性が知の生産と分配を主導する状況はおいそれとは変えられない。必然的に、学内の人間関係は緊張を孕む。誰もが「人種の不平等」という地雷を踏むことを怖れつつ、踏んでしまえば敢然と立ち向かった。ある黒人女性研究者と白人女性研究者のポスト争いでは、後者がこてんぱんにやられた。私は親友でもあった彼女をどう慰めていいか分からず、むせび泣く彼女の肩を抱くばかりだった。皆この国の重い歴史とそれぞれの肌色を背負って必死に生きている。私はここに何をしに来たのだろう。教員の端くれとして教壇に立つと、教室を埋める学生一人ひとりから問いかけられているような気がした。あなたは何者で、ここで何をしているのだ、と。

「日本人」をこじらせる

私は日本人アフリカニスト人類学者である。イギリスでは拒絶した「日本人」という属性をアイデンティティとして受け入れられるようになったのは、単に私が南アフリカで「人種問題に目覚めた」からではない。私は同国滞在中に日本の近代史と日本における人類学の発展について学び直す機会を得たのである。当時の国際人類学界では、欧米の覇権国家以外で発展した人類学的伝統を検証する動きがあり、私は知人のプロジェクトに誘われて初めて「人類学」ではなく「日本人類学」を論じたのである（Sugishita 2008）。学んでみると、とうの昔に学んでおくべきことばかりだった。日本が「近代的欲望」に突き動かされて帝国主義化なり経済大国化なりを進める中、日本人類学は時流に逆らわず粛々と発展したのである。欧米人類学のような真摯な内省と自己批判があって然るべきなのだが、日本人類学にはその文化が決定的に欠けているように思えた。だからこそ私は、人として学者として「日本人」であることの責任を受け入れた。それは同時に、学問的主体として欧米人と一体化した「普遍的人間」として語ることへの幻想を断ち切ることでもあった。問題は、それからどうするかということである。

「日本人の人種意識」という研究テーマを見出し、それに取り組む覚悟ができるまでには、さらに長い年月を要した。当初は南アフリカで引き続き「伝統医療」や「妖術信仰」について調査するつもりでいたが、次第にその意義を見失った。「日本人アフリカニスト人類学者」がポストアパルトヘイト南アフリカで取り組むテーマとして、何かもっと大切なことがあるような気がしてならなかった。自らの生と学問に過大な意味を求めるあまり、今度は欧米ではなく南アフリカに擦り寄ろうというのである。なんと傲慢な性だろう。しかし黒人の「彼ら」も白人の「彼ら」も、そう簡単に私の食い物になどならない。彼らは私の自己実現のために存在しているわけではないのだ。新しく何を始めることもできず、私はただ絶望的な挫折感を抱いて南アフリカを後にした。

十年ぶりに日本に腰を据えると、私の「日本人」意識は徐々にこじれていった。日本社会に対する批判が高じ、日本人であること自体が際限のない自己否定の呪縛と化す。とりわけ、無自覚に「近代的病」を患う日本人に対しては、過去の自分を見るような嫌悪感が募る。白人憧憬に黒人蔑視、十年一日のごときアフリカ観。「黒人は身体能力に優れている」だの「天賦の音楽的センスがある」だのという通俗的な偏見の陰に、「黒人は知的能力に劣る」という根強い侮蔑が見え隠れする。中国や朝鮮半島の人々に対する日本人の優越感も頑迷だ。二〇一〇年に世界第二位の経済大国の座を中国に奪われると、威信の低下を糊塗するかのごとく中国や韓国を貶める一方で、欧米には子供のような承認欲求を向ける。一体、私が責任をもたなければならない「日本人」とは何者なのか。満を持したように私の問題意識の核に立ち現れたのは、南アフリカで脳裏をよぎる度に振り払ったあの忌まわしい概念だった。「名誉白人」。

南アフリカまで日本人に会いに行く

問いのゆくえ

二〇一三年十二月のことである。「この人が亡くなったら世界的な大ニュースになるから、ちゃんと覚えておきなよ」と学生に紹介することを常としていたネルソン・マンデラ元南アフリカ大統領が、その祝福すべき九十五年の生涯を閉じた。はたして彼の死は日本でも大きく報道され、首相談話をはじめとする弔辞や追悼記事がほんの一瞬メディアにあふれ、次なる大ニュースにかき消されていった。多くは、彼を歴史的評価の定まった偉人として称賛するばかりの浅薄な内容ではあった。しかしマンデラの訃報は、「日本がアパルトヘイトの側に立っていた歴史的事実」を日本人が顧みる機会ともなり得たのである（津山・勝俣 二〇一四：三三）。そう、日本人は常にマンデラの味方であったわけではない。彼が覆そうとしたアパルトヘイト体制を、日本の政治経済界は実質的に支えていたのである。その体制下で南アフリカに居住した日本人は、白人の特権の一部を享受する「名誉白人（honorary whites）」のような存在だった。私はこの事実を学生にきちんと伝えてきただろうか。私自身はこの事実にきちんと向き合ってきただろうか。私が忌み嫌う「名誉白人のような日本人」とは、私自身のことではないだろうか。

私が問わずにいられないのは私自身であることは分かっていた。マンデラの死の数年前、私は最初で最後の子を産んだ。彼女はアフリカとの繋がりを切望する母の意志によってこの世に生を受けたのである。しかし彼女の父親は黒人ではない。生え抜きの南アフリカ白人である。私は結局、アフリカでも白人男性としか恋ができなかったのである。その関係も破綻し、私は子の誕生を待たずして父親と別れた。生まれた子は、多くの日本人が羨む「白人系ハーフ」である。彼女の少しだけ明るい髪色を誰かが褒めるたびに、私の内心は疚しさに疼く。そう、彼女は私の痛々しいまでの近代的欲望の産物なのだ。私は遂にこの欲望を克服できなかったのだ。ありとあらゆる身勝手な思いを込めて、私は彼女に敢えて南アフリカ黒人の名前を与えた。親の業を子に負わせたようなものだ。彼女は今後、複数の「国」と「人種」の狭間で様々な葛藤を経験するだろう。私はその全てに母として学者として責任があるのだ。新たな研究テーマが見えてきた。マンデラの死が背中を押した。

こうして私は、「日本人の人種意識」というテーマを南アフリカというフィールドで追究することを決意したのである。日本人アフリカニスト人類学者がポストアパルトヘイト南アフリカで取り組む研究課題として申し分ない。加えて、私にはこのテーマとフィールドに残りの人生を捧げる確かな理由があるのだ。そう、私はこの先ずっと、彼女の母なのである。

名誉白人としての日本人

日本と南アフリカの歴史的関係は、日本人の近代的欲望と人種意識について考察する上できわめて示唆に富む。前述のように、日本人は近代化の過程で西洋／白人を頂点とする世界観と人種的ヒエラルキーを内面化し、西洋／白人の富と知と力への欲望を社会的発展の原動力としてきた。事実、日本は欧米諸国に比肩する国力を獲得し、帝国主義的覇権争いには敗れたものの、その経済力によって「先進諸国サークル」としての西洋への貫入を果たした。しかし、日本がいかに「脱亜入欧」を唱えて西洋化／近代化を推し進めようとも、「白人諸国サークル」としての西洋の一部にはなり得なかったことも事実である。日露戦争後、日本が国力を増すにつれ西洋／白人の差別意識も増し、各国で黄禍論や排日主義の興隆を見た。西洋／白人から対等な「文明国」として承認されることを国家目標とした近代日本は、決して克服できない「宿命的差異」として「西洋との人種的異質性」を経験したのである（眞嶋　二〇一四：二六―二七)。この日本人の宿痾のようなジレンマが解消したかに見えたのが、白人支配下の南アフリカであった。

日本と南アフリカの公的関係の歴史は明治末期(一九一〇年)に遡る。[7] 当時の日本は東洋の新興国、南アは大英帝国の自治領であり、前者にとって後者は有望な市場かつ西洋への玄関口であった。通商関係は第一次世界大戦前後に本格化するが、日本は当初から南ア白人による有色人種差別とアジア系移民禁止措置に悩まされた。日本人が南アで他の非白人同様に冷遇されることは国家的威信の問題でもあり、日本政府は自国民の処遇改善を南ア政府に要求し続ける。交渉は難航したが、世界大恐慌により各国経済が低迷すると、日本への輸出拡大を期待した南ア政府が漸く軟化する。両国は一九三〇年に紳士協定を結び、日本人の南ア入国と滞在および国内での自由な経済活動が可能となった。やがて第二次世界大戦により両国関係は途絶するが、再開後は日本の経済大国化と南アのアパルトヘイト体制化が進む中で急速に発展した。一九六〇年代には南アに滞在する日本人も増え、彼らに対する慣行化した特別措置が「名誉白人」待遇として議論を呼んだ(山本 二〇一〇:三一七―三一八)。一九八〇年代になると南アは人種差別国家として孤立を深め、その主要貿易相手国として日本が国際的な非難を浴びる。とりわけ、黒人の窮状を尻目に白人とのビジネスに勤しむ在南ア日本人は、アパルトヘイトに迎合する「名誉白人」として内外の活動家を慨嘆させたのである(楠原 二〇一四:二〇七―二〇八)。

誤解されがちだが、「名誉白人」は南ア政府が日本人に与えた称号でも、アパルトヘイト法が定めた身分や人種カテゴリーでもない。当時の在南ア日本人はほとんどが日本政府や企業から派遣された駐在員であり、彼らはあくまでも「短期滞在外国人」として白人の特権の一部を許されたのである(山本 二〇一〇:三一九)。これを「名誉白人」待遇と呼ぶにしろ、南ア白人は日本人を対等な存在として認めていたわけではない。ましてや、日本人との「人種的異質性」を不問に付したわけでも決してない。日本人は確かに白人専用の居住区や施設を利用することができた。

しかし、たとえば日本人と白人の性交や結婚は、「異人種間」のそれを禁止する法律が一九八五年に廃止されるまで許されなかった。日本と南アの経済的蜜月が深まるにつれ潜在化したとはいえ、白人の日本人に対する差別意識は確実に存在したのである。南アの日本人駐在員は、大企業の幹部や総領事でさえ、それを日常的に経験していた（松本　一九八九：二〇四―二一五）。しかし、あるいはだからこそ、当時の在南ア日本人のなかには、アパルトヘイトを擁護し、他の有色人種を貶め、白人支配者と同化しようとする者が少なからずいた。彼らは「名誉白人」であることを恥辱ではなく「名誉」として捉えていたのである。

「黒人は能力的に劣っている。彼らが政権を握ったら国の経済は崩壊する」。「日本は西側社会の一員として今こそ南アを助けてゆくべきだ。経済制裁などしてはいけない」。「いったん事が起きたら白人の側に立って闘うぐらいの気構えが必要だ」。「名誉白人として恥ずかしくないように振舞おう」。これらは全て、アパルトヘイト末期に南アに駐在した日本人の言葉である（松本　一九八九：二一一、傍点原著者）。抑圧された者への共感を拒否し、抑圧する者との一体感を誤想する、哀しくも滑稽な「名誉白人」達。アパルトヘイトが終わると、彼らは手の平を返したように黒人政権に擦り寄った（楠原　二〇一四：二一二―二一三）。その数十年後、彼らはマンデラの死を盟友のように悼むだろう。

遠い鏡を覗き込む

日本人は人種差別体制に加担した。日本人は白人至上主義に迎合した。日本人は人種的平等を巡る歴史的闘争を等閑視した。日本人は……。幾多の例外的個人の生に無限の敬意を払うとしても、私が日本と南アフリカの関係史から導く結論は変わらない。南アフリカが「近代世界史の鏡」であるならば、その鏡は日本という近代国家の無様な「真実」をも映し出してきたのである（鵜飼　二〇一四：一〇四―一〇五）。私はそこに自分自身の姿を探すのだ。しかし、自分が発した問いの答えの全てを自分の疚しさに回収することに何の意味があるだろう。それでは自家中毒的な自虐の沼に安住して老いるばかりである。他者との交わりが必要だ。世界との関わりが必要だ。未来への希望が必要だ。そう、私は母であり、人類学者なのだ。だから私は、現代南アフリカに生きる日本人に会いに行くことにしたのである。

南アフリカは日本人に最も近しい「アフリカ」である。同国には大陸最大の日本人コミュニティと大陸最多の日系企業拠点が存在する。(8) とりわけ、私がポスドク時代に居住したヨハネスブルグは、アパルトヘイト時代から南アの日本人社会のハブである。日本大使館が置かれた首都プレトリアに隣接し、日本人学校もあれば南ア日本人会の事務局もあり、名立たる大企業や日本貿易振興機構（ＪＥＴＲＯ）がオフィスを構える。にもかかわらず、ポスドク時代の私に日本人とのつき合いはほぼなかった。私の関心は専ら白人と黒人の「彼ら」に向かっていたのである。あるいは、避けていたのかもしれない。かつて「名誉白人」と呼ばれた「私たち」と向き合うことを。鏡に映る無様な自分の姿を見ることを。

アパルトヘイトの終焉から二十余年が経ち、南アフリカでは黒人の政治的支配が確立し、その腐敗が進行している。治安の悪化や格差の拡大にも歯止めがかからず、大半の国民が何らかの幻滅を感じている。「アパルトヘイト時代の方がましだった」などという嘆かわしい言葉を、様々な肌色の人々が呟く。マンデラが見せた虹色の夢から醒めてしまったこの国で、日本人は今、何を感じ、いかに生きているのだろうか。往年の「名誉白人」のように黒人を貶めながら金儲けをし、数年後には次の任地に赴く駐在員ばかりではないはずだ。南アフリカという可能性に触れた彼らと共に、近代日本的な欲望や世界観や人種意識を越えていけないだろうか。南アフリカから世界を見る彼らと共に、日本に蔓延する嫌中嫌韓思想を憂い、欧米で再燃する白人至上主義に抗えないだろうか。人種も国籍も所得も性別も文化も越えた「人と人の対等な関係」のあり方を、彼らと共に探ることはできないだろうか。私はこうして一方的に募らせた期待と願望を胸に抱き、二〇一五年夏にヨハネスブルグの日本人コミュニティ調査を開始した。

調査は予想以上に難航した。最初の躓きは、南ア日本人学校や日本人会から調査協力を得られなかったことである。駐在員を中心としたコミュニティであるだけに、「人種関係」や「人種意識」といった厄介な問題について「調査」されることに慎重にならざるを得ないのだろう。漏れ伝わってきた話によると、「日本人社会に波風を立てる」ことへの懸念と共に、この種の調査が奉じる「左寄り」の大義に対する警戒心が伺えた。いまだに黒人を「クロちゃん」と呼ぶ駐在員がいること等を伝え聞くうちに、「名誉白人」と対峙する私の決意も勇気も揺らいだ。救いは、私の研究に関心をもち、個人として協力してくれる日本人も少なからずいたことである。とりわけ、現地人と結婚するなどした長期滞在者を芋づる式に紹介され、調査地をケープタウンまで広げることもできた。互いの子どもに邪魔されながら彼らとの「インタビュー」に興じていると、初めてフィールドワークを「楽しい」と感じたものである。しかし、フィールドに快適なエコーチェンバーを自作して寛ぐだけなら学術調査とはいえまい。私と価値観を異にし、私を拒絶する人々との対話を成立させてこそ学問に意義があるのだ。「彼ら」を私の生と学問に巻き込みたい。これは決して満たされてはならない独善的な欲望なのだろうか。

「私はここで生きていかなきゃならない。生きることと研究することは違うんです」。ある在南ア日本人女性がそういった。彼女の秘めた葛藤に触れようとして傷つけてしまったのだ。彼女はもう会ってくれないかもしれない。思えば、同じ失敗を繰り返し、同じ拒絶を何度も味わってきた。「外国人に何が分かる」。ある南ア白人男性がそういった。彼の差別的言動を咎める私に激怒したのだ。彼とはそれきり会っていない。「あんたはこの国の人間じゃない」。私の娘の父親の言葉だ。私との別れ話の最後に放った言葉。そう、私は南アフリカで生きているわけではない。一万キロメートル以上離れた日本という国から、南アフリカという遠い鏡を覗き込んでいる。

おわりに

私にとって人類学とは何なのだろうか。遠い昔、「人間」を語り得る地平を切り拓く営みとしてこの学問を志した。学生の頃は、日本でもイギリスでも、「あなたのしていることは人類学ではない」と先生によくけなされたものだ。その度に、「上等だ。『人類学』の看板は私がもらった」と息巻いていたではないか。そう、人類学とは可能性だ。どこまでも地平線を追いかけて行けばいい。今、私自身が「先生」となり、日本で凡庸に老いていくにしろ、人類学という可能性はそこにある。「アフリカ」という、汲めども尽きぬ希望と絶望の泉もそこにある。

二〇一七年の夏以来、南アフリカを訪れていない。時間とお金がないことも確かだが、暫く座してこんな文章を書きたかった。学界ではなく、研究対象とした人と社会に向けて「私」を語りたかった。そうすることの意義と痛みを、南アの日本人コミュニティを対象とすることで初めて知った。

私は彼らのことが知りたい。それが私の生と学問にとって大切だからだ。しかし、彼らは私につき合わされる筋合いは全くない。ザンビアのタウンシップの人達もそうだったはずだ。私はただ強引に彼らを対象化し、彼らの理解できない言葉で彼らを語り、学位を取ったら縁も恩も放り出して「次のフィールド」に去ってしまったのだ。二度とあんなことはするまい。ではどうするのか。

私は生きるように学問する。「生きることと研究すること」は、私にとって分かち難く一つだ。澄ました顔で他者を食い物にできるわけがない。フィールドに赴き、無様な「私」を、その実存ごと、その社会的背景ごと、「彼ら」

に差し出し、交感する。私はそれを人類学と呼ぶ。

注

(1) この教員は、私が南山大学で教えを受けた坂井信三先生である。ジーパンと白いシャツが良く似合い、女子学生に人気のあった彼も、今や退職を控えた大教授である。彼の人と学問については、本書「あとがき」を参照して欲しい。先生、ありがとうございました。

(2) 日本人は、「人種」を目に見える身体的特徴(肌の色等)による分類として理解する傾向が強い。その結果、「人種差別」といえば白人と黒人の問題と捉え、日本社会にそれが存在することを否認しがちである。しかし、国際的な学術視点からは、日本人による黒人差別はもちろんのこと、身体的には日本人と区別できない韓国・朝鮮人や、江戸時代の身分制に由来する「部落民」に対する差別なども、真性の「人種差別」として問題化されている(斉藤・竹沢 二〇一六:四—六)。

(3) 日本人の黒人差別意識がいかに露骨に大衆文化に現れ、それが黒人の眼にいかにさもしく映るかについては、ラッセル(一九九一)を参照。

(4) 欧米人類学の自己批判と、その日本における影響の一端については、本書第八章(二三九—二四〇頁)を参照。

(5) このような「知の世界システム」における日本の周縁性については、桑山(二〇〇八)を参照。

(6) 「ローデシア」とは、現ジンバブウェ共和国が白人に支配されていた頃の名称。英系南ア白人の帝国主義者、セシル・ローズの名にちなむ。「アフリカーナー(Afrikaner)」は、南アフリカの白人民族集団。大陸ヨーロッパ系入植者(主にオランダ人)の子孫を母体とする。英系白人との対立の中で民族主義と白人至上主義を発達させ、アパルトヘイトの立役者となった。

(7) 日本と南アフリカの歴史的関係、とくに日本人とアパルトヘイトの関係については、森川(一九八八)やOsada(2002)が詳しい。両国関係の初期に日本人が南アフリカで経験した差別については、藤田(二〇〇五:一一〇、一一五—一一七)を参照。

(8) 日本外務省による「海外在留邦人数統計調査(平成三十年要約版)」によると、二〇一七年十月一日時点の南アフリカ在留邦人数は一二一七、日系企業拠点数は二八二である(https://www.mofa.go.jp/mofaj/files/000368753.pdf 二〇一九年九月十日最終閲覧)。

参考文献

鵜飼　哲（聞き手：粟飯原文子）　二〇一四「マンデラという鏡に映るもの」『現代思想』三月臨時増刊号（総特集「ネルソン・マンデラ」）、八五―一〇五頁、青土社。

楠原　彰　二〇一四「アパルトヘイトからの解放は、私たちの解放でもある――日本における反アパルトヘイト運動の歩み」『現代思想』三月臨時増刊号（総特集「ネルソン・マンデラ」）、二〇三―二一五頁、青土社。

桑山敬己　二〇〇八『ネイティヴの人類学と民俗学――知の世界システムと日本』弘文堂。

斉藤綾子・竹沢泰子　二〇一六「序章――差異の可視性／不可視性」『人種神話を解体する一――可視性と不可視性のはざまで』斉藤綾子・竹沢泰子（編）、三―三二頁、東京大学出版会。

鈴木裕之　二〇一五『恋する文化人類学者――結婚を通して異文化を理解する』世界思想社。

津山直子・勝俣誠　二〇一四「ただ、Ubuntu のために――マンデラと南アフリカの長い道のり」『現代思想』三月臨時増刊号（総特集「ネルソン・マンデラ」）、三〇―五一頁、青土社。

藤田みどり　二〇〇五『アフリカ「発見」――日本におけるアフリカ像の変遷』岩波書店。

眞嶋亜有　二〇一四『「肌色」の憂鬱――近代日本の人種体験』中央公論新社。

松本仁一　一九八九『アパルトヘイトの白人たち』すずさわ書店。

山本めゆ　二〇一〇「「名誉白人」とよばれた人びと――日本人コミュニティの歴史」『南アフリカを知るための60章』峯陽一（編著）、三一七―三二〇頁、明石書店。

森川　純　一九八八『南アフリカと日本――関係の歴史・構造・課題』同文館。

ラッセル、ジョン・G　一九九一『日本人の黒人観――問題は「ちびくろサンボ」だけではない』新評論。

Osada, Masako 2002 *Sanctions and Honorary Whites: Diplomatic Policies and Economic Realities in Relations between Japan and South Africa*, Westport and London: Greenwood Press.

Sugishita, Kaori 2008 'Japanese Anthropology and Desire for the West' in *Other People's Anthropologies: Anthropological Practice on the Margins*, A.Boskovic (ed), pp.142-155, Oxford and New York: Berghahn Books.

第二部　おわりとはじまり

2013年の辻の街並み。路地に残る古い建築物は2018年にはずいぶん姿を消した。

第四章　失われた時を求めて――フィールドワークにおける老いと時間

菅沼　文乃

老いとの出会い

私の研究の出発点は、「老いる」とはどういうことか、という疑問にある。

老いは、長く生きていれば誰にでもおとずれる。しかしその形は多様である。たとえば、ある人にとっての老いは、鏡のなかの自分に白髪やしわが目立ち始めることかもしれないし、視力や体力などの身体的な衰えをとおして実感するものかもしれない。あるいは、社会的な制度や風潮から見出される老いの形もある。この老いは、しばしばコミュニティの権力者や知識の伝承者などの社会的役割をともない、また知恵者や老成、衰え、虚弱、老醜という様々な社会的イメージを、老いた人に付与する―たとえば現代の日本社会では、老いた人たちは定年退職や引退で社会の表舞台から去る人たちであり、年金保険や各種の福祉サービスの恩恵を受ける人たちであり、道徳的には敬うべき存在であり、あるいは衰えのために病院に通い、老人ホームなどの施設に押し込まれるような人たち、と認識されている。

さらに、老いを生きる個人とその実践に視野を広げると、老いの様相は一層複雑になる。たとえばある人は子の結婚や孫の誕生を見て自らの老いを悟るかもしれないし、定年のない自営業に従事する人は八十歳を超えても自分は現役だと思っているかもしれない。電車で席を譲られることに「老人扱いするな」と憤慨したり、アンチエイジングをうたうサプリメントや化粧品を試したりと老いに反発したり抗しようとする人がいる一方、自らの老いを受け入れ、充実したものとしようと、地域の老人会や高齢者向けの趣味活動、ボランティアに積極的に参加する人もいる。個人が生きる老いは、生きている時間の長短だけではなく、その個人が生きてきた経験や老いへの対応などによって、様々に見出されうる。

この、社会や個人によって様々な形を呈する老いの全貌をつかむことは、非常に難しいだろう。しかし、老いが生物としての人が経験しうる現象であることに立ち返れば、今人々が生きている多様な老いを知ることが、私の疑問に取り組む手掛かりになるのではないだろうか。この、やや漠然とした課題に取り組むために、私は二〇〇八年から沖縄県那覇市で老いをテーマとしたフィールドワークを行っている。その経緯と調査の始まりは他稿でも触れているが(菅沼 二〇一七、二〇一八)、あらためて要点をまとめておく。

私がフィールドを選んだ理由のひとつは、調査開始頃、長寿や老年者(とくに老年女性)が沖縄を表象するコンテンツとなっていたことにある(1)。この時期、沖縄を舞台とした映画やテレビドラマなどは長寿の島で老いる人々が必ずといってよいほど描かれた。たとえばNHKで放映された連続テレビ小説『ちゅらさん』では、沖縄の離島で産まれ育った主人公の祖母であり、元気で明朗な老年女性(おばぁ)と彼女を取り巻く家族とのヒューマンドラマが県内外での人気を集めた。また、おばぁの日常をユーモラスに描く書籍(松井 二〇〇七など)や、一九九〇年前後からあらたな観光地として人気を集めるようになっていたマチグヮー(市場)で商いをするおばぁを取り上げる書籍や写真集(下地・仲村 二〇〇四、佐藤(編) 一九九九など)、長寿を支える風土や食を紹介する書籍(金城 二〇〇三)なども相次いで出版された。

留意したいのは、これらに登場する沖縄老年者は、つねに家族や農村、離島、マチグヮーなどの〝昔ながら〟の地

図4-1　写真集『笑うマチグヮー』の舞台となった栄町市場の風景。

図4-2　現在の栄町市場は戦後まもなくの時期に形成された。各地で市場の再開発がすすむなか、昔ながらの雰囲気を残す数少ないマチグヮーである。

域関係や文脈の中に位置づけられていることである。ここに、フィールド選定の第二の理由がある。現在の沖縄では、人口の高齢化が（全国的には低い水準であるものの）着実に進行し、それにともなう諸問題―いわゆる高齢化問題―も表出してきている。この状況下で、さらに家族や親族という血縁や地縁が機能しにくいとされる都市部であっても、人々はメディアが語るような「おばあ」（もしくは「おじい」）として老いることは可能なのだろうか。あるいはそこにはある意味理想的な老いのイメージのみでは語ることのできない、老いの営みがあるのではないか。こう考えた私は、那覇市での老いをテーマとするフィールドワークを始めるに至ったのである。

二〇〇八年から二〇一四年までの期間、私は毎年フィールドを訪れた。しかし、博士論文の作成に専念するため、二〇一四年以降はフィールドを訪れなくなる。再びフィールドに向かったのは、博士論文を完成させ、幸いにも助成を受けてその出版に至った二〇一八年二月であった。この四年間の空白ののちのフィールドへの訪問は、二週間程度の滞在であったが、私にとって強烈な経験となった。本稿では、この四年という時間ののちに見出されたフィールドと私との新たな関係性について、フィールドの社会的変化や、人類学的研究手法としてのフィールドワーク、エスノグラフィー、その権力性への自省的な文脈（クリフォード＆マーカス（編）一九九六、松田 二〇〇三、小田 二〇〇九など）からではなく、「老いの研究を行う私に四年という時間がもたらしたもの」に焦点を当てて述べてみたい。

フィールドとの出会い

先述の問題意識から、私はまず那覇市内に拠点を置いてフィールドを決めることにした。とはいえ、まったく当てのなかった私にとって、滞在先としたマンスリーマンションのすぐ向かいに高齢者向け施設の小さな看板を見つけたのは、とても幸運であった。そのまま、市営住宅の一階にある「辻老人憩の家」から、私のフィールドワークは始まった。

老人憩の家は、市の指定管理団体が運営し、レクリエーションなどをとおして六十五歳以上の地域住民の心身の健康の維持・増進を図る、いわゆる元気高齢者を対象としたサービスを実施する施設である。この施設に私は週三・四回通い、参加者であるおばあちゃんたちとなんとか仲良くなろうとした。そのためにデイサービスではレクリエーションを見学し、民踊クラブでは見様見真似で一緒に踊りを踊った。しかし沖縄の民謡や童謡、懐メロや戦前・戦後の歌謡曲、さらにはシンセサイザーが効いた沖縄ご当地ソングに合わせて踊る参加者に圧倒されたり、脳の活動を活発にするというゆびさき体操（沖縄では三線を調律するしぐさにちなんで「ちんだみ体操」などと呼ばれる）での指裁きに翻弄されたり、健康ストレッチではあまりの体の硬さに民生委員[2]に失笑されたり、お茶の準備を手伝おうとして「あなたはいいのよ、お客さんだから」といわれたりと、参加者たちの輪に溶け込むのは至難の業であった。

活動が終了すると、部屋の出入り口で帰路につく参加者を見送った。所在なく立つ私に、参加者たちはニコニコしながら、あるいは不思議そうに、「看護師[3]さん？　学生さんなの？」と声をかけてくれた。私はそのたびに「はい、名古屋の大学の学生です。沖縄のお年寄りについて勉強しています」と、自分の存在をアピールした。なにぶん参加者が多いし、毎回来る人ばかりでもないので、すべての参加者に顔を覚えてもらうのには時間がかかった。結局覚えてもらえなかった人もいた。とはいえ一緒に踊ってお茶を飲み、ときには貸し切りバスに乗って踊りの発表会を見に行くなかで、「なんだか、若い名古屋の大学生（実際は大学院生だったが）が来ている」ということを少しずつ認識してもらった。

別稿（菅沼　二〇一八）でふれたように、憩の家でのフィールドワークはフィールドである沖縄（ウチナー）との

図4-3　デイサービスでレクリエーションに興じる参加者。

図4-4　民踊レククラブの休憩時間は、参加者たちのゆんたく（おしゃべり）場となる。

文化的な違いだけでなく、老いと若さという違いを日々実感するものでもあった。当時二十代後半で痩せこけていた私に、参加者はいつも「ご飯を食べているのか」「結婚はしないのか」「彼氏はいないのか」と尋ねた。それをあいまいに笑ってやり過ごして、ひとつふたつの情報と、おやつのバナナや個包装のカステラをもらってマンションに戻るのが常であった。

辻という地域

ところで、この「辻老人憩の家」がある辻は、少々特殊な地域性がある。これまでの論文やレポートでも散々触れてきた（菅沼　二〇一七、二〇一八）が、あらためて説明しておきたい。

辻の歴史は、主に冊封使や上階級の武士を客層とする遊郭[4]として十七世紀に設置された公的遊郭[5]まで遡ることができる（那覇市企画部市史編集室　一九八五：四一七―四二二、那覇市企画部市史編集室　一九七九、加藤　二〇一一など）。明治期には周辺に位置した仲島・渡地遊郭との併合を経て、二百軒もの妓楼が立ち並ぶ沖縄唯一の遊郭として隆盛を極めた。遊郭という性質上、戦前の住民はほとんどが女性であった。妓楼を経営するのも女性であり、遊郭全体の管理・運営や祭祀の実施もそのうちの有力者が務めていたことから、当時の辻はしばしば「女護ヶ島」とも表現された（那覇市企画部市史編集室　一九七九、加藤　二〇一一）。しかしながら沖縄戦の前哨となる一九四四年の十・十空襲で辻を含む那覇市域が焼失し、戦後の米軍による沖縄統治下で辻遊郭は廃止された（那覇市企画部市史編集室　一九七九：一二八など）。

戦後の辻は、壊滅した遊郭跡地をもとに湾岸の埋め立てを繰り返して整備された。終戦後まもなくは那覇市街地の多くが米軍の接収を受けていたため、戦火を逃れたジュリ（遊女）も沖縄各地へと移り住み、料亭や飲食店を経営していたという（加藤　二〇一一：一八八―一九二）。一方で朝鮮戦争特需に沸いた沖縄では、戦災被害による貧困を背景とした街娼の急増と、第二次大戦中から多発していた米兵による性犯罪の増加が問題となっていた。この対策として、沖縄各地に飲食店や料亭、ホテルで売春にかかわる営業を行う米軍関係者向けの特殊飲食街の設置が検討され（加藤　二〇一一：二八―五四）、辻も、朝鮮戦争・ベトナム戦争に向かうために那覇港周辺に逗留していた米軍関係者向けの特殊飲食街という、風俗営業取締上の地理空間的な「囲い込み」に応じる形での再開発にいたる（高里　二〇〇一、加藤　二〇一一：一八六―一九二）。かくして辻は、朝鮮戦争・ベトナム戦争のために那覇港周辺に逗留していた米軍関係者向けの歓楽街となった。戦後の辻地域には米軍公認の飲食店や風俗営業店であることを示すAサイン(6)を掲げる店舗が立ち並んだ。米軍との密な関係のもと整えられていく町並みを新聞は「四百年の伝統を誇った〝情緒の町〟辻町も戦後は外人オンリーの町に変わった。当初は金離れのいい外人客が殺到、バー、キャバレー、サロン、クラブ、レストランなど『Aサイン』の店はどこも押すな押すなの盛況だった」（『琉球新報』一九六九年九月十一日）と評している。

この時期、元ジュリだけでなく、現金収入を求めた他地域、とくに宮古島から多くの人々が辻周辺に移入し、飲食店やホテルを営業した（私が拠点としたマンションから憩の家に向かう途中にある風俗店の前でいつもパイプ椅子に座っているおばあちゃんも、そうした経緯で辻に店を構えたのだと聞いた）。彼らの商業的成功は辻の復興に大きな役割を果たし、また故郷の親類を呼び寄せ、辻の住民構成を大きく変化させた。現在の辻の老年者は、憩いの家の参加者たちを含めその多くがこうして辻に移住し、長年の暮らしを経て年老いてきた人たちであるという。参加者の多くは健康や趣味活動のためだけでなく、こうした経験を共有する長年の友人との交流のために活動に参加していると語った。

図4-5（上）、6（下） 2010年ごろの辻の街並み。

さて、二〇〇八年の辻には既に戦後復興の面影はあまり見られなかった。立ち並ぶのは老朽化したコンクリート製の建造物と、そこかしこに掲げられる風俗営業店の華やかなネオン看板である。店の前には客を待つ従業員が、日差しをよけるためのパラソルの下に座って、足元に置いたラジオの放送に耳を傾けている。看板や案内パネルをみると、客層は日本本土からの観光客が中心のようだ。しかしそれも松山など後進の歓楽街へと軒並み奪われているのか、人通りはあまりない。一見日本本土でも見かけるようないわゆる風俗街の雰囲気をみせる一方、遊郭としての辻も完全に失われたわけではない。遊郭期に最も重要な拝所(7)とされ戦後復興の中心となった松の下拝所では、遊郭期の祭祀である廿日日正月やじゅり馬が、遊郭と何らかの縁をもつ人々によって断続的、かつ観光イベントとしての側面を強めつつも現在まで継続されているのである。二十一世紀になってなお、「辻遊郭」は解体より半世紀以上の時間を経て影響を残しているといえるだろう。

こうした、「やや寂れてはいるものの旧遊郭としての自負を残す歓楽街」という辻のイメージが、私のなかには強く残っている。

マンションでの邂逅

長く紙幅を割いたが、私は上述のような地域性にひかれて辻をフィールドとしたわけではない。私が辻にたどり着いた理由は、賃料の非常に安いマンスリーマンションがあったからである。那覇市内には現在こそドミトリーやゲストハウスなどの安価で長期間滞在できる宿泊施設が増えているが、二〇〇八年当時は選択肢は充分ではなかった。一方、辻周辺には築年数の深いホテルや物件が安く貸し出されているものが多く、経済的に余裕のない、あるいは一時的な滞在拠点を求める人が多く利用していたようである。このマンションも、資金に全く余裕のない学生の私がフィールドワークの拠点にできるくらいの、非常に低い家賃で提供されていた。ここで出会ったのが、当時六十代後半であった「おばぁ」、Nさんである。

Nさんは私の隣の部屋に住んでいた。部屋、といっても、一般的にイメージされるような部屋の室内を数センチメートルの木板で複数に、上下にも二段区切った、カプセルホテルのような形態の居室である。[8] 最初は挨拶をする程度だったが、数か月生活を共にするうちにずいぶん親しくなっていた。この頃のNさんはいつも、自分のついでに私の分も食事を用意してくれていた。私が「いつもご飯を作ってくれるから」と米袋をプレゼントすると、その夜にはそれが炊かれ、おかずとともに私の前に差し出された。そうして話をするうちに、私はNさんの境遇を知ることになった。

Nさんは当時、隣接する市でスナックのママをしていた。バスで片道一時間弱の道のりを毎日通っていたという。なるほどつねに化粧っけのある印象だったし、出入りのタイミングによっては見るともなしに覗けてしまう彼女の居室には、仕事着だろうたくさんの服と小物が押しこまれていた。Nさんはあまり話したがらなかったが、沖縄戦で身寄りを亡くし、出身の沖縄本島北部から二十代で那覇市に移り住んで以来、飲食店や飲み屋での仕事を続けながら、ずっと一人で生きてきたのだという。

Nさんとの親交を深めながら、私は憩いの家に通った。そのうちに、施設の職員が「勉強の調子はどう?」「〇〇さんに話を聞いてみたら? あの人はおしゃべりだからいいと思う」「こんなイベントがあるけれど、参加してみる?」とアドバイスをくれるようになった。参加者からも声をかけてくれるようになり、場を改めてのインタビューに応じてもらったり、自宅に招いてくれたり、友人を紹介してくれるようにもなった。

こうして出会った地域のお年寄りに比べて、マンスリーマンションで生活するお年寄りは、Nさんを含めていわゆる「沖縄の老年者」のイメージにそぐわない人々であった。たとえばある男性は、長男で子や孫がいるにもかかわらず、人類学や民俗学における沖縄研究で必ずといってよいほど言及される、祖先の位牌の継承・祭祀を行っていなかった。それは彼個人の事情もあるが、マンスリーマンションのカプセル型個室に一人暮らし、という住環境の影響も多分にあるようだった。Nさんが、沖縄の女性が台所で祀るというヒヌカン（竈の神）をもっていなかった理由もまた、マンションの台所が共用であるためであった。彼らは少ない収入や年金を工面しながら「マンスリーマンションのおじい、おばぁ」として生きていた。

二〇一〇年ごろ、Nさんは寄る年波に抗い続けることができず、スナックを退職した。Nさんを気にかけていたマンションの経営者は、無職となったNさんをマンションの清掃員として雇い、彼女は小さな体いっぱいにタオルや寝具を抱えて館内を動き回るようになった。しかしその身体的負担は大きかったようで、足の痛みを抱え、しばらくのちに清掃員も退職することとなった。十分な年金もないNさんに経営者は生活保護の受給をすすめたが、そのためには（詳細は不明なのだが）このマンションを退去しなければならないという。

そんな話を聞きながら、いよいよ博士論文に本格的に取り掛かる時期となり、私は徐々にフィールドを訪れなくなる。このころにはNさんはアパートを退出し、二〇一四年の訪問では彼女に会うことができなかったと記憶している。また、辻に隣接する若狭地域では港湾開発がすすみ、街並み自体も大きく変わろうとしていた。

ふたたびフィールドへ

二〇一八年二月、私は再びフィールドを訪れた。あのおばあちゃんたちにまた会えるだろうかという不安もあった。

図4-7（上）、8（下）　中国方面へのクルーズ船が発着する港湾ターミナル周辺。

しかし、四年という時間が、かつて私がみた老いにどのような影響をもたらしているのかを実感する絶好の機会という思いもあった。

こうして足を踏み入れた四年後のフィールドは、以前とはかなり異なっていた。まず、歩いている人が多い。私は辻と隣接する若狭の境目にあるバス停から辻にアクセスしたのだが、とくに若狭の中心部にかけてタクシーが周回し、家族連れが列をなして歩いているのが目についた。彼らのほとんどは中国語を話す観光客のようで、みなが若狭にある波上宮へと吸い込まれていった。彼らは二〇一四年に供用開始されていた港湾ターミナルの利用者であると思われた。彼らに続いて参拝した波上宮の高台からは、ターミナルと空港とを接続する幹線道路の車列や大きなモニュメント、芝生広場をともなない整備された公園も眺めることができた。

その後、私は波上宮の眼下に広がるビーチに向かった。ここは市内で唯一の公共海水浴場であり、私の二〇一四年までのフィールドワークの場にもなり、また調査の疲れをいやした場所でもあった。とくに夕方になるとどこからか現れる老年男性たちが、まだ強い日差しを避けて東屋で囲碁をしているのをぼんやりと眺めていたものだ。また部活帰りの高校生が、何人かでTシャツのままで海に入り遊んでいるのもよく見かけた。しかし二〇一八年、そうした地元住民の姿はまったく見られなかった。二月であるから、沖縄とはいえ海に入る高校生はいないかもしれない。しかし囲碁を楽しむお年寄りの姿を見ることができなかったのは残念であった。もうひとつ、二〇一〇年ごろには数多く見かけた老ホームレスの姿を見かけなかったことも気にかかった。彼らによってブルーシートが張られた海水浴場片隅の茂みは撤去され、広いアスファルトの駐車場となっていた。

ビーチを抜けた私は、以前若狭町の拝所があった場所にスーパーマーケットが開店しているのに驚きながら辻に移動した。工事現場の多さが目についた。かつて立ち並んだ古い住宅は撤去され駐車場になり、あるいは解体のた

図4-9（上）、10（下）　若狭町のシーサーヤー（拝所）の敷地。2014年以前は一角に堂がもうけられた広い空き地であったが、2018年には全国展開のスーパーマーケットチェーンが開店していた。

図4-11　現在、堂は店舗裏のスペースに移設されている。

めの足場が組まれている。なかでも、那覇を代表する料亭のひとつとして知られたS料亭の跡地に新設された、非常に大きな入所型高齢者福祉施設には圧倒された。風俗店が集中する松の下拝所周辺はいまだ大規模な工事は進んでいないようで、以前と同様にネオン看板が並び、ところどころに客待ちの店員の姿があったが、その多くは見覚えのないものだった。私はかつての街並みとの間違い探しをしながら、憩の家に向かった。

憩の家では、見覚えのない職員が不思議そうな顔で拙書を受け取ってくれた。居心地の悪さを感じながらも、以前のフィールドワークでお世話になった女性職員について尋ねたところ、職員の雰囲気が柔らかくなり、女性職員の出勤日を教えてくれた。後日出直すと、私のことを覚えていた女性職員は涙ぐみながら出迎えてくれた。さらに、偶然ながら重要なインフォーマントとなった趣味クラブの参加者たちにも出会うことができた。彼女たちは、市内の発表会に参加するため憩の家の指定管理者である団体のバンに乗って会場に向かうところであるという。「一緒に行かないか」と誘ってくれ

図4-12（上）、13（下）　2018年の辻の街並み。

たが、あいにく別の用事があり同行は叶わなかった。それでも、すでにバンに乗り込んでいる人たちに姿をみせて挨拶をすると「懐かしいね」「元気そうだね」「ずいぶん太ったね」「顔がふっくらしているね」という声が次々と返ってきた。もちろん私を思い出せないという人もいたが、「あい、あの子よ」という周りの説明をうけて笑顔をみせてくれる人がほとんどだった。私はここでようやく、かつてのフィールドとの再会を果たすことができたと感じた。

それから数日の滞在のなかで、現在の辻や以前のインフォーマントたちの情報を得た。このとき再会できなかった人のなかには、身体的事情の悪化により介護比重の高いサービスや入所施設を利用するようになった人、病院に入院した人、亡くなった人もいるようだった。マンスリーマンションのすぐ隣には、最近沖縄内でシェアを伸ばしているというマンション業者の真新しいビルが建設中で、向かいにある、かつて憩の家参加者にインタビューをしながらコーヒーを飲んだ喫茶店は閉店していた。その建物もじきに取り壊されるのだと、四年前と変わらない容貌のマンション従業員が教えてくれた。

二〇一八年のマンスリーマンションには、やはりNさんはいなかった。なんとNさんは、閉店した喫茶店が入っていた建物の三階に数年前から入居しているのだという。退去後もマンションを訪れ、知り合いの従業員と話をしたり、屋外に設置されている休憩所の掃除をしたりしているようだが、認知症状も出てきている、と従業員は語った。建物の取り壊しが決まって、Nさんはどうしているのか、これからどうするつもりなのかを尋ねるも、わからない、という返答が返ってきた。

結局、私はこの滞在でNさんに会うことはできなかった。

失われた時間がもたらしたもの――老いと再会／出会い直し

二〇一八年のフィールド訪問にあたって、確かに私は「四年という時間がもたらした変化」を目の当たりにした。しかし、それよりも印象に残ったのは、四年という時間が過ぎたことを承知しつつもつきまとうフィールドや人々への違和感――いいかえれば「私は本当にフィールドに戻ってこられたのか」という疑いであった。最終節では、この疑いがなぜ、どのように生じたのか、そして四年という時間がフィールドワーカーとしての私、一個人としての私に何をもたらしたのかについて、フランスの小説家であるプルーストの長編小説『失われた時を求めて』の最終篇『第七篇　見出された時』における主人公の経験にふれながら整理していく。

フィールドとの再会

『失われた時を求めて』は一九一三～一九二七年に発表された長編小説であり、十九世紀の作家である主人公が、少年期から青・壮年期の恋愛、そして老年期までの生涯を、主人公が意識的に想起する記憶と、香りや感触などによって意図せず呼び起こされる過去の記憶（無意志的記憶）を介しながらたどる物語である。主人公にとって、無意志的に呼び起こされる幼少期の記憶は未来を憂慮する必要のない幸福な永続性を象徴する。一方、最終篇では、長年社交界を離れていた主人公と彼が青年期を過ごしたサロンの人々との再会が描かれる。

大公は、こちらをむかえいれながら、私がはじめて会見したときのあの妖精劇の王さまの好人物ぶりをまだ身につけていた。しかし……（中略）……その足は鉛の靴底のようなものをひきずっていかにも重そうであり、

「人生の老年期」に扮する役を買って出たかのようであった……（中略）……私が彼を本人であると認めたのは、推理のたすけによってでしかなく、顔立のいくつかの特徴の単なる類似から同一人であるという結論をひきだすことによってでしかなかった（プルースト　一九九三：四一〇）。

私がもっと驚いたのは、口に銀色の大使然としたひげを生やした小柄の老人を人がシャテルロー侯爵と呼んでいるのを耳にしてであった……（中略）……やっと本人に符合させることができた最初の人物についての、私の最初の考は、本人と認めるまえに、まずあのように私をためらわせたほどたくみに老け役の隈取をしていることを、本人にほめてやりたいということであったかもしれない（プルースト　一九九三：四一〇―四一一）。

主人公は長い時間を超えて、自らの青年期の中核を作ったサロンに戻ってきた。しかしサロンの主催であるゲルマント大公や人々の別人と見紛うような姿に、主人公は当初「この家の主人や招待客たちをその人であると認めかねた」（プルースト　一九九三：四一〇）。

主人公のどまどいは、二〇一八年にフィールドを訪れた私が感じた「本当にフィールドに戻ってこられたのか」という疑問と同じ構図である。とはいえ、私は主人公のように「変わらないフィールド」を求めていたわけではない。むしろある程度の変化――たとえば港湾整備の完成による地域の再開発や、すでに老境にあった人たちのさらなる老い、など――は想定していた。だからこそ、憩いの家やマンスリーマンション、拝所や喫茶店、そしてそこにいる人々などの面影と現在とを行き来しながら、四年後のフィールドをめぐることができたともいえる。私のこの姿勢の根本には、フィールドワークおよびエスノグラフィーという方法論に対する、全体的で均質なフィールドの想定への人類学内からの批判があるのはいうまでもない。対して主人公は、幼少期の幸福な記憶に象徴される、時間の介在しない永続性を理想化するからこそ、それとは真逆のサロンの変化、ひいてはそれをもたらした「時間」を受け入れるのに苦しんだのである（そう考えるなら、主人公の苦しみとその乗り越えは、人類学者による不変のフィールドという理想像、書き記したフィールドノートのなかにあるフィールド像の解体とよく似ている）。

さて、『失われた時を求めて』の主人公を困惑させた最大の理由は、サロンの人々に降りかかった老いである。主人公はこの、みずみずしい若さの喪失と「取り消しのきかない老いという変装」（増田　一九九七：九八）を「〈時〉の独特な変革の力」（増田　一九九七：一〇二）によってもたらされたものととらえる。「〈時〉の独特な変革の力」は主人公にとってもちろん喜ばしいものではない——永続性を否定し、年月がもたらす老いとその先にある死を実感させるものであるためである。(9) しかし主人公はこうも語る。

かなり大きな間隔を置いて抽出されたそれらの人間が、それぞれ違っているとわれわれが感じるのは、絶え間ない変化によってなのであり、それだから、われわれ自身も、それらの人間とおなじ法則にしたがってきたことを感じるのである。それらの人間は、同一の人間であることをやめずに、まさしく同一の人間であることをやめなかったからこそ、かつてわれわれが見たものとは似ても似つかぬほどの姿に転換したのであった（プルースト　一九九三：四一九）。

集まっている人たちは昔と同じでかわっていない、という考から出発すると、人は、彼らが老けたのに気づく。しかし、ひとたび、彼らは老けているという考から出発すると、人は、元のままの彼らを見出し、彼らがそれはぶざまだという気はしない（プルースト　一九九三：四五五）。

四年という時間がもたらした変化のみに注目して私の二〇一八年のフィールド訪問を見なおせば、私の違和感と疑いは、二〇一八年のフィールドを四年前のフィールドの延長にあるものとして認識するからこそ生じたものであったといえるだろう。さらに、二〇一八年の憩の家の職員やおばあちゃんたちの私への反応や言葉からは、過ぎ去った四年という時間はフィールドでの私――フィールドワーカーとして／一個人として辻にいる私――をも変化させていたこともうかがえる。

しかし、時間がもたらしたものは「かつてのフィールドの喪失」として嘆かれるべきものだけではない。『失われた時を求めて』において「〈時〉の独特な変革の力」の発見は、過ぎ去った時間ののちの現在が演出する現時点のサロンやそこにいる人々、さらにその外へとの新しい関係へと主人公の目を向けさせるきっかけを主人公にもたらす。それならば、私の経験もまたフィールドの喪失ではなくむしろフィールドの新たな側面を見つけなおすことを可能とするような機会、つまりフィールドと再会するチャンスともなるはずなのだ。つまり、二〇一八年の訪問は、調査者である私にとってのフィールドはどこなのかを、経験と時間から再確認するフィールドワークであったともいえるのである。

再会をこえて出会い直しへ

四年という時間がもつ力は、フィールドやそこに暮らす人々、そして私自身にさまざまな変化をもたらした。しかしこの変化は、単にそれ以前と現在とを切断するのではなく、再会することも可能な変化――プルーストの表現に倣うならば、互いについての記憶を探るなかで取り払い、かつての相手の存在を見つけることが可能な変化である。

四年という時を越えた私とフィールドとの再会は、何も人類学のフィールドワークという場面だからこそ経験できたものではないだろう。私たちの日常にも、意識されえずとも、再会は潜んでいる。しかし、再会は必ずしもかなうとは限らない。

その例をあげよう。二〇一八年の滞在で、私は憩の家職員の協力により、二〇〇八年のフィールドワーク開始時に自治会長をつとめていた男性にインタビューする機会を得た。彼は、自治会長を辞したのちも顔を合わせれば私の肩をたたいて「頑張んなさいねー」といってくれるような親しみを感じさせる男性だったのだが、このインタビューの際の彼の態度はあまりにそっけなく、気にかかった。

インタビューを終え、改めて自己紹介をすると彼は「ああ、前にもそんな子がいたねえ」と、二〇〇八年頃の私の様子を話し始めた。私が「それは私です、当時はお世話になりました」と伝えると、彼はつぶらな目をみるみる見開き、ああ、と口が動いた。そうして「あなたじゃないよ！　あの子はもっと若くて、スリムで……」という。私は驚いてしまい、どう返したものかと考えていると彼は「頑張んなさいよー」と帰っていった。

私はいまだ、この経験を整理しあぐねている。元自治会長は私を忘れているのではなかった。私を「別人」と思ったのである。それも「あの子はもっと若かった」という理由で。おそらく、彼は私に降りかかった時間を取り払うことができなかったのだろう。そしてこの先私が訪問を繰り返しても、彼と「再会」することはかなわないのだ。今、原稿を書くにあたってこの経験を無理やり説明するならば、このインタビューは、私と彼の新たなつながりを模索する、「出会い直し」の機会となったといえるかもしれない。

私がこれから取り組むべきは、かつてのフィールドと再会し、ときに出会いなおすフィールドワークなのだろう。

ところで、今の私が最も気がかりなのはNさんのことである。実は二〇一八年、Nさんに非常によく似た女性を憩の家で見かけた。職員と話しこんでいたので声をかけることはできなかったが、二、三度はっきりと目が合った。目が合ったうえで、彼女は私に声をかけることはなかったし、私は彼女に「Nさんではないか」と問うことができなかったのだった。彼女はいったい何者だったのだろうか。私はNさんと再会できるのか、あるいは出会いなおすことができるのだろうか。

注

（1）この現象の背景には、一九九五年の都道府県別平均寿命において、沖縄県は女性全国第一位、男性は第四位を記録したことに端を発する、「長寿の島」言説がある。以降、女性の平均寿命は二〇一〇年まで第一位の座を記録しつづけたが、男性は二〇〇〇年に第二六位に転落した。この事態は心疾患等による中年層の平均寿命が低下したことが要因とされる。また二〇一五年には女性は七位と後退し、男性にいたっては三六位と全国平均以下の数値を示している。

（2）辻の民生委員は憩いの家でのデイサービスの運営をボランティアとして支援している。つまりスタッフ側としてデイサービスに参加しているのだが、この人たちも六十五歳以上の、地域のおばあちゃんばかりである。

（3）デイサービスでの血圧測定・健康相談を担当する看護師のこと。レクリエーション指導員と同様、市や指定管理者から派遣される。

（4）辻は運営やサービス形態など、本土の遊郭と比べて異なる性質が多くみられるため、遊郭という表現に難色を示す者もいる。しかし本論では参考文献の記述に倣い、暫定的に「遊郭」という語を用いることを断っておく。

（5）琉球王府の正史として編纂された『球陽』には、「辻・仲島の二邑を創建す」と題し、以前から行旅人を客とする売春を生業とする者が周辺に多くおり、それを取りまとめるために遊郭が設置されたという記述がみられる（那覇市史編纂委員会［編］一九六八）。

（6）米軍関係者の食品衛生や風紀管理のため、民間の飲食店や風俗営業店などを検査し、基準を満たした業者に与えられる許可証である。「Aサイン」の由来は許可証に表記された「A」であり、業種によってレストランは赤色、バー・キャバレーは青色のサインが用いられた。

（7）村落祭祀の対象となる場所のこと。沖縄では集落の発生地である創始者の家や墓、住民の生活の中心となる井戸などが拝所とされることが多い。松の下拝所では、辻遊郭の開祖とされる王女ウミナイビの墓を祀る。

（8）この客室プランは経営方針の変更に伴い二〇一八年までに撤去された。

（9）このシーンの少し前が、「プルースト効果」として有名なゲルマント大公邸の敷石に躓いたことから想起される無意志的記憶をめぐるエピソードにあたる。主人公が無意志的記憶のなかに求めていた幸福な永遠性は、その後主人公が見出した「〈時〉の独特な変革の力」によってあえなく破壊されてしまったのである。

参考文献

小田博志　二〇〇九「現場のエスノグラフィー——人類学的方法論の社会的活用のための考察」『国立民族学博物館調査報告』八五号：一一—三四。

加藤正洋　二〇一一『那覇　戦後の都市復興と歓楽街』フォレスト。

金城笑子　二〇〇三『おばぁの畑で見つけたもの——土と海と人が育てた沖縄スローフード』女子栄養大学出版部。

クリフォード、ジェイムズ＆マーカス、ジョージ（編）一九九六『文化を書く』春日直樹・足羽與志子・橋本和也・多和田裕司・西川麦子・和邇悦子訳、紀伊國屋書店。

佐藤俊郎（編）一九九九『笑うマチグァー』三浦クリエイティブ。

下地裕治・仲村清司　二〇〇四『沖縄おばぁに会える店』ゼネラルプレス。

菅沼文乃　二〇一七『〈老い〉の営みの人類学』森話社。

——　二〇一八「お年寄りと出会う、老いと出会う」『ラウンド・アバウト——フィールドワークという交差点』神本秀爾・岡本圭史（編著）、一五三—一六二頁、秀広舎。

高里鈴代　二〇〇一「特飲街の形成」『なは・おんなのあしあと』那覇市総務部女性室（編）、二六八—二七四頁、琉球新報社事業局出版部。

那覇市企画部市史編集室　一九七九『那覇市史　資料篇　第二巻中の七』那覇市企画部市史編集室。

——　一九八五『那覇市史　通史篇　第一巻』那覇市企画部市史編集室。

増田裕美子　一九九七「時間と老い――プルーストを中心に」『二松学舎大学國際政経論集』五号：九七―一〇七。
松井優史　二〇〇七『ハイサイおばあ！　沖縄・農連市場のなんくるないさ人生』竹書房。
松田素二　二〇〇三「フィールド調査法の窮状を超えて」『社会学評論』五三巻四号：四九九―五一五。
マルセル・プルースト　一九九三『失われた時を求めて　第七篇　見出された時』井上究一郎訳、筑摩書房。

フィジーの幼稚園の子どもたち（2019年８月30日）

第五章　フィールドワークと「甘え」——フィジーの自殺研究を振り返って

杉尾　浩規

自殺調査に思いを巡らせる

二〇一八年の夏、三週間ほどフィジーを訪問したときのことである。[1] 帰国前日、度々利用しているナンディ国際空港近くの宿に滞在した際、顔見知りのフィジー系女性スタッフが笑いながら声をかけてきた。「ヒロ（私のこと）、あなたのボスが死んだよ。知ってる？」「何のことをいっているんだろう。」私がキョトンとしていると、その女性は汚れた新聞を手にもちつつ、スタッフ・ルームからのんびり戻ってきた。「忘れたの？　それとも私の勘違い？」それは一週間以上前の日付がついた日刊紙『フィジー・サン（FIJI SUN）』だった。ページをめくっていくと、「必読」と書かれた囲み記事に目が留まった。「元警察コミッショナー・ヒューズ氏死去」。「ボスっていったのはこういうことだったんだな」と思い、「亡くなったのか」と感じ入った。

オーストラリア人のアンドリュー・ヒューズ（Andrew Hughes）は二〇〇三年にオーストラリア連邦警察からコミッショナーとしてフィジー警察に派遣された。しかし、二〇〇六年十二月のクーデター発生直前、軍による暗殺計画が発覚したために、五年の任期を待たずフィジーを出国した。二〇〇四年、私は彼にフィジーの自殺に関する学術調査を申請し、二〇〇五年に彼からその許可を得た。そして二〇〇九年までの間、自殺のフィールドワークをフィジー警察と協同で実施した。宿の女性スタッフはこのことを知っていた。付近の警察署で調査をする際にこの宿を利用していたからである。ヒューズは警察内外で絶大な人気を博していた。一流の警察官で信頼できる人柄だったからだろう。加えて非常にハンサムだったことも人気の理由のひとつだったと個人的には思う。そういえばこの女性スタッフも彼のファンだった。「ヒューズはハリウッドスターみたいだ」といっていたのを思い出す。私は彼が亡くなったことを知らなかった。新聞を読むこともなくずっと遊び呆けていたからである。三週間という短い滞在中にフィジーで彼の死去を知ったことに不思議さを感じた。記事によるとヒューズは大腸癌を患っていたらしい。享年六十二歳と記されていた。現在、私はこのページを大切に保管している。

本稿で私は自らのフィジーにおける自殺のフィールドワークを振り返ってみたいと思う。ただしそうする理由はフィジーの自殺をここで改めて考えてみたいからではない。フィジーでの調査を終えた私は、フィジーの自殺という思いがあったからである。そして数年前に自殺研究を終えた。「自殺研究に貢献できそうなことはこれぐらいだな」幾つかの文章を公刊した。(Sugio, 2011, 2012, 2013) および自殺理論(杉尾 二〇一二、二〇一三、二〇一四、二〇一五、二〇一六)についてという思いがあったからである。更に現在ではアタッチメント理論を中心とした発達と文化の関係を巡る新しい研究テーマに取り組んでいる。(2) それに「ボス」だったヒューズも亡くなった。彼の死去は自らの人生のある特定の期間を費やした自殺研究が終わったことを噛みしめる良い機会になったと思う。このようななかで自らのフィールドワークを振り返りその記憶をベースにフィジーの自殺を再考することに意義があるとは思えない。私にとってフィジーの自殺調査はすでに一昔前の話になっている。

ただしその経験の全てが過去になっているわけではない。当時を振り返る度に感じられる「不思議さ」のせいである。私は自殺調査の実施に先立ってある著名な日本のフィジー研究者を訪問し、自らの研究について話をしたことがあった。そして自殺の調査などできるわけがないと一方的に鼻であしらわれた。私はその人物のぞんざいさに淋しさを感じたのを覚えている。しかしここで考えてみたいのはこのエピソード自体ではない。関心は別にある。それは、この人物の予想に反してまがりなりにも「私はできた」ということであり、にもかかわらず「なぜできたのかが自分自身ではっきりしない」ということである。自殺のフィールドワークにおける資料収集プロセスは日々ストレスの連続であり、分からなさに満ち溢れていた。この経験を振り返って単刀直入に表現するならば「なぜ自分にできたのだろう」という驚きに尽きる。しかし途中で投げ出そうと思ったことは調査中に一度もなかった。打ち切っても誰から文句をいわれるわけではないし、途中で投げ出してもうまくやれば論文の幾つかは書けそうだ。他国の警察の中で調査をすること自体をネタにするのも面白そうだし、ストレスのなかで調査が失敗するプロセスを記述するという切り口もウケそうだ。しかしそのような考えに囚われることは一度もなかった。むしろ「安心感」のような何かがあった。それは「どうにかなるな」と思うことができるような「不思議な感覚」だった。

「分からなさに満ちたフィールドワークの資料収集プロセスをもちこたえることができたのはこの『不思議な感覚』に関係ありそうだ」という漠たる思いが続いた。しかしそれ以上は分からなかった。だからといって分からないことに頭を悩ますこともなかった。分からなくても何の問題もなかったからだ。この状況に変化らしきものが訪れたのは数年前である。既に述べたように、その頃は私がアタッチメント理論に取り組み始めた時期でもある。その中で土居健郎の著作を読み始めた。アタッチメント理論が土居「甘え」論にとても似ていると思われたからである。(3)私は、うまく理解しているのかどうかは別として、土居の著作にかなり前から親しんでいる。気づけば寝っ転がりながら読んでいることが前々からあった。アタッチメント理論をきっかけに土居を再び読み返し始めた私は、あるときふと「あの不思議な感覚は土居のいう『甘え』と関係あるんじゃないかな」というアイディアを直感的に抱いた。具体的にいうと、それは、「甘える」ことを可能にする相手側の態度の表現としては「見守る」という言葉が最適である、という趣旨の土居の発言に触れたときである。私はこの記述を含む文章を何度か読んでいるはずだった。しかし、今回改めて目を通すまで、あの不思議な感覚を「甘える」と「見守る」という言葉に関連づけることなど考えもしなかった。「われわれは見守られていると感じる時、最も自然に甘えることができるのである」（土居　一九九九ａ：一三二）という土居の言葉によって、「あの不思議な感覚は見守られて甘えることができたおかげなのかもしれないぞ」という手応えらしきものを感じた瞬間だった。

本稿で私はこのとき抱いたアイディアに少しばかりの肉づけをしてみたいと思う。そのために前半ではフィールドワークにおける資料収集プロセスをとくに「分からなさ」に焦点を絞りながら簡単に整理する。そして後半では土居「甘え」論の中で私が感じた「不思議な感覚」を吟味する。しかしその前にここで予め一言断っておきたい。本稿は自らの経験に言葉を与える試みであり、その言葉は私が手応えらしきものを掴んだ土居「甘え」論から持ち込まれる。これに対して、「それでは土居に依拠する理由が主観的過ぎるじゃないか。さては異文化経験が教えてくれた『甘え』という日本文化の素晴らしさを吹聴することがお前の目的なんだろう。そんな他人の思い出話に付き合う暇はないぞ」などの批判があるかもしれない。しかしその種の批判は土居「甘え」論の誤解に由来しているのではないかと思う。後に確認するように、土居にとって「甘え」は日本の文化的価値観の本質それ自体を表現する言葉ではなく普遍的な人間性に関わる概念である。つまり土居「甘え」論は日本文化論ではなく価値中立的な人間モデルである。私が土居「甘え」論に依拠するのは思い出話をするためではない。うまく言葉にならない自らの経験を一般化するためである。

私の掴んだ手応えらしきものが「アタッチメント」という言葉からは得られなかった点もここで指摘すべきだと思

う。既に述べたように、私が土居を読み返したのはアタッチメント理論と似ているという直感に導かれてのことだった。しかしアタッチメント理論から調査経験へとダイレクトに想いが振り向くことはなかった。これは日本で生まれ育った私にとって「甘え」という言葉が理屈抜きですんなりと分かるのが大きな理由だと思う。土居「甘え」論の他にも私の不思議な感覚経験の吟味に役立つ考えはあるだろう。しかし少なくとも日本の人類学者による日本語で練り上げられた土居「甘え」論に匹敵するその種の考えを私は知らない。これはひとえに私の勉強不足が原因に違いない。しかし、仮にそのような考えが存在して土居に依拠した場合と同じような議論展開が可能だとしても、本稿の試みが否定されることはない。私の見立てが正しいことの可能性が別の視点から強化されることになるからである。むしろ問題とすべきはその種の考えが現実に存在しない場合にあると思う。そのような状況はフィールド経験のなかに言葉で一般化することが許されていない何かが存在する可能性を示唆しているからである。許されていないのではなく必要とされていないのかもしれない。あるいはそもそも経験されていないのかもしれない。最後の場合には私が特殊な経験をしたことになるだろう。しかし土居の言葉によって私の経験は一般性を獲得できるのではないかと思う。

分からなさに満ち溢れた自殺のフィールドワーク

自殺調査の前段階

私がフィジーの自殺に注目したきっかけはオセアニア（とくに太平洋島嶼地域）における自殺の深刻な状況を紹介した幾つかの論文だった。とりわけフィジーのインド系における自殺のリスクが非常に高いという指摘に興味を抱いた。そのときまでに私は数回フィジーを訪問していたが、そのようなトピックを連想させる経験を現地でしたことがなかったからである。加えて「自殺」を「問う」という姿勢が私自身に欠けていた。もちろん日本の自殺が深刻な状況にあることは知っていた。そのことについて思いを巡らすこともあった。しかしフィジーの自殺への私の関心は「楽園フィジーで自殺なんて本当なのだろうか」という非常に素朴な疑問として始まったというのが正しいと思う。文献探しに行き詰まりを感じるまでにそれほど長い時間はかからなかった。フィジーの自殺に触れている文献からはその実情を把握することはおろか漠然と思い描くことすらできなかった。日本の自殺や自殺理論に関する文献は豊富にあったが、何を論じたいのか分からないものも少なからずあった。だから私はフィジーで自殺のフィールドワークを実施したのである。

この「だから」という接続詞が前後の文脈を因果関係として整える役割をもつことは誰でも知っている。しかし「自殺の文献調査の行き詰まり」から「自殺のフィールドワーク」へという動きには飛躍があると思う。この段階で別のテーマに切り替えるほうが因果関係としては整っているからだ。この飛躍の力が何だったのか、意識的だったのか無意識的だったのか、今となっては分からない。しかしこの時期の私にとって「自殺」を「問い」として形成できたことが幸運だったのは確かだと思う。文献調査が当初の素朴な疑問を消し去ったのではなく、その疑問をますます疑問とする役割を果たしたからだ。「分かったつもりになる」ことなく「疑問が深まった」ことが学術研究を目的とした自殺のフィールドワークの成立に貢献したように今では思う。

私の自殺に関する現地調査許可機関はフィジー警察及びフィジー教育省であり、フィジー・イミグレーション調査ビザ（リサーチ・パーミット）における現地調査受入機関はフィジー警察である。調査拠点はフィジー警察であり、警察資料を調査資料の源泉とした。調査の前半はフィジー警察犯罪統計室が、後半はフィジー警察中央本部戦略企画室が、私の「オフィス」となった。(4) 二つのオフィスは異なる場所に位置したが共に首都スバ近郊にあり、組織図上は犯罪統計室が戦略企画室に属するという関係だった。前者のボスはマネージャーであり、後者のボスはダイレクターである。私がオフィスを移転したのはダイレクターが私の調査に強い関心を示し私が企画室に来ることを希望したからだった。「出世」したような感じだった。しかし私の思い入れは犯罪統計室のほうが明らかに強い。調査はこのオフィスで始まったからである。

犯罪統計室を拠点とした理由はフィジー警察における自殺情報の記録化プロセスに関係する。それは大きく二つの流れによって構成されていた。一つ目は日報に基づく記録化プロセスである。自殺（既遂及び未遂）として報告を受けた全てのケースにおいて担当捜査官による当日中の報告書（及びその後の経過報告書）作成が義務づけられていた。この報告書は自殺者及び自殺未遂者の基本情報を含み、管轄警察署から地区本部を経由して中央本部にＦＡＸで送信される。中央本部は翌早朝までにこれらの報告書を圧縮して日報を作成し犯罪統計室に送信する（日報には前日警察に報告された主要な事件・事故の情報が含まれる）。日報を受信した犯罪統計室は必要な場合に自殺レジスターを更新する。そしてこのレジスターに基づき一年間の自殺及び自殺未遂者の総数やエスニック分布などの基本情報を『犯罪統計年報』で公表する。この『年報』の情報がフィジーの公的自殺数値である。二つ目は捜査に基づく記録化プロセスである。初動捜査に基づく報告書と異なり、これはその後の担当捜査官による捜査の記録化プロセスである。自殺の場合、担当捜査官は捜査完了時点でファイル化された関連書類を高位オフィスに提出する。その後ファイルは裁判所に提出され、最終的には管轄警察署で保管される。自殺未遂のファイルは高位オフィスによる精査後に管轄警察署で保管される。

資料収集プロセス

もちろんこのような情報の全体的流れを調査開始時点の私が知っているはずはなかった。私が知らされていたのは、犯罪統計室が『年報』に公表されるフィジーの公的自殺数値の源泉資料（日報及び自殺レジスター）に関する過去二〇〇〇年までのファイルを保管しているということだけだった。ここから私は、「ということは、犯罪統計室が保管する資料を警察署ごとに整理し直せば、そのリストに従って各警察署レベルの情報に遡ることができることになるな」と単純に考えた。そして、各警察署レベルの情報、つまり捜査のファイル情報や担当捜査官の経験などを参照すれば、自殺の具体的文脈を知ることができるだろうと予測した。犯罪統計室に出入りし始めた私は調査を開始した。統計室にはインド系男性マネージャーの下で常時十名以上のスタッフがいた。皆気さくに振る舞ってくれたが同時に非常に忙しそうに働いてもいた。いわゆる事務方のオフィスなので私服であり威圧感はなかった。しかし制服を着た上層部スタッフが部下を引き連れながら統計データを求めてオフィスを頻繁に訪れていた。そしてその度に統計課のスタッフ全員がデスクワークを中断して直立不動で敬礼をした。

私はマネージャーの計らいで特定の机を使うことが許された。日報の情報全てがレジスターに反映されているのではないことを知った私は両資料をクロスチェックしながら情報を整理した。しかし一人で作業を進めることは不可能だった。ＦＡＸ受信された日報にはインクの濃淡にムラがあり、古いものほど状況は酷かった。自殺レジスターは手書きであり、それも殴り書きだった。共に判読不可能な箇所が頻繁に現われた。日報の情報が間違ってレジスターに反映されているケースもあった。正確な情報を得るためにはスタッフへの確認作業が必要不可欠だった。始めのうちは誰に聞けば良いのかすら分からなかった。おずおずと近くに行き質問をすることを繰り返した。笑顔で即答してくれることもあれば、ムッとされて長時間待つこともあった。困った顔で「読めない」といわれることもあった。スタッフによって対応の仕方に違いがあると感じた私は、このオフィスでのキャリアが長く対応も親切な数名のスタッフに狙いを定めた。それでも作業ペースは早まらなかった。「分からない箇所が見つかる度に確認するよりも、ある程度まとまったら聞くようにしよう。そのほうが効率的だ」。私は不明な情報箇所を空白にしたまま情報を整理し続けた。気づけば私の自殺リストのほとんどが空白になっていた。

不毛な時間が続いた。平日は朝九時前に「出勤」し、オフィスが閉まる夕方五時頃に疲れ果てながら「退勤」した。スタッフの手が空くのを待つ間、オフィスの掃除をしたりキャビネットに無造作に放り込まれている古いファイル類を整頓したりすることで、無意味としか思えない時間を凌いだ。やがて待ち続けることに苦痛を感じた私は次第にオフィスを出て警察署内をぶらぶら探索し始めた。事務方のオフィスが幾つか並ぶ廊下を行ったり来たりしながら、ドアが開いたままの知らない部屋を覗いてみたりした。「お前は誰だ。ここで何をしている？」警察官に「尋問」されては自己紹介することを繰り返した。「そうか！　この前のミーティングで話が出ていた日本人っていうのはお前のことか！」「自殺の調査なんだって？　コミッショナーのメモに書いてあったよ」。私は他のオフィスに出入りするようになった。気づけば周りは知り合いの警察官ばかりになった。

統計室スタッフとの距離が縮まっていくのを感じ始めたのもこの頃だったと思う。調査と無関係なスタッフとの雑談に苦痛を感じなくなり始めていた。オフィスでは毎日午前十一時前から数十分の休憩時間があった。これは「ティー・タイム」と呼ばれ、スタッフ全員が部屋の中央にある共同作業机を囲んで席に着くのがルールだった。ティー・タイムは統計室だけの習慣ではないが、マネージャーはこの時間をとりわけ大切にしていた。スタッフそれぞれが少額の寄付をして、その日の買出し担当者が隣接するスーパー・マーケットや近くのテイクアウト店でフィッシュ&チップス、ロティ、パン、クラッカーなどを買う。その間にオフィスでは紅茶が準備される。全部が揃ったところでティー・タイムが始まった。とりわけ大きなティー・カップが私の前に置かれた。私がコーヒー好きなことを知ったマネージャーはインスタント・コーヒーを買いに自らスーパーに走った。当初の私は机の端の方に座り、数口食べて飲んで静かにしていた。そもそも大した作業をしていないのでお腹が空いていなかった。しかしいつしかティー・タイムが楽しくなっていた。私はマネージャーから買い出し担当という重大な任務を任されるようにもなった。彼がインド系の自殺に強い関心をもっていることも知った。暇なときには早めのランチ・タイムにカレーを皆で作り食べた。休日にスタッフの家に招かれて夕食を楽しむようになった。ダイレクターも時々オフィスに来ては雑談やカレーを楽しみながら私を見てニコニコしていた。人間関係ができ始めた。

しかし人間関係が形成されることは調査が順調に進むことを意味しない。スムーズに進み始めた不明情報の確認作業から明らかになってきたのは、どうしようもない分からなさだった。オフィスの誰も読めない文字や数字が日報とレジスターにはかなりあった。両者の情報に不一致も見つかった。私はオフィスが保管する二〇〇〇年から二〇〇四年までの情報を整理したリストの作成を終えた。そのリストには空白のスペースと信用できない情報が相当含まれていた。確認作業をしながら私はこのリストそれ自体を自分が信用していないことに気づいていた。計画を修正せざるをえないことは明らかだった。情報の欠落が著しい二〇〇〇年から二〇〇二年までのリストは確認作業を止めた。その代り二〇〇五年の情報整理を始めた。昨日までの情報整理が終わり、早朝オフィスにＦＡＸ送信された日報を参照する作業が始まった。その頃までに警察の自殺情報システムをおおよそ把握できていた私は、日報に不明箇所が見つかると直ぐに自分でオフィスから管轄警察署に電話をした。併せて古い情報の確認作業も自ら直接電話で行った。

確認作業はここでも不毛な時間の中で停滞した。管轄警察署の事務方担当者への確認がその場で済むことは稀であり、相手から折り返しの電話を待つのが普通だった。待てど暮らせど連絡がないことも多かった。朝一番に電話をして確認したい情報を知らせると、相手は「午前中に確認してこちらから電話をする」という。しかし連絡はない。そのため夕方こちらから再度電話をすると担当者の帰宅を知らされる。このようなことも度々あった。「ちゃんと約束したじゃないか。ふざけやがって」と思った。イライラしている私をあれこれと慰めてくれる統計室スタッフにすら「お前たちがちゃんと仕事をしていないから、こんなことになってるんだぞ」という思いを自分が抱いていたことを覚えている。彼らに怒りをぶつけるのがお門違いなことを私は十分理解していた。統計室は明らかにオーバーワーク状態であり、記録ミスは誰のせいでもなかった。しかし待つことの不毛さは圧倒的だった。

私は計画を更に修正した。オフィスでの作業を継続しながら、スバ近郊に点在する幾つかの警察署を訪れ資料の収集を始めた。訪問に先立って日時や閲覧資料に関する正式なメモランダムが犯罪統計室から訪問先の警察署に伝達された。全てのメモランダムにマネージャーが自ら署名を入れてくれた。半ば予想されたことではあるが、警察署での調査は相手の準備不足のために待たされることが普通だった。しかし必要不可欠な資料は確実に存在していた。警察署が所有する変死レジスターから書類の所在を確認することができた。最近発生した捜査中のケースでは担当捜査官が書類を保持していた。このような場合、私は捜査官に会って書類を閲覧し不明箇所や疑問点を確認しながら自殺事例として整理した。古い書類の保管状況は相当に悪く、その多くは倉庫の中で乱雑に放置されたままだった。私は空気が悪く季節によっては目眩がするほど高温多湿な倉庫にこもって書類を探した。始めのうちは笑顔で一緒に探してくれていた事務方スタッフがじきどこかにいなくなることにも慣れてきた。必要な書類をやっと見つけても、そのほとんどが殴り書きの手書きだった。倉庫で発掘したかび臭く湿り気のある書類の山を前に、私は黙々と情報整理を続けた。多くの警察スタッフは親切であり質問をすれば真剣に対応してくれた。しかしここでも待つことに振り回され続けた。時間を潰すために警察署を探索し警察官の知り合いが増えるという犯罪統計室での経験が繰り返された。その場限りの皮のような人間関係が重ねられていった。見つからない資料や裁判所に提出されたまま何年も経過しているファイルもあった。退職や死去により連絡がつかない担当捜査官もいた。自殺未遂に関しても別のレジスターに基づき同じ作業を実施した。

犯罪統計室での情報確認及び更新作業とスバ近郊の警察署訪問が繰り返された。その後次第に訪問する警察署はフィジー全土へ拡大した。ベース・オフィスが犯罪統計室から企画室に変わり、メモランダムの署名はマネージャーからダイレクターになった。定期的に犯罪統計室で情報を更新しながら、企画室を拠点とした警察署訪問が繰り返された。加えて、私は犯罪統計室の資料に基づく自らの自殺リストを精査し始めた。警察署レベルの情報が犯罪統計室に到達していない事実が明らかになっていたからである。この事実に私が怒りを覚えたことはなかったと思う。これは統計室と関係のない現実だった。むしろ私はこの現実がもつ分からなさに圧倒されていたのだと思う。フィジーの公的自殺数値は犯罪統計室に由来する。この数値はフィジー内外で流通している。学生、メディア、政府関係者が自殺情報を求めて頻繁に犯罪統計室を訪れる。フィジー自殺予防国家員会は国家予算を使いこの数値に基づいた自殺予防の政策立案・活動をする。私はこの現実が不思議でたまらなかった。私の調査は企画室（及び犯罪統計室）と警察署を往復することを最後まで続けた（杉尾　二〇〇九）。調査の最終段階は企画室にこもりスタッフの手を借りながらコミッショナーへの最終報告書を作成することに費やされた。そしてフィジーの自殺に関するフィールドワークはその報告書をダイレクターに提出することで終わった。今改めて自らの調査を振り返っても、その綱渡りのような進み具合の感覚が昨日のようにこみ上げてくる。私は状況が分からないまま場当たり的に進んでいた。これは自らを俯瞰して見渡すことができていなかったからだと思う。しかし結果的に見れば私の進んだ方向がフィジー警察の自殺情報の流れを忠実に追っていたことはとても面白い。もちろん今だからこそ面白みを感じられるのであり、当時の私にそのような余裕はなかった。

収集できた体系的資料は、①五年間（二〇〇三〜二〇〇七年）における自殺（既遂及び未遂）の基本情報、②三

表5-1　自殺のエスニック分布（2005-2007年）　（人）

		2005年	2006年	2007年
フィジー系	既遂	19	17	20
	未遂	11	14	14
インド系	既遂	79	73	66
	未遂	89	88	115
その他	既遂	6	1	4
	未遂	2	1	2

「その他」は、中国人、ヨーロッパ人、他の太平洋島嶼民などを含む。

表5-2　自殺の推定動機分布（2005-2007年）　（人）

		2005年	2006年	2007年
家庭問題	既遂	53	43	35
	未遂	68	65	86
恋愛問題	既遂	6	8	7
	未遂	19	20	17
健康問題	既遂	22	16	14
	未遂	7	6	10
その他	既遂	23	24	34
	未遂	8	12	18

年間（二〇〇五〜二〇〇七年）における自殺（既遂及び未遂）の推定動機情報、③八年間（二〇〇〇〜二〇〇七年）に報告された自殺（既遂及び未遂）から選択された事例である（Sugio 2011, 2012, 2013）。表5－1は二〇〇五年から二〇〇七年における自殺（既遂及び未遂）のエスニック分布を示す。たとえば二〇〇七年に注目するならば、総数は既遂が九十で未遂が百三十一であり、同年実施の人口センサスに基づく率（十万人あたりの数）は順に一〇・七と一五・六である。そのエスニック分布は、既遂と未遂の順に、フィジー系が二十（四・二）と十四（二・九）、インド系が六十六（二一・一）と百十五（三六・八）、「その他」が四

（八・四）と二（四・二）である（（ ）内は率）。これは先行研究におけるインド系の自殺リスクの高さへの指摘が現実に対応することを示唆しているといえるだろう。また、表5‐2は二〇〇五年から二〇〇七年における自殺（既遂及び未遂）の推定動機の分布を示す。表からはこの期間におけるフィジー系の自殺の主要な推定動機は家庭問題であることが分かる。既遂では健康問題がそれに続き、恋愛問題が第三位を占める。未遂では恋愛問題が家庭問題に続き、健康問題が第三位を占める。全体として見ると、この期間におけるフィジー系の自殺の推定動機は、「家庭」、「恋愛」、「健康」の三つの問題が中心である。そしてこれら三つの推定動機が全体に占める割合は、既遂では、二〇〇五年が七七・九%、二〇〇六年が七三・六%、二〇〇七年が六二・二%であり、未遂では、二〇〇五年が九二・二%、二〇〇六年が七三・六%、二〇〇七年が八六・三%である。なお、推定動機「その他」には、「一般的な対人関係」、「学校（教育）」、「仕事（ビジネス）」、「その他」、「不明」として確立された諸問題が含まれる(5)。

最後に、分からなさに満ち溢れた自殺のフィールドワークの締め括りとして、自らの状況が「分かった」というエピソードを一つだけ手短に紹介したい。ただしこの場合の「分かった」が意味するのは「これは本当にまずいのかもしれないぞ」という喜ばしくない状況把握である。クーデターによってコミッショナーのヒューズがいなくなったのは冒頭に述べた通りである。私の調査許可は彼から与えられていた。犯罪統計室の私の机から膨大な数の公式なメモランダムの発行に至るまで私の調査全てが彼の許可に基づいていた。「許可はコミッショナーというポジションによって与えられたのだから大丈夫さ」と気楽に構えていられる状況でないことは私でも理解できた。ヒューズは任期を満了して皆に惜しまれながらフィジーを去ったのではない。軍の暗殺計画を知り身の危険から逃れるために家族と共にフィジーを脱出したのである。軍が暫定政権を樹立した。警察は軍の支配下に置かれた。軍によって任命されたフィジー系の暫定コミッショナーが警察に入ってきた。警察内部のいたる所でフィジー系の軍人を目にするようになった。ヒューズが始めた多くのプロジェクトが中止したらしいことを知り合いの警察スタッフから何度となく聞かされた。

しかし、結果だけを述べると、私の調査は以前と何ら変わることのないなかで進んだ。私の調査がどのように取扱われたのかは聞かされていないので分からない。しかしその頃までに私の調査が警察で有名になっていたのは事実だと思う。草の根レベルから上層部にいたるまで多くの警察スタッフと私は顔見知りになっていた。完全な推測だが、私の調査はフィジー警察全体からの許可に基づいたような状況になったのだと思う。警察署訪問に関するメモランダムがダイレクターの署名とともに発行され続けた。私の調査へのフル・サポートを求めるリマインダーがコミッショナー・オフィスから各警察署へ定期的に伝達された。クーデター後の私は、それまでと同じように警察署を渡り歩き、ときにはフィジー系の軍人と笑顔で挨拶を交わしながら、警察スタッフと共に自殺資料を収集し続けた。分からなさに満ち溢れた調査経験だった。(6)

「甘え」と不思議な感覚

「良好な人間関係の形成が安心感をもたらした」説

分からなさに満ち溢れた自殺のフィールドワークをもちこたえることができたのはなぜなのだろう。手がかりは「安心感（のような何か）」としかいいようのない「不思議な感覚」だった。この感覚は土居「甘え」論を通して「甘える」と「見守る」という言葉に関連づけられた。「あの不思議な感覚の正体は見守られて甘えることがもたらした安心感なのではないか。」このようなアイディアが私の心に今はある。ここではこのアイディアを土居「甘え」論の中で改めて吟味してみたい。しかしその前に土居「甘え」論に依拠することなくこの感覚が説明できるのかを検討するのも面白いと思う。この問題に思いを巡らした際に浮かび上がったのは「良好な人間関係の形成が安心感をもたらした」という考えである。実際、私の調査は犯罪統計室を中心とした良好な人間関係によって進展したと思う。そしてそれは日常的な関わり合いとその蓄積という対人関係の営みを通して形成された良好さだったと思う。いうまでもなく、この場合の「良好」という言葉は、単に「仲が良い」のではなく、「仲が悪い」という経験を経た深みのある人間関係を意味する。しかし私はこの考えに自らを納得させることができなかった。時間と空間を共有した良好な対人関係の営みを「安心感」と直接に結びつけることができなかったからである。お互いを知り、笑い、対立し、悩みを共有するなどの日常的対人経験が形成する心の状態は、私が不思議さを感じ「安心感」という仮の言葉で表現している感覚とは異なる。

こう考える理由は二つある。一つ目の理由はフィジーでの調査経験に基づく。私は最も良好な人間関係が形成された犯罪統計室で騙された。不明瞭な情報を確認した際に得られた返答に嘘が含まれていたことが度々あった。「これからX警察署に行かなければならないから、Y警察署に電話をしてこの情報を確認してほしい」とお願いすると、相手は笑顔で約束する。翌日オフィスで私はその結果を教えられる。その後Y警察署を訪問した際にそれが間違いであることを知る。穏やかな雰囲気でその人物に聞いてみると、確認の電話をしていなかったことが明らかになる。「なぜ嘘をついたのか、確認をしなかったのならそういって欲しい」という私への返答はきまって「ヒロをハッピーにするためにした」というものだった。このような出来事はきまって相手との良好な関係が形成された後に起こった。訪問を繰り返していた大きな警察署の事務方スタッフとの間でも類似の経験を度々した。相手に悪意はなかったと思う。同時に私に「安心感」もなかった。打算的な関係が始まる寸前の状態だったのだろう。良好な関係が孕む狎れ合いだと思う。

二つ目の理由は日本での日常経験に基づく。私がそこから学んでいるのは、良好な関係と狎れ合いは紙一重であるということであり、狎れ合いからフィジーで感じた不思議な感覚は得られないということである。私は狎れ合いに魅力を感じない。しかし狎れ合うのが好きな人や他人を狎れ合いの関係に巻き込んだりその関係を使って排除したりすることに長けている人が非常に多い。このような人物は狎れ合いの関係を利用して集団を形成・維持し動かすことを対人関係の意識的・無意識的な戦略としているようだ。[7] 私の周辺だけがそうなのかもしれない。もしかしたら私がその種の関係に敏感なのかもしれない。あるいは現実にそのような人が普通にたくさんいるのかもしれない。いずれにせよ「良好な人間関係の形成が安心感をもたらした」説には何かが欠けているように私には感じられた。他方、土居「甘え」論は「安心感」と「狎れ合い」を共に説明する統一的視点を提供している点が魅力的である。

土居健郎の「甘え」論

『「甘え」の構造』(一九七一) 第一章で述べられているように、「甘え」論の起源は土居が一九五〇年代における二度のアメリカ留学で経験した「カルチャー・ショック」に由来する。土居は自らのカルチャー・ショック経験をアメリカにおける「『甘え』の受容の欠如」(土居　一九九九b：二一五) として理解した。土居の異文化経験が「甘え」論のベースにあることは重要だと思う。ただしその重要さは「甘えることに寛容な日本の文化的価値観がアメリカにはなかった」という点にはない。このような異文化経験ならば海外旅行や留学の思い出話として巷にあふれている。重要なのは土居が精神科医としての臨床経験に基づきながら「甘え」という日本語を精神分析理論によって概念化し人間に普遍的な欲求として捉えた点にある。[8] この意味で土居「甘え」論は文化を超えた人間性に関するひとつのモデルであり、日本の文化や人間の本質を論じているのでないことには注意する必要があるだろう。それを踏まえて土居

「甘え」論の中で私が感じた不思議な感覚について考えてみたい。

土居によれば、「甘え」とは非言語的・非反省的に「人間関係において相手の好意をあてにして振る舞うこと」（土居　二〇〇一：六五）であり、人間に普遍的な「愛されたい欲求」である。土居が思い描く「甘え」の原型は母親（保護と世話を与えてくれる特定他者）に近づこうとするいまだ言葉を話すことができない赤ん坊であり、それはたとえばわれわれがこのような様子を見て「ああ、この子はお母さんに甘えているな」というときの「甘え」である。しかし対人関係の文化的価値づけに応じて「愛されたい欲求」への感受性に違いが生まれる。相互依存的な対人関係に価値を置く傾向がみられる日本では他者を求める動きが意識されやすい。対して相互独立的な対人関係に価値を置く傾向がみられる欧米では愛の欲求といえば「愛されたい欲求」ではなく「愛する欲求」のことである。日本では「甘え」に関連する言葉が豊富にあるのとは対照的に欧米諸言語に「甘え」に相当する言葉がないという事実はこのためであると土居は述べる。

母親からの保護と世話が安定しているならば、赤ん坊は生後一年の後半頃から母親に甘えるようになる。そして「甘え」が満たされることにより甘えられることを経験する。「というのは相手が自分の方を向いて受け入れてくれているということではじめて甘えられるからである。『それでいいんだよ』と無言の中にこちらを暖かく見守ってくれていると感ずることで甘えが成立するのである」（土居　二〇〇一：九四、傍点は引用者）。更に赤ん坊は、母親との一時的な分離経験による「甘え」欲求の挫折を耐えることを繰り返すうちに、たとえ今は離れていても見守り続けてくれるだろうと母親を信頼するようになる。同じく母親も赤ん坊は一人でいることをもちこたえるだろうと信頼する。土居はこのような相互信頼関係に支えられた「甘え」を素直な「甘え」と名づけた。そして、赤ん坊時代に素直な「甘え」を経験した人間は、「甘え」を卒業して自立へと至ると同時に、自立後も親密な対人関係において素直な「甘え」を経験できると考えた。しかし、赤ん坊時代に素直に甘えることが十分できない場合、その人物は「甘え」を屈折させその後に自立することも素直に甘えることもできない。屈折した「甘え」は「甘えたいのに甘えられない」という「甘え」欲求の挫折に由来する一方的な要求の形をとった自己愛的な「甘え」であり、素直な「甘え」と対照的に「甘えたい」「甘えられない」など一人称現在形で意識し言語にできる。

屈折した「甘え」の持ち主の特徴は「自分が周囲の関心を常に引き周囲によって盛り立てられたいと内心感じていながら、したがってその意味では周囲に依存しているにも拘わらず、自分では依存しているとは毛頭思わない」（土居　二〇〇二：一〇一九）ことにある。このような人物は一見すると自立しているように見える。当人も自らを自立した個と見なしているかもしれない。しかし自らの自立のために他者を巻き込むという点で要求がましいうるさがあり、それは「一種の精神的弱みを表現している」（土居　二〇〇一：九九）。屈折した「甘え」は「甘えたいのに甘えられないから恨む」という意味で「恨み」と紙一重の関係にある。「とりいる」「こびる」「すかす」などは「甘えたい」という側面が、「ひがむ」や「人をなめてかかる」「人を呑んでかかる」「人を食ってかかる」の「なめる」「呑む」「食う」などは「恨み」という側面が、それぞれ強調された「甘え」の語彙となる。両者の対人関係のもち方は対照的であるが、「甘え」欲求の挫折に由来する対人関係への囚われを内に秘めるという点で共通する。もしかすると彼らはこのような囚われを自立的個によって抑圧された人間本来の社会性の発露と考えているのかもしれない。しかし実際には、自らの「甘え」を自由に表出したり抑制したりすることによって、単にあるいは病的に「甘える自由」を求めているに過ぎない（土居　一九七一）。

素直な「甘え」がもたらした安心感としての不思議な感覚

分からなさに満ち溢れた自殺のフィールドワークにおける資料収集プロセスをもちこたえることができたのは見守られて甘えることがもたらした安心感なのではないか。これが土居「甘え」論から得られた私のアイディアであることは既に述べた通りである。以上の要約に基づくならばこの「甘え」は「無言の中にこちらを暖かく見守ってくれていると感ずる」ことから生まれた素直な「甘え」と考えることができると思う。こう思う更なる理由がある。それは土居が素直な「甘え」の心的効果を「落ち着くことによる安心」と表現しているからである。「落ち着くというのは、自分の居場所にそれこそ落ち着いて安心するという意味である。ではなぜそれが安心かというと、そのような居場所は自他ともに認めるところだからである。言い換えれば、落ち着くのは当の個人が安心できる人間関係の中に身をおいていることを暗示する」(土居　二〇〇一：一一一―一一二)。

土居の議論に忠実であろうとするならば、この「人間関係」が「素直な甘え」を生む「見守り」の環境ということになるだろう。ここから、私がフィジーで感じた不思議な感覚の正体は「人間関係の中で見守られて素直に甘えることがもたらした落ち着くことによる安心感」である、と結論できるだろうか。しかしそのためには「見守られることで安心を生み出した人間関係」を特定する必要がある。フィジーの自殺調査で自他ともに認める私の居場所はどこにあったのだろう。ここで真っ先に思い浮かんだのは犯罪統計室である。そこには私の机があった。巨大なマイ・カップがあった。〝HIRO〟と書かれたインスタント・コーヒーの瓶があった。ティー・タイムがありカレー・パーティーがあった。私はフィジー警察統計室スタッフのようだった(そして実際そうだと思っていた警察スタッフが少なからずいた)。皆良い人たちだった。人間関係は良好だった。

しかし同時に私は犯罪統計室で既に述べたような大きなしっぺ返しを突然に食らうこともあった。日本の経験から私はこれを狎れ合いの寸前と理解した。土居は狎れ合いを屈折した甘え合いと捉えている。それは「見守る」側と「素直に甘える」側の相互信頼関係とは違う「甘やかし」と「甘ったれ」の相互関係である（土居　二〇〇一：一〇〇—一〇二）。甘やかすことは相手に甘える気持ちを喚起しようとすることであり、そこで生まれる「甘え」は相手を喜ばすために甘えてみせる「甘ったれ」となる。それは甘やかす側のための演技なのだから、そこから素直な「甘え」がもたらす本当の満足は得られない。甘やかす側もそうするのは相手を喜ばすためだと考えている。しかし相手が喜ぶことが自分にとって好都合だからこそ甘やかすのであり、その意味で甘やかす側こそ実際には相手に甘えている。ここには、甘やかす側は相手に「甘ったれ」を期待し、甘ったれる側も相手の「甘やかし」を計算に入れて振舞う、という相互性がある。「しかしそれは信頼の相互性とは違う。むしろ狎れ合いと言うべきだろう。というのは、互いに親しむように見えながら実はそれぞれ自分なりの思惑で動いていると考えられるからである」（土居　二〇〇一：一〇一）。私を喜ばそうとして嘘をついた統計課スタッフは、私を甘やかしたのだろうか、それとも私に甘ったれたのだろうか。そのどちらでもあったのだと思う。その人物との関係が良好に形成されるなかで同時に狎れ合いの萌芽も生まれていたに違いない。

それでは「見守られることで安心を生み出した人間関係」はどこにあったのだろう。私には思い当たる節がある。それは自殺調査以前のフィジー訪問で知り合っていたある中年のフィジー系男性とその家族及び親戚との間に形成された人間関係である。私の調査環境は予め計画されていたのではない。私には現地の有力者を紹介してくれるようなコネ（クション）はなかった。そもそも自殺の調査などできるわけがないと一蹴されていた。私がもっていたのは「楽園フィジーで自殺なんて本当なのだろうか」というますます深まった素朴な疑問だけだった。その時点での私がフィジーで知っていたといえる人物はこの男性だけだったと思う。

それまでのフィジー訪問の際、移動のためにタクシーを使うと、運転手は観光スポットをあれこれ喋り続けるのが常だった。善意を感じながらも「観光スポットはいらないよ、うるさいな」と感じることがよくあった。あるとき、それまでと同じように移動手段と割りきって私は宿からタクシーに乗った。どこに行くつもりだったのかは覚えていない。しかしその運転手がそれまでの運転手と何か違っていたのは覚えている。英語が聴きやすかったり一方的に話し続けなかったりということもあったのだろう。しかし「気が合った」のだと思う。たとえば私がボソボソと質問をする。それまでは意思伝達という意味でのコミュニケーションは成立したにもかかわらず、「何かずれているよな」と思うことが多々あった。しかしこの運転手からはそのズレを感じることがなかった。私は電話番号を教えてもらいその人物のタクシーを使いだした。ある時助手席に座っていたときのことを鮮やかに覚えている。運転しながら自分の家族や村のことを楽しそうに話すその人物の横顔を私は見ていたようだ。彼は突然「こっちばかり見ないで外を見なくちゃだめだ。ここはフィジーだ。美しい風景を見なくちゃ」といいゲラゲラ笑いだした。私はそのときとても照れくさくなったことを不思議と今でも思い出す。その人物の家に遊びに行き始め、彼の妻や子どもと知り合いになった。

いくら「気が合う」といったところで客観的に見ればその人物と私はただの知り合いである。彼はタクシー運転手であり、私は客の一人に過ぎない。しかし私は自殺調査の準備のためにフィジーに行き、この人物に会い、調査への協力を求めた。何を協力してもらいたかったのかは思い出せない。恐らくその瞬間の自分にも何を具体的に求めればいいのか分かっていなかったのではないかと思う。彼は静かに聞いていた。その横には彼の妻が座っていた。彼は「ヒロ、一日待って欲しい。家族で話し合うから」といい残して宿の私の部屋を去った。翌日彼は妻と共に部屋に来た。「ヒロにとってこの調査は大切なんだろ。分かった。この瞬間からヒロがフィジーにいるときには私がお前の父親で横にいるのが母親だ。親戚にお願いしてみよう。何も心配することはない。」彼はそのような内容を笑顔でいった。彼の妻は横で頷いていた。やがて現実が動き出した。フィジーの両親と三人で当時スバ近郊の警察署で署長をしていたインスペクター（母方の近い親戚）の自宅にカバを携えて行った。父親がインスペクターにカバを贈り、インスペクターの家族とともに皆でカバを飲みながら数時間を過ごした。そしてそのインスペクターが調査の協力者になった。(9)

インスペクターは実際に協力してくれた。犯罪統計室に私を紹介したのは彼だった。数値だけではなく関連する全ての情報を参照して自殺調査をするにはコミッショナーから許可を取る必要があることを彼は教えてくれた。私はコミッショナーへの調査許可を申請するために準備を始めた。内部からの推薦状があると信頼されやすいからという理由で彼は私のために推薦状を作成してくれた。彼はそのなかで私のことを「家族ぐるみの友人（a family friend）」と表現してくれた。コミッショナーから許可が与えられてしばらくたった頃、私はインスペクターが自ら上層部を説得するために動き回っていたことを父親から聞いた。私が許可の知らせを伝えたときには、笑いながら「やっと調査が始まるな。父親に電話しろ。喜ぶぞ」としかインスペクターはいっていなかった。父親に電話をするととても喜んでくれた。彼が定期的に電話をして私の様子を尋ねていたことをインスペクターから聞いたのはすぐ後のことだった。「彼の子ども」というのが自他ともに認める安心できる自分の居場所だったのだと今の私は思っている。(10)

素直な「甘え」と異文化理解

私は土居「甘え」論のなかで思いを巡らすまで自覚的に自らの不思議な感覚経験をフィジーの父親に結びつけなかった。その理由は犯罪統計室を中心とした調査環境のなかで費やした時間と比べて彼との時間が少なかったからだと思う。調査拠点はスバであり彼の家はそこから車で三時間以上かかる距離にある。フィジーの家族と会うのはその近くの警察署で調査をするときやその方向にある警察署に行く途中が多かった。そのようなときにはフィジーの母親が手料理を大量に作って待っていた。また、機会があるたびに私とカバを飲みたがる父親に対しては、「ヒロは調査をしているのだから、あまり飲ませてはいけない」と笑いながら窘めた。「警察官はカバ好きが多いから気をつけなさい。どうしても飲まなければならない機会にはアメを舐めながら参加すると体に負担がかからない」と教えてくれたのも母親である。彼らがスバに遊びに来ることもあった。あるいは電話で話したりもした。しかしその時間を合計しても統計室スタッフと過ごした時間に比べれば少ない。

土居は素直な「甘え」を生む「見守り」を「無言の中にこちらを暖かく見守ってくれている」と表現した。私は土居のいう「見守り」は時間の長さや空間の距離とは独立した働きなのではないかと考える。長い時間と近い距離を共有した深みのある良好な対人関係が「見守る—甘える」関係であるとはいえないのだろう。更に土居のいう「見守る」環境の「無言」を「要求しないこと」として解釈できるのではないかとも考える。フィジーの父親は私に法外なことを求めたことがなかった。もちろん日常的な金銭の支払いを私はした。しかしそれはたとえば村の教会への少額の寄付であったり、スバに遊びに来た彼らと安い食堂でご飯を食べたときの支払いであったりという、家族として当たりまえの事柄に費やされた。「要求された」と感じたことはなかった。彼は調査の協力を約束した。そして実際に最後まで協力した。それだけだった。そもそも私は彼に自殺調査の協力への謝金というものを払ったことがない。彼から求められたこともない。

土居「甘え」論の中で私の「不思議な感覚」に言葉を与える作業を終えるに当たり、幾つか確認をしておきたい。本稿の目的は私の「不思議な感覚」を使って土居「甘え」論の正しさをアピールすることにあるのではない。本稿は土居「甘え」論を使って私の「不思議な感覚」に言葉による一般性を与えるささやかな試みである。また「犯罪統計室は私の甘えを屈折させるだけだった」と私は思っていない。「見守り」が時間の長さや空間の距離とは独立した働きであるかもしれないと私は今しがた述べた。これは長い時間と近い距離を共有した対人関係が「見守る—甘える」関係となりうることと矛盾しない。統計室や企画室あるいは各警察署における日常的な対人関係のなかで私の「甘え」が素直に満たされる経験はあったのだろう。とくに統計室マネージャーと企画室ダイレクターは私を見守ってくれていたのではないかと思う。私の強調点は「持ちこたえるためには恐らくそれだけでは足りなかった」ということにある。

更に「私の『甘え』が素直だったから自殺の調査ができた」といっているのではない。私の不思議な感覚経験は偶然の対人関係に由来する。土居に従えば、相手あっての「甘え」であり、意識して素直に甘えようとすることは屈折した「甘え」である。だからこそフィジーでの不思議な感覚経験を私は有り難いと思っている。私は日常的な対人関係の営みがフィールドに持ち込まれるのが普通だと思う。腰巾着や小判鮫のような人物はフィールドでもそうなのだろう。人をなめたり呑んだり食ったりする人物はフィールドでもそうなのだろう。狎れ合いが好きな人物はフィールドでも狎れ合いを求めるのだろう。腰巾着でも人を食った態度でも狎れ合いでもフィールドワークはできるだろうし論文は書けるのだと思う。しかしたとえば人を食った態度の人物がフィールドでだけそうでないというのは明らかにおかしい。そこには嘘がある。いずれにせよこのような人物たちは屈折した「甘え」を有し、これが経験から学ぶことを困難にしているという点で共通している。他者を理解できる状態にあるといえるのか、疑問に思う。

現在フィジーの父親は七十歳を超えている。タクシー運転手を引退し足を痛がることがあるがまだまだ元気である。フィジーの母親は数年前に亡くなった。フィジーの弟の傍らには素敵な妻がいる。私の今一番のお気に入りは十代になったフィジーの姉のやんちゃな次男坊である。文化は素直に甘えることなしには身につかないと土居は述べている（土居　二〇〇〇：二三八）。私はようやくフィジーの多様で豊かな文化を身につけることができる段階に入ったのかもしれない。

注

（1）フィジー共和国（Republic of Fiji）はおよそ三百三十の島々から成るオセアニアの島嶼国であり、先住フィジー人（Indigenous Fijian）とインド系フィジー人（Indo-Fijian）が二大エスニック集団を形成する複合社会である。二〇〇七年実施の人口センサス（フィジーの国勢調査は十年毎に実施される）に基づく総人口八三万七千二七一人のエスニック分布は、フィジー系五六・八％（四七万五千七三九人）、インド系三七・五％（三一万三千七九八人）、「その他」（中国人、ヨーロッパ人、他の太平洋島嶼民などを含む）五・七％（四万七千七三四人）である。フィジー系の大多数はキリスト教徒であり、ヒンドゥー教徒が中心のインド系にはイスラム教徒もいる。二〇一六年十二月にはフィジー系のバイニマラマ（Josaia Voreqe Bainimarama）司令官（当時）を中心としたクーデターが発生し軍による暫定政権が樹立した。

（2）精神分析家ボウルビィ（Bowlby, J.）に始まるアタッチメント理論は、精神分析における英国対象関係論に由来し、比較行動学、システム理論、発達心理学、認知科学などに依拠した人間の生涯発達に関する総合理論である（ボウルビィ　一九九一、一九九三）。現在のアタッチメント研究は、その理論が仮定する発達経路の普遍妥当性を巡り人類学との間で活発な議論を展開している（杉尾　二〇一八）。

（3）本稿は土居「甘え」論それ自体を論じる場所ではないので、その記述及び参照先の表示は必要最低限であることを予めお断りしておきたい。本稿における筆者の土居「甘え」論理解の詳細に関しては、「甘え」論とアタッチメント理論との関連性を論じた拙稿（杉尾　印刷中）を参照されたい。

（4）フィジー警察に関する記述は全て私の調査当時の情報であり、現在は多くの点で変わっていると思う。当時においても警察の内部組織は役職名やオフィスの配置及び関係など様々な点で変更が繰り返されていた。更に二〇〇六年のクーデター後にそれはとりわけ頻繁になった。私はその移り変わりの全体を把握してはいない。ここでの記述は私の関係した範囲内に限定されている。

（5）このように、私のフィールドワークは、実態調査と仮説検証型調査という一般的な調査区分に従えば、事例と全数に基づく実態調査に含まれるだろう。また、調査後の私の関心は資料収集プロセスで遭遇した自らの数値とフィジーの公的数値の不一致という問題に集中した。二〇〇七年の既遂と未遂の数を例に取れば、私の数値は順に九十と百三十一であるのに対して、公的数値は順に五十九と百九である。これは数値だけではなく推定動機の分類を含む自殺資料全般の学術的価値を巡る問題に関係し、その射程は私の個人的関心を超えた自殺研究（更には学術研究）全体にまで及ぶ（杉尾　二〇一五、二〇一六）。

（6）私が最終報告書を提出した当時、コミッショナーはフィジー系のテレニ（Esala Teleni）だった。彼はクーデターの際に軍司令官バイニマラマの下で副司令官として私の「ボス」であるヒューズを追い出す側にいた人物である。奇妙な巡り合わせだと思う。

（7）この戦略は、狎れ合い関係の中で他者によって動かされる側に身を置く戦略と相補的である。後者には「甘んずる」という日本語表現が適切だと思う。

（8）「なぜ精神分析が普遍的であるといえるのか。その西洋起源の文化的バイアスは今では自明ではないか」という批判があるかもしれない。土居は普遍性を標榜する精神分析の西洋的バイアスを認める。しかしそれによって精神分析の普遍性を否定したのではない。逆に日本由来の「甘え」論に対応づけることで精神分析が普遍的である可能性を追求したのである（たとえば、土居　二〇〇四）。

（9）カバ（Kava）はコショウ科の木であり、乾燥した粉末状の根を水に混ぜて（こして）儀式の際や日常的に飲まれる。アルコールは含まれていないが酔ったような気分になる。私の父親がインスペクターに贈ったカバとその後に振る舞われたカバは訪問者を歓迎する儀式（フィジー系）での活用例である。またカバはフィジー系に限定されず日常的に飲まれる。とくに警察スタッフには大カバ飲みが多かった。インド系の統計課マネージャーはそのようなカバ好きの一人であり、オフィス・アワーを過ぎるとバケツ一杯のカバを他の課の友達たちとよく飲んでいた（私も彼に誘われてよく飲んだ）。またジュースのペットボトルにカバを入れてこっそり持ち歩いたり机の引き出しの中に置いたりしている警察スタッフも少なからずいた。

（10）このように私とフィジーの父親との関係は偶然の出会いに由来する。フィールドワークにおける偶然の出会いのもつ不思議さについては、本書第二章が生き生きとした記述を与えている。そこでは、筆者の川﨑とジョセフとの現在の関係が、偶然の出会いから三十年以上にわたる「つきあい」を経て、不思議な馴染み具合を醸し出している様が描かれている。

参考文献

ボウルビィ、ジョン　一九九一『母子関係の理論Ⅰ愛着行動（新版）』黒田実郎ほか訳、岩崎学術出版社。

―――― 一九九三『母と子のアタッチメント――心の安全基地』二木武監訳、医歯薬出版。

土居健郎 一九七一『「甘え」の構造』弘文堂。

―――― 一九九九a「『甘え』と言葉――討論」『「甘え」について考える』北山修（編）、一二九―一三六頁、星和書店。

―――― 一九九九b「『甘え』概念についての若干の考察」『「甘え」について考える』北山修（編）、二一三―二一七頁、星和書店。

―――― 二〇〇〇「漱石と精神分析」『精神分析研究』四四巻三号：二三五―二三八。

―――― 二〇〇一『続「甘え」の構造』弘文堂。

―――― 二〇〇二「日本起源の概念は通用するか」『精神神経学雑誌』一〇四巻十一号：一〇一七―一〇二三。

―――― 二〇〇四「精神分析と文化の関連をめぐって」『精神分析研究』四八号（増刊号）：八五―九三。

杉尾浩規 二〇〇九「楽園の現実――フィジーの自殺について」『パシフィック・ウェイ』一三四号：二六―三四。

―――― 二〇一二「自殺の人類学に向けて――『個人』を巡る理論的問題」『年報人類学研究』二号：六七―九六。

―――― 二〇一三「自殺と集団本位主義――デュルケム『集団本位的自殺』に関する一考察」『年報人類学研究』三号：一三六―一五一。

―――― 二〇一四「デュルケムの自殺定義に関する一考察――アルヴァックスとの比較を通して」『年報人類学研究』四号：六〇―七七。

―――― 二〇一五「アトキンソンの『社会プロセスモデル』再考――デュルケムの『逆倒的な方法』の観点から」『年報人類学研究』五号：一―三。

―――― 二〇一六「資料としての自殺――フィジーの自殺研究とともに」『人類学研究所研究論集』三号：一五一―一六四。

―――― 二〇一八「アタッチメントの文化的性質――アタッチメントの文化研究の動向と展望」『社会と倫理』三三号：一三五―一六〇。

―――― 印刷中「アタッチメント、『甘え』、自分――アタッチメントの文化研究における『甘え』の取り扱いに関する一考察」（『社会と倫理』三四号掲載予定）。

Sugio, Hironori 2011 ‘Suicide Resulting from Domestic Problems in Fiji’, *Journal of Nanzan Academic Society Humanities and Natural Sciences* 2: 97-112.

―――― 2012 ‘Suicide Resulting from Love Problems in Fiji’, *Journal of Nanzan Academic Society Humanities and Natural Sciences* 3: 155-173.

―――― 2013 ‘Suicide Resulting from Health Problems in Fiji’, *Journal of Nanzan Academic Society Humanities and Natural Sciences* 6: 159-180.

タンルント（手打ち用の小太鼓）を叩くハーッジ（右３人目）（2000年８月）

第六章　「生活実感」からの再出発——モロッコのベルベル人男性ハーッジとの出会いと歌舞アホワーシュ

齋藤　剛

はじめに——出会いを通じたフィールドワークの問いなおし

フィールドワークでは時として逆転現象のようなことが起こる。フィールドワークをするうえでは当然のことながら調査や研究のテーマがあらかじめあって、その調査・研究テーマに沿って情報を聞くべき対象となる人々が選択され、インタビューをするなり、その人たちと行動を共にしつつ「参与観察」をするなりといったアクションが起こされる。だが、フィールドワークでの人との出会いは、フィールドワークや調査の完遂を至上命題に据えた行動や思考のあり方を問い直す機会を提供してくれることもあるからだ。私の場合は、ハーッジ(1)と呼んでいた男性とのモロッコでの出会いがこれに相当する。ハーッジはモロッコ南西部スース地方を故郷とするベルベル人(2)で、一九三七年頃に故郷の山村で生まれ、その後、首都ラバトに赴いて商いで身を立てた商人である。ハーッジは二〇一六年に亡くなってしまったが、二〇年近くに及んだ彼との交流は、私にとってかけがえのない拠り所であり続けている。

当初は私自身の目的である現地調査遂行のためにハーッジから話を聞くというところがあった。だが、そうした調査とは別に、今ではハーッジとの交流からフィールドワークや研究について考えることが多い。本章で試みたいと考えているのは、私自身の問題関心や先行研究の認識枠組みから一旦距離をとって、私が現地で出会った人が関心をもっていたこと、現地の人の視点、そして彼らの「生活実感」（堀内　二〇一〇）を大切にすることから、どのような見方や理解が可能になるのかを探求することである。すなわち、ハーッジという具体的な個人の関心事と彼の生活実感から乖離しないように注意をしながら現地についての理解を深めるように試みるのだ。

「テーマ先行型」の研究

ハーッジと出会った頃、私は、聖者信仰ないしは聖者崇敬という用語で知られる信仰現象に関心があった。そのため、私はハーッジ自身が廟参詣に赴くのかどうかということや、彼の故郷における聖者信仰の実態に関心をもった。つまり、私自身がもっている研究関心に沿う情報をハーッジから得ようとしたのである。

同様のことは他の研究テーマについても当てはまった。たとえば、文化人類学者として著名なクリフォード・ギアツが弟子とともにモロッコの地方都市で現地調査を行なっているのだが、彼らのテーマのひとつが、複合社会における多様な民族関係、社会関係であった（Geertz et al. 1979）。その影響下にあって、ベルベル人のハーッジを一事例として、アラブ人とベルベル人の民族関係を問うたり、都市で商業活動に勤しむハーッジの社会関係を学ぶということも構想可能であった。さらに、ベルベル人については、これまた人類学において高名なアーネスト・ゲルナーが部族論を展開している（Gellner 1969）。ハーッジやその家族から、彼らが都市生活を送りながらも部族の紐帯を維持し続けていることを教えてもらって、私は部族論という観点からも研究ができると考えた。(3) これらは、いずれも人類学的中東研究、人類学的イスラーム研究における既存の主要な研究テーマであった。

ある特定の研究テーマを設定して現地調査を構想することは、研究において基本中の基本とされる姿勢であろう。通常、現地調査においては、あらかじめ調査すべきテーマを選定したうえで、そのテーマについて調査するのにふさわしい地域や調査対象者を選択することになるからである。現地調査に先だって調査すべき内容がある程度決まっているという点で、こうした調査は「テーマ先行型」と呼ぶことができよう。

この「テーマ先行型」の研究は、調査を行う個人の内発的な問題関心に基づくものであるかもしれない。しかし、研究テーマの選定は、そうした個人的動機だけでなく、先行研究の蓄積によって規定されるものでもある。人類学者のアブー・ルゴドは、人類学の歴史を振り返るとフィールドごとに選好されるテーマがあると指摘しているが、これは、先行研究に規定されたテーマ選択という傾向性をうまく捉えた指摘である（Abu-Lughod 1989）。

現地の人の関心と「生活実感」からの出発

一見すると、「生活実感」を大切にすることは、研究テーマから現地で出会う人に向かう方向性が、現地で出会った人から研究テーマに向かう方向性に切り替わっただけのようにみえる。さらに、人類学においては、クリフォード・ギアツが提示した「住民の視点」をめぐる議論を持ち出すまでもなく（ギアーツ 一九九一：九七―一二四）、現地社会についての内在的な理解を試みることが基本とされるので、改めて取り上げる必要のない前提と受け止められることもあるだろう。

だが、「住民の視点」を重視しているという一方で、果たして自分の理解が真に「住民の視点」を重視しているのかどうかを重ねて問い直してみるのは決して無駄なことではないだろう[4]。たとえば先に挙げた聖者信仰、部族などの研究テーマは、研究者だけが一方的に関心をもってきたテーマであるという訳では必ずしもなく、現地の人々にとっても重要な話題でありうる。しかし、かりにそうだとしてもそれらが中東と呼ばれる地域をめぐる支配的な研究テーマ、研究ジャンルとしての地位を確立し、そして数多くの研究を通じて再生産されてきたことには少なくとも自覚的である必要がある。現地の人々の視点から乖離した形で、制度化した研究体制のなかで研究が再生産され続けている可能性もあるからである。その意味で、現地の人の「生活実感」を大切にしているのかどうか自問しつつ問いを発することは、それぞれの調査地をめぐる支配的なテーマ、再生産され続けている研究テーマの有効性や妥当性を問い直し、私たちの認識を組み替える貴重な契機となる可能性も秘めている。さらに、支配的な研究テーマや言説から意識的に距離を取りつつ、そこから零れ落ちる人の声を辿りながら問題を考え直すことは、何のために、そして誰のことを理解しようとするのかという根本的な問題を考え直す重要な契機ともなる。

以上の問題意識に基づいて、本章では、モロッコでフィールドワークを実施することではじめて筆者に見えてきたアホワーシュという歌舞の魅力を描きたいと考えている。対象を捉えるためにあらかじめ枠組みを設定するのではなくて、フィールドで見えてきたことから何がいえるのか、何が大切なのかを考え直してみたい。さらに、本章の後半ではハーッジと私の交流を取り上げる。そこで問い直したいと考えているのは、問いを発し研究を進める人類学者と、問いに答え情報を提供してくれる現地住民という調査者/被調査者という二者の関係である。

本章で以上のような問題を扱うのは、「生き方としてのフィールドワーク」について考えるうえで、私たちの生活を改めて見直してみたり、自分の仕事や自分自身のフィールド、さらには学問との関わり方を再考するという他の章の問題意識と並行して、自分が学びたいと思った人のことをどのように理解しようとするのかが重要であると考えるからである。現地で出会った人を「研究のための研究」に閉じ込めるのではなく、むしろ「研究のための研究」という殻を破るためのきっかけを彼らから学ぼうとするのである。これは「生き方としてのフィールドワーク」という主題とも深く関わる論点であると私は考えている。

アホワーシュを理解するための枠組み

さて、ハーッジにとって生涯を通じて大切だったこと、強い関心があったことがいくつかある。それらは、礼拝、商売、家族、親族や同郷者との繋がり、雑談、ラジオ、旅、そしてアホワーシュである。これらが大事だというのは、ハーッジと日常生活を共にしたり、あるいは本人や家族、身の回りの人との話などから次第に浮かび上がってきたものだ。これらの中でも試みに取り上げてみたいのが、モロッコ南西部を故郷とするベルベル人たちが好む歌舞アホワーシュである。

このアホワーシュを取り扱ったこれまでの研究は、アホワーシュについての体系的、包括的な知識を提供している（al-Gansānī 1996, Lortat-Jacob 1980）。そして、アホワーシュをイスラームから距離をとった「音楽」と捉えたり、「アラブ音楽」と「ベルベル音楽」という対比的区分に基づいてベルベル人に固有の「民族音楽」として捉える視点を提示したり（Rovsing Olsen 1997: 19-27）、あるいは都市に居住する「文化人」が好むとされる「アンダルシア音楽」などとの対比で、地方の「農民」の音楽、あるいは「民衆的」な「音楽」と捉えてきた（Lortat-Jacob 1980, Rovsing Olsen 1997）。

だが、こうした理解に対して本章では、宗教、民族、文化という側面に着目した既存の理解から距離をとり、ハーッジという個人の視点に立ち返って、アホワーシュというものの魅力について考え直してゆきたい。そこで、次節では、まずハーッジの生涯について簡単に振り返ったうえで、アホワーシュの概要を記す。

図6-1　村はずれで開始されるアホワーシュ

ハーッジについて

一九九八年に初めて会った時、六十歳くらいだったハーッジは、首都ラバト市の旧市街の一角に二軒の店舗を構えていた。一軒は中古家具販売店で、薄暗い店内には洋服ダンスやソファーなどが所狭しと並べてあり、二名の従業員が、仕入れた中古家具のニスの塗り直しを店内でしていた。すぐ隣の店舗は大衆食堂で、甥など親族が働いていた。普段は中古家具販売店の方にいて、店の奥に置いてある椅子に座って客が来るのを日がな一日待ちながら、のんびりと商いを営んでいた。

ハーッジは、口ひげを生やし、筋の通った鉤鼻と眼光鋭い眼が印象に残る整った顔立ちをしており、いつもジュッラーバと呼ばれるモロッコの伝統的な衣装に身を包んで、頭にはタギヤと呼ばれる縁なし帽を被っていた。これは、モロッコにおける男性の伝統的ないでたちである。そして、モロッコ南部のベルベル人が故郷で日常的に使用しているイドゥカンという皮製のスリッパを愛用していた。店舗にいる時には、客がいなければ、椅子に腰をかけて、組んだ足の先にあるイドゥカンをゆらゆら揺らしながら、表の通りを横切る通行人をのんびり眺めたり、ラジオを聞いたり、従業員と話に興じたりしていたものだ。

一九三七年頃というその生年からすると、ハーッジは、フランスによるモロッコの植民地支配（一九一二―一九五六年）の半ばに生まれ、植民地支配末期からモロッコ独立以降に至る動乱の時代を過ごしてきたわけで、その人生には多くの苦労があったであろうことは想像に難くない。

幼い頃に両親を亡くしていること、故郷で羊飼いの仕事を兄の命でせざるを得なかったこと、羊飼いやその後の都市への丁稚としての出稼ぎに出たために、アラビア語やクルアーン（コーラン）の手ほどきを受ける寺子屋（クッタープ）[5]に通う余裕もなかったこと、さらに新たに出稼ぎに赴いた都市では、アラビア語も都市生活のしきたりにも慣れ親しんでいなかったために都市在住のアラブ人などから嫌がらせを受けたこと、商売をする過程で店舗を貸した者の賃料不払いで裁判を起こさざるを得なかったことなど、時代の状況だけでなく、ハーッジ個人の人生のなかで起きた出来事も、ハーッジの人生が決して平坦なものではなかったことを示している。また、モロッコには旧植民地宗主国フランスの言語や文化を積極的に吸収しようとする人々がおり、それが富裕な階層の人々にとくに顕著であると一般に考えられているが、ハーッジはそうしたものとも無縁であった。

さらに、近年ではベルベル人の間でアマズィグ運動という名で知られるアイデンティティ運動が展開している。先住民運動としての側面、文化運動としての側面をも合わせもつこの運動をこれまで主導してきたのは、学校教育を受けた人々であり、アラブ人との差異を強調しつつベルベルという民族の固有性を強調したり、あるいはアラブ人が北アフリカにもたらしたイスラームという宗教と距離を取ろうとする世俗主義的な傾向を有している。ハーッジは、故郷の人々との強い紐帯を生涯に渡って維持し、ベルベル人であることを誇りに思っていたのにも関わらず、そうした運動とも無縁であった。

その半生を振り返ってみると、ハーッジは社会の底辺から都市生活に参入した、文字の読み書きができない一庶民であったといえる。新参者としてのハーッジは、社会階層、経済力、出自、教育のいずれをとっても都市生活を有利に開始する手立てを有していなかったということでもある。唯一の手助けはすでに出稼ぎを開始していた遠縁の男性などの伝手であり、ハーッジと同じくスース地方を後にして都市に出稼ぎに赴いていた同郷者たちとの繋がりであった。

羊飼いから始まって、都市での丁稚としての出稼ぎ生活を送り、文字の読み書きができないハーッジは、イスラームを対象とした人類学的研究において宗教的知識などを有した「知識人」との対比で「民衆」と捉えられる人々の一人であったといえる。このハーッジが生涯を通じて大好きだったのがアホワーシュである。ハーッジは同郷者の間で非常によく知られたアホワーシュの手打ちの小太鼓（タンルント。以下、小太鼓と記す）の名手でもあった。

アホワーシュの様子

アホワーシュは、モロッコ南西部を故郷とするベルベル系の言語集団シュルーフの歌舞である。(6) それは、大太鼓、小太鼓の演奏、歌、即興詩の朗唱、踊りが伴ったもので、演奏は通常、大太鼓（ガンガー）一名、小太鼓の打ち手五名から六名ほどで行われる。大太鼓がベースになるリズムを作り、それに合わせて小太鼓を持った人が細かな打音をのせて、より精妙なリズムを作り出していく。そのうえで、小太鼓の持ち手がさまざまなタイミングで太鼓をシンコペーションを基調にして打ち鳴らす。大太鼓と小太鼓の音で作られる即興のポリリズムにあわせて男性、女性達が喉の奥から響き渡らせるような叫び声をあげて歌う。

アホワーシュの最も一般的な機会は、故郷において八月などに開催される結婚式である。シュルーフは、今日、故郷を離れてモロッコ各地の都市や海外に出稼ぎに出ていたり、新たに都市で定住生活を送っている者が多い。そうした都市や海外で生活を送っている者が大挙して故郷に戻ってくるのがヴァカンス・シーズンの八月である。

同郷者が一堂に会するこの得難い機会を利用して、故郷で結婚式が多数開催され、その折に人々がもっとも楽しみにしているアホワーシュが、夕食後から夜を徹して行われる。参加者は、新郎新婦の家族や親族のみならず、結婚式が開かれる村の住民、近隣の村の男性住民、花嫁の出身村の女性たちをはじめ周辺の部族の人々も参加し、総勢数百名を超える大規模なものとなることが多い。

図6-2　村落でのアホワーシュの様子

ハーッジの出身村落などでのアホワーシュは、通常、村のなかにある平石を敷き詰めたアンヌラールという名で知られた脱穀場や、村の広場で実施され、男性が踊る部と女性が踊る部から成り立っている。そしていずれの部においても太鼓を叩くのは男性である。また男性の部における参加者は既婚／未婚男性であるのに対して、女性の部の踊り手は未婚の女性のみとなっている。舞台となる広場などには踊るための部分を除いて一面に筵が敷かれ、結婚式にやって来た者が座れるようになっている。踊り手はあらかじめ決まっている訳ではなく、その場で気分が乗って来たら飛び入り参加をするし、踊り疲れたら踊りを抜けて観衆の席へと戻ってくる。同様に太鼓の打ち手も交代する。

男性が踊る場合には、広場や円形の脱穀場の一方の側に男性が一列に並び、反対側に観衆が思い思いの場所に陣取って座る。観衆については女性が片側に集まって座るか、あるいは聴衆の前列に男性が陣取り、女性が後側に座る。

男性が踊るアホワーシュを開始する場合、大太鼓を先頭にして、小太鼓の奏者、そして踊りを踊る男性たちが一列になって、太鼓を叩きながら、会場を時間をかけてぐるりと回る。これをアムドール

図6-3　脱穀場でのアホワーシュの様子

という。男性の踊り手は踊る場所に到着すると一列に並ぶが、この時に列が左右に分かれ、真ん中に小太鼓、大太鼓の奏者が入る。

ここで即興詩の朗唱が始まる。即興詩を朗唱する者は男性の踊り手のなかから出てくるのだが、誰が即興詩を歌うかは決まっておらず、即興詩を思いついた者がおもむろに歌い始める。結婚式に際してのアホワーシュの場合には結婚式を開催する主催者を讃えたり、客を迎えた歓待の様子を讃えたり、めでたい日を祝う言葉を歌い上げる。この即興詩に続いて男性の左右の列の間で掛け合いで即興詩を歌いついでゆき、歌い終えた者が朗唱した最後の一句を全員で唱和しながら、踊りがゆったりとしたテンポで始まる。この時、男性のなかで、左右の列からそれぞれアムリースと呼ばれる踊りをリードする者が一名、列の前に出て、太鼓のリズムに合わせた膝を軽く曲げたり、足を左右に降ったり、ジャンプをしたり、回転してみせたり、あるいはしゃがんだりと様々な振り付けや動作を行う。列を作った男性たちは、このアムリースの動きに注意を払い、全員で真似をして踊り続ける。筆者も何回もアホワーシュに参加したが、これは結構難しい。ゆっくりとしたリズムでの踊りで場が十分に暖まってくると、大太鼓の奏者はリズムを少しずつ加速させていく。

図6-4　即興詩の朗誦

これに合わせて踊りも激しさを増してゆく。

見ている者は、アムリースの突然の動きの変化にはぐらかされた踊り手を見て、笑って楽しんだり、あるいは上手に踊る者を見て、感嘆の声をあげたりする。さらに腕に覚えのある踊り手のなかには、興に乗ってくると隊列を離れて一人ないし二人で聴衆の前まで出て来てひとしきり踊り、聴衆の喝采を浴びる者もいる。

こうして十分に踊り終えた頃に大太鼓が終了の合図を打ち出し、小太鼓も打奏を終了し、踊りは一端小休止となる。太鼓の皮はひとしきり打ち叩いたことで伸びてしまっているので、この小休止中に太鼓の打ち手は太鼓の皮を引き締めるために、会場の傍に用意された焚き火で太鼓の皮を熱する作業に入る。その間、踊り手も聴衆も手持ち無沙汰になるかのようであるが、そんなことは全くない。というのも、この間に即興詩の掛け合いが繰り広げられるからである。彼らは、掛け合いで新郎新婦を祝ったり、相手のことをからかったりし、聴衆はときに笑い、ときに納得しながらその即興詩に聞き入るかと思えば、隣り合った聴衆どうしで勝手に雑談に興じたりする。

そして太鼓の用意ができると、朗唱されていた詩の最後の一句を踊り手が全員で合唱しながら再び踊りはじめる。踊りは大太鼓が作り出すリズムにのせて、ゆっくりとしたテンポからはじまり、次第にそのテンポが速められていくというパタンを再び取る。太鼓の打奏と踊り、その後の即興詩の朗唱がその後幾度となく繰り返される。

アホワーシュとハーッジ

ハーッジは、このアホワーシュが大好きで堪らなかった。あまりにも好きなために、ある時モスクで礼拝をしていたら、外にあるカセットテープ屋からアホワーシュが聞こえてきただけで興奮してしまって、どこまで礼拝をしていたのか忘れてしまったことがあったほどであるという。こうした太鼓の音が聞こえてきたりすると、自分の気持ちを抑えることができなくなるほどにまでアホワーシュや音楽が大好きな人のことをタシュリヒート（シュルーフが話すベルベル語）で「アホワーウィー」というが、ハーッジはまさしくこのアホワーウィーなのだ。

ハーッジのアホワーシュ好きを示す以下のような逸話もある。ハーッジは、日頃、非常に温厚であった。そして夫婦仲も非常に良かった。だが、そのハーッジが一度だけ妻に対して烈火のごとく怒ったことがあるという。それは、まだ若い頃のことだが、故郷の村落においてハーッジがあまりにも友人たちと毎晩のようにアホワーシュに出かけることに嫌気がさした妻が、ハーッジのアホワーシュ癖と外出を阻止するために、ハーッジが所有していた八つほどの小太鼓の皮をナイフで割いてしまったのだという。他のことでは妻に怒鳴ったことがないハーッジが生涯に唯一度、この時だけ怒鳴ったということからも、ハーッジがどれほどアホワーシュに狂っていたかが垣間見える。子供達によれば、アホワーシュはハーッジの血のなかを流れているのだという。それくらいに好きで、離れることができないというのだ。ハーッジ自身、アホワーシュの演奏をじかに聞いていて太鼓が叩けないと頭痛がしてくるともいっていた。娘によれば、大太鼓の音を耳にしてしまうとハーッジの毛は逆立って、興奮していても立ってもいられなくなるのだという。「もはや精霊（ジン）に取り憑かれているといっても良いレベルで、自分がやりたくてそうしているのではない、とにかく太鼓の音を聞くと自分も小太鼓を叩かずにはいられなくなるという状態なのだ」とも娘は付け加えた。そして、これほどまでのレベルのアホワーシュ狂いに誰もがなれるわけでもないのだという。ある種の「天賦の才」なのだ。

アホワーシュの魅力

アホワーシュの魅力は一体どういうところにあるのだろうか。その魅力は言い尽くせないものであろうが、これまでの議論から浮かび上がったことに限定して記してみたい。

まずアホワーシュの特徴は、大太鼓と小太鼓というとてもシンプルな楽器編成と、ゆっくりしたテンポから速いテンポへの移行の繰り返しという「単純さ」にある。そして、結婚式などにおいては、男性が踊る場合には、緩―急の後の即興詩の朗誦を含めて一つのまとまりをなしており、それが幾度となく繰り返される。一見すると単調にも思えるこの反復がアホワーシュの魅力のひとつである。

実のところ、反復については、アホワーシュの研究を進めた人類学者の堀内がその論考のなかで指摘している。堀内の議論を私なりにまとめると、アホワーシュなどにみられる反復は分析的な思考（堀内の言葉では分節性）を無効化するのと同時に人々を分節性から解き放つ脱分節性によって特徴づけられる（堀内　二〇〇五、Horiuchi 1997）。

私はこの指摘にここで四点付け加えておきたい。第一に、反復は複数のレベルで生起していることが挙げられる。まず太鼓のリズムが繰り返されるというレベルでの反復がある。そして、その太鼓のリズムが緩やかなテンポから急なテンポへと移行することが何度も繰り返されるというレベルでの反復がある。つまり、反復的なリズムを休憩を取りながら一晩に何回も繰り返しているのだ。ということは、アホワーシュにおいては、反復が徹底されているというのが大事な特徴であるということになる。

第二に、反復の「質」が問題となる。この反復の質を左右する決定的な役割を担っているのが、大太鼓である。というのも、大太鼓が打ち出すリズムが全ての基調になるからである。小太鼓は大太鼓のリズムに合わせて裏打ちをしたり、リズムを細かく刻むので、アホワーシュの演奏を支配しているのはあくまでも大太鼓である。「質」に関わる重要なポイントは、大太鼓の奏者は、聴衆にほとんど感じられないくらいの速度で、時間をかけて少しずつテンポを上げていかないといけないということである。

人によってはテンポが上がってくると我慢ができずに性急にテンポをさらに上げてしまうことがある。そうした人がいると、ハーッジは「あいつは太鼓の叩き方を知らない」といって失格の烙印を押してしまう。名人といわれる人ほど大太鼓を叩くリズムが一定で、テンポの上げかたも人々に感知できないほどにゆっくりで、全体に安定感がある。ゆっくりとしたリズムで打奏が開始されてからしばらくの間はとくに、テンポを急速にあげることは嫌がられる。ハーッジの長男はアホワーシュのリズムを評して「機械のように正確でなければいけない」と述べてくれたことがあるが、その含意は、急速にテンポを上げてはいけないということに通ずる。このようにほとんど知覚されないほどのゆっくりとした速度で、しかしながらテンポが確実に、まるで機械仕掛けのように正確に一定の速度で上がっていくことがなぜ求められるのか。私は、これはアホワーシュが踊りを伴っていることと関係しており、人々の身体を打奏のリズムに「同期」させることが重視されているからではないかと考えている。

反復に関わる三つ目のポイントが、この身体と打奏との「同期」である。ハーッジの長男は、機械の比喩とあわせてアホワーシュの特徴として、「西洋の音楽のように手拍子でリズムがきっちりと刻めるものではない」と説明してくれたことがある。それでは、アホワーシュのリズムはどう刻むのか。ハーッジの息子は、半ば目をつむりながら、顔の表情筋の力も抜いて気持ち良さそうに首を回しながら、「アホワーシュのリズムはカチカチと決まったものではなくて、もっと滑らかなのだ」と説明をしてくれた。実際、アホワーシュの踊りでは、緩やかなテンポで打奏が始まった折の踊り方の一つに、首の力を抜いて、緩やかに頭を右肩の方から左肩の方へと回しながら、手を叩くというものがある。つまり、緩やかなテンポで開始された打奏の時、それにあわせた人々の踊りもまた身体の弛緩によって特徴づけられているのだ。それが少しずつテンポが上がってくるにつれて、踵、膝、腰、さらには肩の関節を緩やかにしながら体を小刻みに上下に揺らし、振動させる踊りへと変化していく。その動きは、みんなで同じタイミングで手拍子を叩いたり、ジャンプしたりという動作を間に挟みつつ、打奏にあわせて、より細やかに体を振動させたり、上下に揺らしていく動きへと変化してゆく。大太鼓が急速にテンポを上げるのが嫌がられるのは、参加者全員がリズムに「同期」するのを待たずに大太鼓の奏者が独りよがりな打奏に終わってしまっているからである。

以上の三点を踏まえて、反復について浮かび上がってくるのは、聞いているだけでも楽しい太鼓の打奏が、踊る人々の身体を一旦十分に弛緩させたうえで、それに律動的な振動を繰り返し与え続けているということである。このリズムに身体を同期させ、振動を反復することは、実際にそれに参加してみると実に心地の良いものであった。音やリズムに身を委ねた状態を繰り返し味わえる機会をアホワーシュは提供しており、アホワーシュの踊りには一種の中毒作用のようなものがあるのではないかと私は考えている。

反復をめぐる第四の論点は、先に挙げた堀内の「分節性」と「脱分節性」をめぐる議論に関わるものである。身体を音に委ねることは、身体を硬直した状態から解放し、活性化させるという快感をもたらしてくれる機会となっている。堀内はこの状態を意味や分析に傾斜した「分節性」の対極にある「脱分節性」という概念で捉えたのであった。だが、これまでのところでみたように「脱分節的」ともいえるアホワーシュではあるが、実際のところアホワーシュは「脱分節性」だけでは完結していない。というのも、すでに記したようにアホワーシュでは太鼓の打奏と踊りの後に即興詩の掛け合いがあり、人々はその詩の内容を聞き取ったり、その意味を解釈しようとしたり、巧みな比喩などに感嘆の声を上げるからである。詩の朗唱の間、人々は踊りをやめて、その声と言葉に聞き入っている。堀内の提示した概念を用いるならば、そこでは、分析や理解を重んじた「分節性」が「脱分節性」以上に重んじられているようにもみえる。

だとするならば、アホワーシュの特徴とは、分節性と脱分節性の双方を巧みに取り込みながら、人々に身体的快感と知的快感（巧みな比喩や即興詩の創作の場に立ち会わせること）をもたらしていることにあるのだといえそうな気がしてくる。ただし、ここで問題となる詩の技、技量に着目すると、そこで重視されているのは、隠喩などを用いた巧みな表現を用いることであり、人々の感情を揺り動かすようなものである。そういう意味では、言葉を解し、分析するとしても、そこで問題とされるのは論理的明晰さではなく、言葉がどれくらい心に響くかである。そうだとするならば、アホワーシュがもたらしているのは、身体の硬直性と論理的思考の硬直性の双方から人々を解放することにあるということになる。生身の身体と、生身の身体から発せられる言葉を同じ場において共有することによってそれは初めて可能となる。その意味では、同じことを繰り返しているようではあるが、その都度その都度、異なる経験をしているともいえ、毎回新しい感覚を人々にもたらしてくれるかけがえのない場をアホワーシュは提供しているとみることもできよう。

ところが、アホワーシュの魅力は以上のような太鼓の打奏、踊り、即興詩の朗誦だけに止まるものではない。というのも、アホワーシュのもう一つの魅力は、様々な形で多様な人々が参加できるという「敷居の低さ」と「間口の広さ」にあるからである。たとえば、それは老若男女を問わず参加できるだけでなく、その楽しみ方をみても、楽器演奏、踊り、踊りの模倣、詩の朗唱（独唱／合唱）、詩の朗誦や歌声に耳を傾けること、独特の節回しの詩を聞き取って解釈すること、アホワーシュを見ながら友人や知人と交わすお喋り、情報交換、噂話、旧友との再会、ご馳走を食べることなど、さまざまである。さらには、大勢の人々の前での踊りや詩の朗誦、楽器演奏、晴れ着の着用などを通じて目立てることも楽しさのひとつといえよう。

誰でも気軽に参加できるうえに、演奏者と聴衆が頻繁に入れ替わるため、聴衆、演奏者、踊り手の間に垣根が存在していないことや、太鼓も踊りも全員でも個人でも行えること、言い換えると、目立ちたい人は思い切り目立つことができるうえに、集団で同じ動きをすることから生まれる一体感の共有も可能であることなども魅力の一端として挙げられよう。

つまり、アホワーシュは見かけ上の単純さとは裏腹に、老若男女を問わず共にかつ多面的に楽しむことができるよう工夫が凝らされた住民の叡智の結晶であるといえる。

ところが、アホワーシュの楽しみは、踊りや太鼓の打奏、歌だけに留まるものではない。実は、アホワーシュは故郷に残る若い女性にとって、自分の結婚相手を捜す絶好の機会でもある。きらびやかな衣装を身にまとった彼女達にとってアホワーシュは、久々に故郷に戻った青年も含め、多くの村人が注目をする中で自分の存在をアピールできる数少ない機会でもある。

他方で、長年出稼ぎに赴いていた老人にとってアホワーシュは、出稼ぎでの苦労を忘れられる、幼い頃から楽しんで来た数少ない趣味のひとつでもある。ハーッジは、脚が痛くて普段は短い距離を歩いたら後は終日家でじっとしているだけだったのにもかかわらず、一緒に故郷を訪れたときには、夜半に隣村から聞こえてくるアホワーシュの音にいても立ってもいられずに、筆者とともに山を越えてアホワーシュに向かったことがある。そして、その晩は大好きな小太鼓を思う存分叩けたものの、帰宅後、数日間起き上がることができなくなってしまった。

そんなハーッジたちのアホワーシュにかける熱意を目の当たりにして、アホワーシュがいかに大切なものなのか改めて強く印象づけられたものであった。未来の伴侶を思い描く若者にとっても、あるいは老境を迎えた者にとっても、アホワーシュは、人々の生活や人生を織りなすかけがえのないものである。

老若男女を問わず皆に開かれていて、これほどまでに多様な楽しみ方がアホワーシュにはあることを私が知ることができたのは、フィールドワークを通じて、故郷でのアホワーシュに参加をできたり、アホワーシュが大好きなハーッジなどの具体的な個人に出会えたからに他ならない。そして、彼らの楽しみ方の豊かさを思い起こすと、アホワーシュを民族、民衆、さらには宗教と結びつけて議論をすることは、研究者の問題関心のあり方や分析の仕方としてあり得るものであると思う一方で、それが果たしてどこまで有効なものなのか、あるいはそうした理解を提示することで、私たちに何がもたらされるのか疑問が生じてくる。

ハーッジとアホワーシュをめぐる語り

アホワーシュは、ハーッジのみならず、故郷に暮らす人も、都市に在住している人々も愛好している。そして、ハーッジはアホワーシュに関連して様々なことを語ってくれた。たとえば、故郷に残した家の台所には、ハーッジの手打ち太鼓が六つほど壁に引っ掛けて保管されていた。ハーッジと一緒に故郷に戻ったときには、これらの手打ち太鼓を指して、それらが非常に音の良いお気に入りのものであること、スース地方南部を旅したときにムーセム（祭礼）で購入した手打ち太鼓もあること、人に貸したら返さないので貸したりはしないことなどを教えてくれた。

故郷の村で開催されたアホワーシュの後に、大太鼓の叩き手が「まるでなっていない」とか、隣村のドリースは素晴らしい大太鼓の叩き手だとか、ハマド・ウ・ムフは手打ち太鼓の名手だけど、お金を欲しがってしょうがないとか、アホワーシュの演者についての寸評を示してくれたり、思いもかけずそこから脱線する人物評を示してくれたものであった。あるいはラバトの自宅では、私がアホワーシュのカセットテープをかけていると、「それはタタのアホワーシュだ。タタのアホワーシュはいいんだ」といったりしていた。またアホワーシュの開始時のゆったりとした太鼓のリズムを聞いて「アムドール」と一言だけ言葉を発し、あとは手打ち太鼓の叩き方を軽く真似したことがあった。アムドールとは、アホワーシュを開始する際に、会場を隊列を組んで周回することを意味する。その折の太鼓の叩き

図6-5　アムドールの様子

方は、踊りを伴った時の演奏とは全く異なったものなのである。また、フランスによる植民地支配から独立して間もない頃、故郷の友達と楽隊を結成し、スース地方をアホワーシュを演奏しながら旅してまわったことなども話題に上がった。

私は太鼓の名手であるというハーッジに手打ち太鼓の叩き方を教えて欲しいと頼み込んだことが何回かある。アホワーシュの小太鼓の演奏をここで聞いてみたいと頼んだり、小太鼓を打つのを学んでみたいから太鼓を打ってみてもらえないかと懇願したのだ。だが、「実際に大太鼓とか他の手打ち太鼓がないとできない」という返事で、素っ気なく断られてしまったものだ。本当に演奏している場でないと教えられないというのだ。また、アホワーシュについて知りたいので、教えて欲しいと頼んでも、説明らしい説明をしてもらうこともできなかった。つまり、ハーッジはアホワーシュに関わる具体的な出来事について語る一方で、それを改まって教えることはできないというのだ。こうした場合、アホワーシュについての理解を深めるためには、筆者の要望にこたえることに消極的なハーッジの説得をあきらめて、もっと能弁にアホワーシュについて説明してくれる人を捜す方が有効な方法となるかもしれない。

ところで、私は本章の冒頭において、現地の人の問題関心からフィールドワークについて考えてみることを提唱したのであった。このような現地の人の関心事から問題を発見しようとする姿勢は、日本を代表する民俗学者宮本常一の現地調査にも通じるところがある。宮本は、現地調査において、調査者が知りたいと思うことばかりを質問するのではなく、調査者の問題関心には沿わないことであったとしても、現地の人が語りたいと思うことがあった場合には、それを遮ることなく、思う存分語ってもらうことの重要性を説いているからだ（宮本　一九八六：六二―六九）。

実際、中東の人々は饒舌で話が上手なことでも知られているし、能弁な人が多いという印象を私も抱くことが多い。そして、ハーッジもまた話が非常に上手なことで知られていた。その能弁なハーッジがしかし、私の申し出に対しては言葉をさほど費やさなかったという点に私は注目したい。好きだけど語らない、語るとしても簡潔に語るに留まることをどう考えたら良いのだろうか。

「太鼓を教えて欲しい」という願いにハーッジが素っ気ない返事しかしてくれなかったことは、長年違和感を伴って記憶に残っていた。だが、改めてその時のことを振り返って思うのは、私は宮本常一の言葉も、ハーッジのことも十分に理解していなかったということだ。宮本は、現地の人が話したいことに耳を傾けろといった。ハーッジが話したかったのは、太鼓の叩き方などではなく、むしろ自分の太鼓の話であったり、隣村の太鼓の名手のことだったり、アホワーシュの楽隊を自分が組織して、独立間もない時期に村々を友人たちと旅して回った時のことだったのだ。これらの話を私はたしかに聞いていたが、しかし、太鼓を教えて欲しいというのは、私の問題関心であってハーッジの問題関心ではなかったのだ。私は研究・調査に対する義務感に対してばかり当時気持ちが向いていたのだと今にして思う。そのために、目の前にいたハーッジのことが見えていたようで、十分には見えていなかったのだ。

同時に、私は太鼓叩きを「教えるもの／学ぶもの」として捉えていた。それは、ピアノやヴァイオリン、あるいはギターを先生や音楽教室などで学ぼうとする発想に似たものだ。それに対して、そもそもハーッジは太鼓をそのような「教室」などにおいて、「教師」から「レッスン」や「授業」を通じて改まって教わったわけではなかった。あくまでも幼少の頃から日々の生活のなかで、友達や村人と楽しんでいるうちに身について来たものだ。そうした生活のなかで楽しみつつ自然と身についたものを体系的に教えろという要求をする私が間違っていたのだ。

ハーッジが亡くなってしまった今となっては、太鼓叩きを教えて欲しいと願い出た当時のことを本人に確認することはできない。だが、ハーッジを身近に知る人にどう思うかを確認してみることはできる。そこで、私はハーッジの家族のなかで太鼓好きのハーッジの血を一番受け継いでいると自他共に認める次女に聞いてみた。そうすると、私には意外な答えが帰って来た。私がアホワーウィーではないので、教えたとしても伝わらないから何も教えなかったというのだ。アホワーウィーというのは、すでに記したように、太鼓の音を聞いたら鳥肌が立ち、血が騒ぎ、いてもたってもいられなくなる人で、ほとんど精霊に取り憑かれたといって良いようなレベルで常軌を逸した人のことであった。次女によれば、そんなアホワーウィーにはベルベル人だといっても、誰もがなれる訳ではないし、普通のモロッコ人でもそんな人たちの血が騒ぐという感覚は理解できない。ましてや「血が冷めている」とハーッジたちからみなされていた筆者では、教えようとしても無理だとハーッジは判断したというのだ。

この言葉が果たして妥当かどうかハーッジに聞く術は今となってはない。だが、私はこうした評価があながち間違ってはいないと思う。日々の経験の中で楽しみながらアホワーシュを学んで育ったハーッジは、太鼓を手にとって無我夢中で叩く楽しさを体で感じていたはずだ。それに対して、私の方はどうであったかというと、アホワーシュに圧倒され、魅了される一方で、間違っても良いから太鼓を叩きまくってその場を楽しみ尽くそうとする姿勢を決定的に欠いていた。あくまでも私がイメージする研究者としての立場に固執し、場から一歩身を引いた姿勢を崩すことができなかったのだ。

さらに、この評価は、もう一つ大事なことを私に気づかせてくれた。私は先に、フィールドワークにおいて調査者が必要とする情報を有している人、饒舌に語ってくれる人を探すことについて記した。だが、当然のことだが、話をしてくれる相手もまた、私のような調査や研究に従事する者が、果たして語るに足る相手なのかどうかを見ている。私が本章の冒頭で記したハーッジの「生活実感」を大切にしたいという主旨に引き寄せていうならば、ハーッジは様々な経験について語ってくれることでその「実感」の一端を私に示してくれる一方で、アホワーウィーとしてのハーッジの技を私に伝えることはできないと感じていたのかもしれない。

おわりに――太鼓は誘う

本章では、ハーッジの生活実感からアホワーシュについての理解を深めてきた。本章を閉じるにあたって、アホワーシュについてハーッジが語ってくれたことと、私の申し出に応じることがなかったことの双方に注意を払って、アホワーシュについてさらに考えてみたいと思う。

まず浮かび上がるのは、ハーッジの語りは、現地のエリートが提示してくれるようなアホワーシュの全体像ではなく、むしろ太鼓にまつわる個人的なエピソードがその主を占めていたということだ。そこから分かるのは、彼の生活や生涯の経験という水準から一貫して語り続けてくれていたということである。あるいは個々の演奏者の人柄などについても語ってくれていた。それは、アホワーシュを「音楽」や「民族音楽」とみる研究者の視点からすれば単なる脱線にすぎない。だが、改めて振り返ってみると、そうしたエピソードは、アホワーシュが聞いて楽しむことに特化した「音楽」という一つのジャンルに止まらない広がりを有していることを示している。アホワーシュは現地の人々の生活のなかにしっかりと根を張ったものであり、多様な楽しみ方を人々に提供している。それは、商売や結婚や家族・親戚関係をはじめとした故郷の人々をつなぐ多様な出来事をめぐる知識や経験のひとつである。私はこれを「歌舞」と形容したが、この形容でもアホワーシュが開く多様な生活の楽しみを表現するには不十分である。

さらには、ハーッジ自身が礼拝を忘れてしまうくらいに、アホワーシュの太鼓の音にいても立ってもいられなくなってしまう話もあった。次女のアホワーウィーをめぐる話やハーッジについての評価もこの逸話に当てはまる。ハーッジは私とともに故郷に戻った折に、隣村から風に乗って聞こえてくる大太鼓の音を聞いて我慢ができなくなり、普段杖をついて歩くほどに足が悪いのに、足の状態を慮る私の危惧をよそに山を越えて隣村まで行き、一晩太鼓を叩いたのであった。ハーッジは、現地のエリートや海外の研究者が見事に示してくれるようなアホワーシュの体系的な説明はしてくれなかったが、彼が私に示してくれたのは、この、いても立ってもいられなくなるくらいにアホワーシュが好きだということのように思う。太鼓を教えるに足るアホワーウィーとしては私のことを評価できなかったかもしれないが、それはどうでも良いことで、むしろハーッジ自身のアホワーウィーぶりを身をもって示してくれたことの方がはるかに大切だったのだ。

体系的に示すというのは、アホワーシュを突き放して理解し、説明しようとする意志と思考があってはじめて可能になることだ。ハーッジもまた現地のエリートの説明を理解することができる。だが、そうした説明は、彼が教育を受けてこなかったから自分ではできないのではなくて、そもそもハーッジには必要ないものだったのだ。ハーッジにとってのアホワーシュをめぐる知は、モロッコ南西部のシュルーフのアホワーシュ全般に当てはまるような教科書的な知識、俯瞰的なイメージを与える知識ではなくて、逆にそうした体系的な知識を求める人からは不要と思われたり、余分と思われたりするような自分や家族、親族、同郷者の生活と結びついたものだからだ。それをローカルな知とか、生活知と呼ぶことも可能だろうが、このように表現することもハーッジの生活実感からは一歩引いた見方に他ならない。むしろ、ハーッジにとってはハマド・ウ・モフや自分の友人たちなどの具体的な人間関係の営みのなかでアホワーシュは捉えられているのであり、徹底して個別具体的な人や場、出来事と結びついているものであることが重要である。

故郷の隣村から聞こえてきた大太鼓の音に誘われていても立ってもいられなくなったように、アホワーシュに魅せられてアホワーシュを生涯楽しんだこと、言葉にすれば余りにも当たり前のことで、研究からは取りこぼされても仕方がないように思えることだが、ハーッジの「生活実感」に立つならば、最終的にはこの一点が重要なのではないかと思う。ハーッジは、教師のような立場に立って、教える―学ぶという教育的関係で成り立った「レッスン」として私に小太鼓の叩き方を教えることを拒否する一方で、健康を害することを顧みずにアホワーシュに参加したい、太鼓を叩きたいという情熱を身をもって示してくれた。太鼓に誘われたアホワーウィーぶりを余すことなく示してくれたことが、ハーッジの「生活実感」に最も近い、大切な行為であったのだと今にして思う。ハーッジと共有した時間は、本章でその一端を記したように、私にとっては研究について考え直すための参照点であり続けている。その意味で、ハーッジとの出会いに立ち帰ることは、私に新たな探求に向けた出発の機会を与えてくれている。

注

(1) ハーッジとは、イスラーム教徒（ムスリム）に課せられた宗教的義務のひとつであるメッカ巡礼を指す言葉であるのと同時に、メッカ巡礼を完遂した男性に対して用いられる尊称である。女性のメッカ巡礼完遂者には、ハーッジャという尊称が用いられる。

(2) ベルベル人とは、アラブ人が七世紀末に北アフリカに到来する以前から現地に住んでいた人々である。その分布域は北アフリカのみならず西アフリカにも及んでおり、トゥアレグ、カビールをはじめとした多様な言語集団がベルベル人のなかには含まれる。ベルベル人のイスラーム化は、アラブ人の到来以降、漸進的に進んだがイスラーム中世期以降にはベルベル系の諸部族が原動力となった宗教改革運動や、王朝建設運動が進み、北アフリカ、西アフリカ一帯のイスラーム化や「再イスラーム化」を主体的に担ってもきた。本章が対象とするのはモロッコ南西部スース地方などを主たる故郷とし、ベルベル系の言語タシュリヒートを母語とするシュルーフと呼ばれる人々である。

(3) 以上の部族、商業、社会関係、そして「聖者信仰」と呼び慣わされてきた研究主題について、筆者は別に研究を発表している（齋藤　二〇一八）。

(4) たとえば、吉田は、ギアツの現地の文化理解が必ずしも当事者たる住民の解釈や視点を基盤としたものではないことを詳細に明らかにしている（吉田　二〇〇五：六七―一二五）。

(5) ハーッジが生まれ育った村にはスース地方の他の村落同様、村の中にモスクがある。村の幼い子供達はそこで、フキーと呼ばれる宗教学者にアラビア語の初歩やクルアーンの手ほどきを受けることができる。そして、ベルベル語が流通している地域では、モスクではベルベル語でクルアーンなどの教えも伝授される。つまり、ベルベル語の流通する地域におけるモスクでは、子供のためにベルベル語での宗教教育と、アラビア語の初歩、クルアーン暗唱の初歩的な手ほどきが受けられるのである。

（6）本節、および「アホワーシュの魅力」の記述の一部は（齋藤 二〇一〇）に基づいている。

参考文献

ギアーツ、クリフォード 一九九一「『住民の視点から』――人類学的理解の性質について」クリフォード・ギアーツ『ローカル・ノレッジ――解釈人類学論集』梶原景昭ほか訳、九七―一二四頁、紀伊國屋書店。

齋藤 剛 二〇一〇「人生の喜びと楽しみを求めて――モロッコのベルベル人と民俗歌舞アホワーシュ」『フィールドプラス』三号：二〇―二一。

―――― 二〇一八『〈移動社会〉のなかのイスラーム――モロッコのベルベル系商業民の生活と信仰をめぐる人類学』昭和堂。

堀内正樹 二〇〇五「境界的思考から脱却するために――中東研究がもたらすもの」成蹊大学文学部国際文化学科編『国際文化研究の現在』一九―五〇頁、柏書房。

―――― 二〇一〇「はじめに」西尾哲夫・堀内正樹・水野信男（編）『アラブの音文化――グローバル・コミュニケーションへのいざない』七―一八頁、スタイルノート。

宮本常一 一九八六『旅に学ぶ』未来社。

吉田竹也 二〇〇五『バリ宗教と人類学――解釈学的認識の冒険』風媒社。

Abu-Lughod, Lila 1989 'Zones of Theory in the Anthropology of the Arab World', *Annual Review of Anthropology* 18: 267-306.

al-Gansānī, Aḥmad Būzīd 1996 *Aḥwāsh: al-Raqṣ wa al-Ghinā' al-Jamā'ī bi-Sūs*, al-Ribāṭ: 'Ukkāẓ.

Geertz, Clifford, Hildred Geertz and Lawrence Rosen 1979 *Meaning and Order in Moroccan Society: Three Essays in Cultural Analysis*, Cambridge: Cambridge University Press.

Gellner, Ernest 1969 *Saints of the Atlas*, Chicago: University of Chicago Press.

Horiuchi, Masaki 1997 'Between segmentation and de-segmentation: Sound expression among the Berbers in the Sous region (Southwestern Morocco)', *Cultures Sonores d'Afrique*, J. Kawada (ed.), pp. 93-119, Tokyo: Tokyo University of Foreign Studies.

Lortat-Jacob, Bernard 1980 *Musique et fêtes au Haut-Atlas*, Paris: Ecole des Hautes Etudes en Science Sociales.
Rovsing Olsen, Mairiam 1997 *Chants et danses de l'Atlas*, Paris: Actes Sud.

バリの火葬（2016年８月）

第七章　楽園の宗教と観光と私をつないだ食堂――バリ島の忘れえぬ恩人たちとの出会い

吉田　竹也

研究と人生の隘路の記述

濾過の手前の事実

私は、これまでインドネシアのバリ島と[1]、日本の奄美・沖縄でフィールドワークを行ってきた。学部生のときに奄美で人類学的フィールドワークの体験をし、そこから人々の価値観を基軸に社会や文化のあり方を記述・分析するというスタイルを学んだ。そして、大学院に入る際、豊富な民族誌的データの蓄積がある――また、価値観あるいは意味の理解／解釈を人類学的研究の基盤に据えるクリフォード・ギアツも関心を寄せた――バリの文化、とくにバリ人マジョリティの信奉するヒンドゥーを、研究テーマに設定した。修士論文では、バリ語のラメ（rame）が内包する意味や価値観に注目しながら寺院祭礼について考察し[2]、博士論文では、はじめての単著（吉田　二〇〇五ａ）を微修正し、バリのヒンドゥーに関する自身の研究をいったんまとめた。そして、その後、バリや沖縄など「楽園」のイメージを売り物とする「楽園観光」を次の研究テーマとした（吉田　二〇一三）。現代社会に関心があるため、社会学をはじめ周辺諸学の成果も取り入れながら（吉田　二〇一八）、最近はこの二つのテーマを融合し、バリと沖縄を事例とした楽園観光地の宗教と観光の関係について考察している。

このようにいうと、順調そうにみえるかもしれない。しかし、私の研究人生は順調とは程遠いものだったと自覚している。二十歳を過ぎて進学か就職かで悩み、大学を一年留年したが、踏ん切りがつかないまま、大学院に進学した。バリに留学し、大学院を満期退学したが、定職にはなかなか就けなかった。さらに、上述のバリ宗教研究の枠組みを固める過程においても、また次の観光研究へと切り替えをはかる過程においても、挫折感や行き詰まりを感じ、かなり苦しんだ。しかも、こうした呻吟の背後で、研究とは別に、家族に関する私的な困難も抱えていた時期があった。

以下では、この私的な面にもすこしだけ触れつつ——すこしだけ、というのは、それを軸にした記述をめざすなら、自伝や回顧録または私小説になると考えるからである——フィールドワークにおいて私が直面した行き詰まりと、そこからの脱出の転機となった出来事を振り返り、通常論文では触れることのない、研究上の逡巡や紆余曲折について述べることにしたい。

本章の背景にある問題関心について述べる。フィールドワークは、人類学という学問の研究の一部を構成する活動であると同時に、私というひとりの人間の人生の一部を構成するものでもある。この前者と後者の混ざりものを、いわば学術のフィルターを通して濾過し、学問体系に組み込まれるべき内容へと組成したものが、論文などの学術的成果であるといえる。しかし、「生き方としてのフィールドワーク」という観点から人類学的フィールドワークという営みについてあらためて省察する上では、その濾過の一歩手前にある、前者と後者との重なりや混濁した状況にあえて注目し、これをそれぞれの調査活動の固有性や生々しさを示す民族誌「的」事実として記述することが、ひとつの試論として成立するのではないか、と考えた次第である。この点で、本章の議論は、オートエスノグラフィーの一種といってもよいかもしれない（本書第九章注（2）参照）。

こうした問題設定もあり、以下では、私の研究の具体的内容については最小限の範囲で触れるにとどめた。関心ある読者においては、参考文献にリストアップした私の著書や論文に目を通していていただければ、幸いである。

忘れえぬかつ忘れて叶ふまじき人々

本章の記述のおもな舞台となるのは、バリ島の内陸にあって芸能と芸術で有名な観光地ウブド（Ubud）にある、とある食堂である。竹にちなんだ名前の店であったので、ここでは「竹屋食堂」と呼ぶことにする。最初の転機は、ここの従業員との何気ない会話のなかにあった。次の転機は、この食堂の従業員を含む、何人かの親しくなった飲食店従業員らとのやり取りの積み重なりにあった。私のバリ宗教研究と楽園観光研究は、おもに文献研究に基づき、これをフィールドで得られた情報と照らし合わせて考察したものであるが、飲食店・店舗・宿泊施設などで働く市井の人々――彼らは、ときどきの社会的経済的諸情勢に翻弄されながら生きる、弱い立場の人々であるといってよい(3)――との出会いと彼らとの無駄話が一定の質量まで蓄積することによって、はじめて実を結んだものであると思っている（「おしゃべり」の重要性については、本書第八章を参照）。バリの食堂とりわけ竹屋食堂は、私の研究人生をつないでくれた。これが本章のタイトルに込めた意味である。

副題についても触れておく。国木田独歩に「忘れえぬ人々」という短編小説がある（国木田　一八九八）。この「忘れえぬ人」とは、普通であれば忘れてしまうような人だが、なぜか忘れられない、風景の一点のような存在である。一方、「忘れて叶ふまじき人」は、世話になった恩ある人である。たとえば、親・知人・教師・先輩は後者である。前者は、いわば赤の他人に近い存在であって、忘れてしまっても義理人情を欠くわけではないが、しかし忘れることのできない人なのである。小説は、この「忘れえぬ人々」にこだわりをもつ大津という登場人物の語りと、彼が書いた「忘れ得ぬ人々」という小説原稿をめぐって展開する。この小説については、「風景の発見」という柄谷の秀逸な論考がある(4)（柄谷　一九八〇）。

人生においては、この二つのタイプの出会いがある。また、ふとした出会いのその後の経過の中で、「忘れえぬ人」が「忘れて叶ふまじき人」になることもある。ここでは、国木田の小説や柄谷の議論の文脈からは離れて、そうした出会いとそれがもたらしてくれたものについて、私の三十歳前から五十歳すぎまでの二十年強にわたる、バリ島でのフィールドワークでの経験をもとに、語ることにしたい。

目論見の挫折から研究の脱構築へ

後ろめたい調査地選択

私がはじめてバリを訪れたのは二十代後半、一九八九年の一月末であった。そのあと三度ほどバリに行き、一九九二～一九九三年には、七か月間ジャカルタの大学でインドネシア語を学んだあと、バリの州都の大学に移る手続き期間と聴講生としての在学期間を含めて一年強バリに滞在した。バリの主要滞在地はウブドであった。内陸部にあるウブドは、海岸部よりも涼しく、周囲に広がる田園や森林が心地よい、芸術を売り物とした観光地であった。ウブドの竹屋食堂との出会いは、一九九〇年の二度目のバリ旅行のときであった。店の名前を見て、入ってみたのである。泊まっていた民宿の近くにあり、安価であること、店の女主人に、滞在中毎日通ったら最後の日はタダにしてくれるか、と訊いたら、いいよといってくれたことから、私は常連客になった。その後も、ウブドに滞在すると、ときどき竹屋食堂で食事をした。三～四人いた店員とインドネシア語で話ができるようにもなった。

私のフィールドワークは、読者がイメージするような過酷な環境におけるものではなかった。選んだ滞在地は観光地であり、観光客向けの民宿や、現地人向けの安アパートを住まいに選び――このアパートの管理人が寺院司祭であったことから、情報収集を意図して引っ越した――、インドネシア人が通う食堂とくにパダン料理屋――西スマトラ地方の料理を出す――をおもに利用し、ときには観光者が利用する食堂やレストランに行き、パスタや日本食を食べていた。生活面でも情報収集の面でも大半のバリ人は親切であり、はじめて会う私ににこやかに話しかけてくれる人がおおかった。もっとも、外国人とのつながりがもたらすかもしれない経済的メリットに期待して、私に近づいてきた人たちも、なかにはいたと思われるが。また、当初は意識してあまり話さないようにしていた日本人とも、次第に交流するようになった。お金を貸して裏切られたり、不条理を感じたりしたことはあったが、異文化とのギャップやカルチャーショックに当たる経験は、浅い調査であったからか、あるいはインドネシア人と相性がよかったからか、ほとんどなかった。いまでは自国や海外の都市部や観光地における人類学的フィールドワークは当たり前になっているが、当時はローカルな農村での調査が基本という考え方があった。本書第二章を担当している川﨑さんからは、ニューギニアでの過酷なフィールド経験――食料は町で買った缶詰と米、マラリアの薬を三種類もち、ボートやカヌーで町から二日かけて調査地に行き、伸びた髪の毛を切ったらブラックマジックを恐れて地面に埋める、など――を聞いていた。それと比べれば、およそ私の現地体験は人類学のフィールドワークの王道あるいは理念型からはずれていた。そして、そのことにある種の後ろめたさも感じていた。

暗い見通しと日本への帰国

前節で触れたように、このころの私の研究テーマは、バリ宗教の実態の記述と解明にあった。バリ人の大半はヒンドゥー教徒である。彼らの宗教生活の具体は、神の恵みの下にある、花・植物・米など自然の素材から人々がつくった供物を神にささげる――舞踊や音楽も、人が神にささげる供物である――儀礼活動によって成り立っているといえる。先行研究においては、ある地域の特定の儀礼に関する詳細なデータを記述したものはあっても、特定地域の儀礼活動の全体を記述したといえる民族誌は存在しない。バリ人の宗教実践の総体がどのような供物や儀礼行為から構成されているのかは、先行研究では十分解明されていなかった。私がウブドという観光地を選んだのは、居心地のよさもちろんあったが、人々が観光によって獲得した利潤を宗教活動へと投入し、儀礼活動が活発に行われている状況がうかがわれたからであった。私は、たまに遠方にも足を運んだが、基本的にはウブドとその周辺地域で参与観察を重ね、当該地域の儀礼と供物のおおよその全体像と、そこに内在しているであろう構造的特徴を、司祭や旧王族領主層の知識や価値観に照らしてではなく、一般のヒンドゥー教徒の価値観に即して探究することを、自身の研究テーマに据えた。そして、まずは一定の成果と見通しを得るべく、バリに滞在し情報収集を行おうとしたのであった。

しかし、ウブドに滞在して半年を過ぎるころから、私は、自身のフィールドワークが失敗に終わるという暗い見通しをもつようになった。ウブドという地域の儀礼と供物の体系に関する詳細なデータの収集という当初の目論見は、私の能力をこえた作業であることがわかってきたのである。とくにそれを痛切に感じたのは、一九九三年の八月にウブド隣村で五年に一度行われる合葬（集団葬）の一部始終を参与観察したときであった。一次葬[5]と二次葬[6]を合わせて三週間以上におよんだこの一大行事では、多大な供物が継続的に作成され、それが何段階もの儀礼群において次々と消費された。それらの儀礼のなかには、夜中や早朝に設定されるものもあり、異なる儀礼がそれぞれ別の場所でほぼ同時に進行するということもあった。バリ人は家族のなかで作業を分担し合うが、私の場合はひとりであり、助手もいない。朝から夜までできるだけ儀礼の次第を参与観察しようとしたが、集団葬のそうした複雑で複合的な儀礼過程の総体をしっかり把握することは、不可能であった。私は、特定地域の儀礼や供物のおおよその全体像を把握するという、よく考えてみれば大それた目標を、諦めざるをえなかった。可能な範囲でその後も儀礼と供物や宗教認識などについて調べたが、研究テーマの修正や変更の見通しを立てられないまま、中途半端なデータを手にして、私はこの年の十二月に日本に帰った。

姉の死と転機の訪れ

私は、一九九三年度末に大学院を単位取得満期退学した。そして、いくつかの大学で非常勤講師をして食いつなぐことになった。バリに留学する前に約半年間滞在したジャカルタで知り合った女性との結婚手続きの進め方――これはこれで、さまざまな人に助けられ、また劇的な展開もあったが、ここでは言及を省略する――に苦心しながら、三十代前半となった私は、自身の研究の方向性について懊悩した。バリで集めたデータをもとに、暦や闘鶏などについての論文を書いたのち、自身が見聞し確認した現代バリ宗教の変化について何とか短めの論文をまとめたが（吉田一九九六）、ネタは尽きかけていた。

結婚したことで、経済的にはより見通しの立たない人生となった。精神的に落ち着いたかもしれないが、他方で、姉の病状が悪化し、私は看病でも忙しくなり、姉は力尽きて亡くなった。姉の死後一週間は、毎朝起きると泣いていたのを思い出す。それを止めてくれたのは妻のひとことだった。その後も、なぜ私ではなく姉が死んだのかという、答えの見つからない問いを考えていた。

それからしばらくして、わが子が生まれた。妻と子どもを抱え、私は非常勤をすこし増やしたが、それは研究の時間を削ることでもあった。それゆえ焦燥感も強まった。研究職に就くのは難しいかもしれない、と思いはじめたが、運よくそのあとに職が見つかり、三十四歳であった一九九八年の春に生まれてはじめて定職に就いた。四月の給料明細を妻とみて、これで食べていける、とインドネシア語で語り合った。私は、こうした生活環境の変化のなかで、相変わらず自身の研究の方向性を探しあぐねながら、夏に（ときに春も）二～三週間程度バリに通った。

さて、こうしたなか、一九九〇年代末に、本章のはじめに触れたひとつの転機が訪れた。もっとも、それが転機であるとわかったのは、あとになってからであったが。

その日、私は竹屋食堂で食事をしながら、従業員たちと何気ない会話をし、冗談をやり取りしていた。そのなかで、私が最初にこの食堂を訪れたときからの知り合いであったマデ[7]（当時二十代後半）という店員が、毎日お祈りを欠かさず実践している、と述べたのである。

バリ人のなかに、毎日お祈りをする習慣があることは知っていた。これはトリ・サンディオ（tri sandya）と呼ばれる。儀礼とは切り離された祈りだけを、朝、正午、夕方の一日三回、祈りの文言を唱えながら、線香・花・聖水を必要としないかたちで行う、というものである。儀礼の過程のなかで、供物をささげ、聖水を振って身を清めたあとに、みなで神に祈る、というのは、以前から存在し、広くバリ人ヒンドゥー教徒にみられる規範である。こうした祈りは、ムスポあるいはムバクティ（muspa/mebakti）と呼ばれる。一方、儀礼の文脈とは別に、個人として行うトリ・サンディオは、戦後のヒンドゥーの宗教改革運動のなかで確立され、バリ人社会のなかにある程度浸透していった新たな実践であり規範である。付言すると、この一日三回の祈りは、イスラームの一日五回の祈り（サラートと呼ばれる）を参照し、バリに招聘されていたインド人サンスクリット学者が考案したものであった（吉田　二〇〇五a：二五七—二五八）。この点で、トリ・サンディオの確立とその社会的浸透は、ムスリムが人口の大部分を占めるインドネシア社会のなかに組み込まれた、戦後のバリの宗教の特徴を如実に示す現象であった[8]。

このトリ・サンディオが浸透する程度は、地域によりまた人によってさまざまであった。自宅にある屋敷寺（sangah/merajen）——日本にある神棚や仏壇が大型化して屋敷地の一角を占めたもの、と考えればよい——で、家族とともにトリ・サンディオを行うと述べるバリ人は一定数いたが、そうした行為を自分はしないという者もすくなくなかった。普段は自宅でトリ・サンディオをするが、自宅の屋敷寺以外のところではしない、と述べる者もいた。マデをはじめ、この店舗の従業員は、いずれも住み込み従業員であった。自宅や家族を離れて観光地で世俗的労働に朝から晩まで従事する若者にそうした規範が内面化され、日々実践されていることを、私はこのときはじめてマデから知ったのである。

マデの周囲には、毎日そうした祈りをするという住み込み従業員はいなかった。ウブドの在住者や他の店舗の就業者にも訊いてみたが、やはりそうした祈りを実践する者の数はすくなかった。実家を離れひとりで暮らす者が、毎日欠かさず祈るというのは、かなりまれなケースであると考えられた。しかし、一部には、少数ながらトリ・サンディオをときどき実践するという者はいた。マデも、夕方の水浴び後に毎日するが、一日三回かならず祈るというわけでもない（付言すれば、インドネシアのムスリムがみな一日五回しっかり祈るわけでもない）。ただ、儀礼の過程のなかにおけるものを含め、祈りという神に直接向かい合う契機を、同時代のバリ人がヒンドゥーという宗教の核心にあるものと認識していることが、だんだんとわかってきた。それは、現代バリ宗教の変化の一端を如実に示すものでもあった。二十世紀後半以降のバリ人のヒンドゥーは、インドネシア人のマジョリティが信奉するイスラームとインドのヒンドゥーとを準拠枠とした新たな規範によって部分的に組み替わりつつあり、その浸透の程度は地域や人により相当な偏差をともなっている。現代のバリ宗教は、いわば「間接的イスラーム化を遂げたヒンドゥー」であって、一部の先行研究が論じるような「伝統的宗教」あるいは「バリ独特のヒンドゥー」として単純に理解されるべきものではない、と考えられた。

いま思えば図々しい話ではあるが、私は、マデらこの食堂の当時の女性従業員三人がともに暮らす店裏のちいさな

図7-1　マデの夕方の祈り

寝室——クイーンサイズの古いベッドひとつで三人が寝ていたと記憶している——に入れてもらい、マデが擦り切れたビニール紐とざるなどのありあわせの素材でつくった神棚に相当するものの前で、夕方行う彼女の祈りを見せてもらい、写真を撮らせてもらった。マデは「こうしてお祈りすると集中できて気持ちがいい。頭のなかがひとつ、つまり神だけになる」といっていた。彼女は、子どものころから父や祖父らに教えられて、毎日自身の屋敷寺で祈りをしていたことから、家を離れて働くようになってからも、その習慣をつづけてきたのであった。

研究の収斂とマデとの別れ

私は、このマデの祈りの実践を手掛かりに、同時代のバリ人が実践する祈りについて、ひとつの論文を書くことができた（吉田　二〇〇〇）。先行研究では、こうした儀礼の文脈から離れた個人的な祈りについてはまったくといっていいほど言及されていなかった。また、この祈りの論文をまとめる前に、供物をもちいた各種の儀礼のなかに一貫してみられる構造的特徴についても、論点をまとめた（吉田　一九九九）。姉の看病の傍らで書きながら、しばらく放置しておいた内容を、推敲したものであった。こうした作業を進めながら、留学帰国から十年近くかけて、私は、すこしずつ自身の研究を反省的にまた体系的に捉えることができるようになった。そもそも、儀礼に着目してバリ宗教を理解しようとする私の当初のまなざし自体が、先行研究がもつ「伝統的なバリ宗教」の理解を志向するひとつの偏向に、拘束されたものだったのではないか。同時代のおおくのバリ人は、多数の神々にたいして供物をささげる儀礼よりも、唯一神に対する祈りの方を重視している。そうしたバリ人自身の宗教理解や価値観と、先行研究における、また私自身もいったん取り込んだ、人類学的バリ研究における紋切り型の理解――バリのヒンドゥーを、インドのヒンドゥーと土着の要素とが混交した独特のものとして捉え、儀礼実践に着目して理解しようとする――とを対比しつつ、考察できないか。こうしたモティーフでまとめたのが、二〇〇五年に出版した拙書『バリ宗教と人類学』である（吉田　二〇〇五ａ）。

マデは、三十歳を過ぎたこの二〇〇五年、外国人経営の別の店舗に転職し、竹屋食堂からいなくなった。その後は会っていないが、結婚したとあとから聞いた。バリあるいはインドネシアの小規模店舗の従業員の場合、退職金などの制度はなく、人の入れ替わりも頻繁であり、他にも親しくなったが会えなくなったバリ人はたくさんいる。彼女は、私にとって「忘れえぬ人」であったとともに、「忘れて叶ふまじき人」ともなったひとりである。

観光地の宗教研究から観光地の研究へ

苦肉の策の新テーマ

すこし時間を巻き戻そう。私がバリで情報収集を行うようになった一九九〇年代は、観光地ウブドに来る観光者が増え、新しい店舗が立ち、道路が整備・拡張され、中心部において次第に田園風景が消えていく時期に重なっていた。そして、欧米系の観光者に比して日本人観光者の姿が顕著に増えていく時期でもあった。

私は、二〇〇〇年代に入って、『バリ宗教と人類学』をまとめる目途がついたころから、次の研究テーマを思案するようになった。とはいえ、ひとつの研究を全力でまとめている途中であるから、他のアイディアは底をついているに等しい状態であった。本来なら、しばらくは仕込みの期間としたかったが、コンスタントに研究成果を上げなくてはいけないというプレッシャーがあり、私はまさに追われるように次の研究テーマを模索した。とはいえ、頭のなかのストックは空っぽに等しい。以前からバリ観光には関心があり、観光が有力なテーマになると考えてはいたが、バリ観光と文化・社会との関係を論じた研究はすくなく、フィールドワークにおいて何から手を付けてよいかもわからなかった。

苦肉の策として考え出したのが、次第に増えはじめたウブドにおける日本人経営の店舗の実態を調べる、というものであった。観光者としてウブドを訪れ、この地を気に入った日本人が、ある者はバリに長期滞在し、ある者は日本に生活の拠点をおきながら、ウブドに店を構えており、その数は当初の想像よりもおおく、また増加傾向にある、と感じられた。二〇〇三年から、私は、観光地ウブドにどれくらいの日本人店舗があるのか、そこにどのような特徴があるのか、経年変化がどうであるのかを、調べはじめた。すでに十年来の友達となっていた日本人長期滞在者や、バリ人やインドネシア人の友人、新たに出会った日本人店舗開業者らに、情報提供者として協力を仰ぎ、差しつかえない範囲で、店舗の立ち上げから現状までを教えてもらった。友人を研究の題材にすることに、心理的な抵抗がなかったわけではないが、そのとき思いつく研究テーマはこれだけであった。幸い、友人たちは情報提供に協力的であった。しかし、それだけでは全体像は見えにくい。私は、観光地ウブドの中心部にある通りごとに、そこに何軒の店舗があり、どれが日本人の店舗か、その店舗の特徴は何か、を確認してまわった。途中からは、店の雰囲気などから、これは日本人店舗ではないかというカンも働くようになった。ただし、ジャワ人経営のお洒落な店舗などもあって、当たらないこともあったが。なかには、日本の飲食店で非正規労働に従事して帰国したバリ人女性が、日本語の果物の名のついたブティックを開業している、というものもあった。また、就労ビザや店舗の名義人（通常バリ人・インドネシア人がなる）などとの関係から、日本人が実質のオーナーであることを隠している店舗もあった。こうした点から、悉皆調査に相当するような克明な調査は、理由は儀礼や供物の調査とは別であったが、やはりなかなか難しいということも、わかってきた。それもあり、調べはじめたものの、この研究テーマがどのような論点に収斂してまとまるのかについて、当初十分な見通しはもっていなかった。

ともあれ、私は、バリ宗教に関する資料収集を主たる作業として取り組むことをいったん保留し、観光地の店舗の情報収集に一から取り組むことになった。調査スタイルも変わった。儀礼の調査は終わるまで付き合うのが基本であったが、店舗の調査では、接客で忙しい店舗もおおく、また初見の店舗においていきなりメモを取り出して訊くことははばかられたので、比較的短い時間でインタビューを行うようになった。そして、そのあとに道端で座ったり、カフェや食堂で飲食をしたりしながら、記憶を呼び起こしてメモ起こしをした。この日はこの通り、明日の午前は次の通りというかたちでデータを集めてノートに記録し、半日あるいは一日の成果を宿に戻ってまとめる、という作業を継続して行った。結果的に、こうした店舗の確認作業を、ひとつの区切りと考えた十年間、毎夏バリに行ってつづけることになった。

母の死と再度の転機

上記の新たな研究テーマに取り組み、若干の文献研究も行うなかで、日本人店舗の研究の方向性は固まっていった。一九九〇年代またはそれ以前からウブドに長期滞在するようになった日本人とその店舗を中心に記述し、彼らの店舗経営が、かならずしも利潤の追求を一義的な目的としたものではなく、むしろ居心地のよい「楽園」ウブドに生きるための生活の糧を得る手段としての性格を強くもったものであること、人によっては、儲からなくてもよいという感覚さえあること、むろん、なかには営利追及に意欲的な人々もいるが、彼ら比較的早くから在住する日本人の店舗経営は、総じて、利潤の追求という目的合理的行為としてよりも、むしろ自らの居場所であるとみなしたウブドに生きる上での価値合理的行為としてよりよく理解できること、(9) 以上がおもな論点であった。そして、この最後の点を敷衍しつつ、観光を、経済や産業よりも広い社会的文脈や当人のライフスタイルに位置づけて理解することが重要であるという視点を、もつようにもなった。

ところが、である。先述の最初の単著を出版し、またこの日本人店舗に関する論文をいったんまとめ(吉田 二〇〇五b)、観光を主題とした新たな研究に向けて本格的に取り組みはじめたこの年、私生活では苦難を抱えることになった。以前から心臓肥大と心房細動・不整脈、そして糖尿病を患っていた母に、癌が見つかったのである。年明けには、余命六か月という宣告を受けた。主治医との相談により、それまで服用していた血流をよくする薬をストップすることになった。この薬が癌細胞の増殖を促進するマイナス面と、脳梗塞を防ぐなど循環器におよぼすプラス面とを天秤にかけ、より深刻な癌への対処を優先したのである。結果的に、しばらくして母は深刻な脳梗塞を発症し、話すこともできず寝たきりとなった。医師の見立ての通り、余命宣告の半年後に母は亡くなった。二〇〇六年の七月の母の誕生日の約一週間後であった。私は、観光研究を主題として申請した研究費を得ていたこともあり、四十九日の法要は妻や父に任せ、八月にはバリそして沖縄方面に資料収集に行った。

同僚の考古学の教員からは、母が亡くなってしばらくして精神的にガクッとなることがあるから、気をつけて、といわれた。母の死から七〜八年経ったころ、読んで線を引いたりメモ書きしたりしてあるにもかかわらず、まったく読んだ記憶がない本を見つけ、この同僚の言葉を思い出した。おそらく、自分ではしっかり読んでいるつもりでも、頭にはまったく入っていなかったのである。

さて、母の死後、店舗の調査を継続して数年後、私に第二の認識の転機が訪れることになった。上で触れたように、バリで、私は店舗調査の合間に飲食店で休憩し、食事をし、メモ起こしをする、という作業をつづけていた。よく訪れる飲食店は、竹屋食堂のほかにもいくつかあった。そこでリラックスし、気分転換して、また幾分かの緊張感をもって店舗の調査に出かける、という作業を繰り返していた。しかし、私は、あるとき、自身が店舗に入るとき、調査と休息というかたちでオンとオフを切り分けていることを、自覚するに至ったのである。研究対象は日本人店舗であり、対比する上でバリ人やインドネシア人そして欧米人が経営・所有する店舗にも一定の注意を向けていたが、他方で、よく訪れる日本人経営の店舗（バリ人やインドネシア人の夫と日本人妻の店舗も含む）でも、のんびりすることはあった。私は、自分がそうした無意識の切り分けをしていることを、竹屋食堂をはじめとする飲食店従業員らとのたわいもない会話を重ねるなかで、強く認識したのであった。

振り返ってみれば、私は、そうした切り分けを、宗教が研究テーマであったときにもしていた。ときには深夜や早朝までにおよぶさまざまな宗教活動をできるだけ参与観察しようとしていた私は、竹屋食堂や他の飲食店、あるいは定宿で親しくなった従業員たちと交わす会話を「休息」と捉え、その前後にある宗教活動の参与観察やインタビューといった「仕事」に緊張感をもって取り組んでいた。むろん、そうした従業員から若干の情報を得ることはあったが、

図7-2　寺院祭礼で奉納音楽を奏でる(10)

彼らが、儀礼の場で出会う司祭や儀礼参加者らとおなじくバリ宗教のまったき担い手にほかならないということに、たとえばマデが、店では従業員だが、その裏手の寝室ではひとりのヒンドゥー教徒として振る舞っているであろうことに、思い至っていなかったのである。私は、フィールドワーカーとして、本当に未熟であったといわざるを得ない。

観光地の店舗を研究対象とするフィールドワークを重ねるなかで、私は、飲食店での知人たちとの会話を「休息」とし、調査対象の人々との会話を「仕事」とみなす構えが、まったく恣意的なものにほかならないことを痛感するようになった。オンとオフとはひっくり返り、両者の境は無意味となったのである。これは、私にとっておおきな発見であった。自身の前には、これまで見えていなかった、バリ人そして非バリ系のインドネシア人や外国人長期滞在者の、観光地に生きる人々としての生活の諸相があることが、あらためてすこし実感できるようになった。そして、彼ら外国人長期滞在者やバリ人・インドネシア人の店舗所有者も、竹屋食堂や他店舗の従業員も、彼らの店舗でつかわれる日々の供物を市場で売る女性たちも、あるいは観光地の主要な通りにときどきいる物乞いも、みな、ウブドあるいは広くバリという観光地が置かれた社会状況のなかにともに巻き込まれてある存在である、という認識をもつようになった。当初ウブドをフィールドに選んだときには、バリ人ではない人々をも含めたところで成り立つグローカル（グローバルかつローカル）なバリ社会を見るまなざしはもちあわせていなかった。私は、ウブドという観光地でバリの宗教文化について省察しようとしたその意図せざる結果として、ウブドという観光地社会と、そこに生きている宗教文化的には多様な背景をもつ人々をいかに捉えるかという、もうひとつの学術的まなざしをもつようになったのである。

華やかな儀礼の影に気づく

私は、ウブド周辺の宗教実態にたいしても、違った見方ができるようになった。ウブドをはじめ観光地やその周辺地域においては、華やかな儀礼活動が展開されており、その華美さには近年ますます拍車がかかっているように思われた。バリ人は、得られた経済的恩恵を可能なかぎり投入して宗教文化活動をラメにする。たとえば、マッキーンは、こうしたバリにおける観光化による文化の活性化を「文化のインヴォリューション」と名づけた[11]（マッキーン 二〇一八）。観光経済の活性化とともに、儀礼活動は豪華になってきたのである。

ただ、儀礼が華美で大掛かりなものになればなるほど、そこに投入される労働奉仕の時間や量もまた増えることになる。では、こうした宗教活動に費やすマンパワーは、どこから調達されるのだろうか。もちろん、家族で支え合うというのが基本である。しかし、観光地でよく見られるのは、従業員・使用人に世俗的労働を任せ、自身およびその家族は儀礼活動にある程度集中する、というパターンである。そして、通常、この従業員・使用人は、観光地化の経済的恩恵を直接十分に受けることがかなわない周辺地域出身の、中間層以下の人々である。つまり、バリ社会のなかに経済上の地域的偏差や階層的格差があるからこそ、もてる者はビジネスに必要な労働力をもたざる者の雇用によって調達できる、また、そうして余裕のできた家族成員のマンパワーとビジネスで得た利益とを宗教活動に投入できる、ということなのである。マデのような観光施設の住み込み従業員は、たまにある帰省の際をのぞけば、日常生活において儀礼実践に参画することはなかなか難しい。彼女らが宗教実践への関わりを最小限にとどめることに耐えて観光ビジネスを支えるというメカニズムがあるがゆえに、また、付言すれば、供物等を自分たちでつくらず一式購入するというアウトソーシングの発達にも支えられて、観光地化されたウブド周辺において展開する華やかな儀礼活動が成立しているのである。

こうしてみると、当初私が注目していた豪華な宗教活動を展開するウブド在住の人々の背後には、自身が望むような宗教生活を送れずに世俗的労働に励まざるを得ない、おおくの弱い立場の人々の影が浮かび上がってくる。宗教と観光のどちらを表にしてみるかで、現代バリ社会の甘美な一面と苦い一面とが、ポジとネガのように反転して見えてくる。

私は、観光、より正確には観光地社会を、中心的な研究テーマに据えた。日本人店舗の調査を始めたころは、ときにバリ式の正装をして寺院や儀礼に行っていたが、バリ宗教の参与観察から次第に足は遠のき、普段着のままで店舗や街頭で人々に話を聞く調査スタイルに移行した。そして、二十世紀前半の植民地時代における「楽園バリ」の成立から二十一世紀の現在にいたるまでの観光地化の過程をあらためて整理する作業にも、取り組んだ。二〇〇二年と二〇〇五年のバリ島南部観光地での爆弾テロ事件、二〇〇四年の鳥インフルエンザとインド洋大津波、二〇〇六年の中部ジャワ大地震、二〇〇八年のリーマンショックなどが影響し、バリ観光は十年ほど浮き沈みを繰り返していた。また、インドネシア政府の規制緩和・地方分権化を受けた全島的な観光開発の進展により、エコツーリズムという名を

図7-3　日帰りツアーの看板

冠してはいるものの、実態は営利追及にほかならない観光業が、バリの環境破壊を促進しているのではないかという懸念も、もつようになった[12]（井澤　二〇一七、吉田　二〇一一b）。戦後、スカルノとともに非同盟をリードしたインドのネール首相は、バリを「世界の夜明け」（the morning of the world）と呼んで称賛したが、二〇〇〇年代後半のバリ観光にはたそがれの様相すら漂っているようにも感じられた（吉田　二〇一一a）。

私は、観光という複合的でグローカルな産業がもつ潜在的なリスクを念頭におき、「楽園」という明るいイメージで捉えられる観光地が、いわば暗部を抱えているということを、バリだけではなく、沖縄をはじめとする島嶼の「楽園観光地」の事例にも触れながら描くという構想を、二〇〇〇年代末にもつようになった[13]。これをまとめたものが、二〇一三年に出版した拙書『反楽園観光論』である（吉田　二〇一三）。

コボとのつながり

竹屋食堂には、マデがいなくなった後も、たまに訪れた。ただ、知己の従業員はひとりだけになっていた。ここで食事をすることはまれになり、飲み物だけを注文して、彼女としばらく言葉を交わす程度になった。マデよりも二年ほど遅れて一九九一年からこの食堂で働きはじめた彼女は、出身地にちなんだニックネームで呼ばれていた。ここでは「コボ」と呼ぶことにする。コボは、このころ、私に会うと、一九九〇年代半ばころ頭痛がするといったときに私があげた軽い鎮痛薬で症状が治ったことを、いつも語って感謝していた。出身地は山間部に近い寒村であり、当時義務教育の小学校は卒業したが、中学には行けず、ある種の口減らしのために観光地ウブドで住み込み従業員となった。彼女からは、観光者が落とすお金で潤うウブドと、観光者が訪れることのない村との経済的落差の一端を、教えてもらった。二〇〇五年に父が亡くなる直前、彼女は、四十五万ルピアの月給から四十万ルピアを仕送りし、父の治療代の借金の返済に充てていた。粗末な小屋のような実家は雨漏りがひどく、父の葬儀に訪れたおおくの人々の前で遺体や供物が雨に濡れ、本当に恥ずかしい思いをしたと述べていた。彼女もまた、私にとって「忘れえぬ人」であるとともに「忘れて叶ふまじき人」でもあるひとりである。

竹屋食堂では、従業員が入れ替わり、コボの仕事は食堂の裏手の方が中心となり、彼女になかなか会えなくなった。それもあり、私の足は次第にこの食堂から遠のいていった。二〇一四年にひさしぶりにコボと会い、いらなくなった服を彼女の兄弟にあげたが、そのときも食堂に座って話すことはなかった。

さて、二〇一八年八月、この原稿の下書きを書いていた私は、思い立って四年ぶりにコボに会うために竹屋食堂を訪れた。彼女はまだ働いていた。いまは食堂の調理と裏の仕事を合わせて担当しているという。もうすぐ四十二歳になるコボは、足が痛いといって足の裏を見せた。固いこぶのようなものができていた。手術をしたがまだ痛い、という。歩くときもすこしだけ足を引きずっている。四年前に会ったときは、こうではなかった。朝から夜までずっと立ちっぱなしの仕事を、かれこれ三十年近くつづけていることの影響もあるであろう。先月、母が亡くなったという。ただ、父のときとは異なり、葬式は無事済ませることができたという。

食堂の女主人が店に入ってきた。彼女も私を覚えていたが、手を振っただけで、コボと強い口調で会話をし、怒ったように屋敷のなかに入っていった。気持ちの行き違いがあったようである。しばらくして、また私と向かい合ったコボは、今度来るときは時計が欲しいといって、腕時計のない左腕を私に見せた。日本で安いのを買ってきてほしい、古い友達だから、奥さんもわかってくれるだろう、という。

そのときは思い出せなかったが、十年近く前にも一度、おなじように腕時計が欲しいといわれたことを、宿に戻ってメモ起こしをしたときに、私は思い出した。むろん、また買ってもっていくことはできる。しかし、躊躇も覚える。竹屋食堂で、私は、コボにたいしてあいまいな返事をしながら、彼女がまだ結婚していないこと、彼氏もいないこと、家族の経済問題に苦労していることを聞いた。これから彼女はどう生きていくのだろうか。店を辞めさせられたりすることはないのだろうか。こう考えて暗い思いを抱き、そうした自分にも嫌悪感を覚えながら、私は竹屋食堂を後にした。

かけがえのない出会い

忘れえぬおおくの人々

人生のなかにはさまざまな出会いがあり、別れがある。フィールドワークは、学術的な活動ではあるが、同時に私の人生の一部分にほかならない。フィールドワークでの経験は、デスクワーク（文献研究）における発見と交差するばかりではなく、ひとりの人間としての私個人の固有な生ないし生き方とも交差する。ここでは、そうした、学術化

図7-4　民宿を営むグスティ家族と私（右端）（2019年８月）

され濾過される一歩手前の民族誌「的」事実の一端を記述した。

マデとコボという竹屋食堂の従業員の二人に縮約して、「忘れえぬ人」が「忘れて叶ふまじき人」ともなった、という出会いについて語ったが、今後、私にそのようなさらなる出会いは訪れるのだろうか。「忘れえぬ人」であれば、たくさんいる。ウブドで最初の定宿にした民宿の従業員で、客室の覗き見をして解雇され、別の民宿で働くニョマン、その宿の次の従業員で、大学を出ていまは病院で働き、その傍らでウブドで白タクもやっているワヤン、二〇〇〇年代の定宿の従業員で、女性としては遅めの三十歳過ぎで結婚し、美術館で売り子として働く、しっかり者のクトゥット、おなじころ頻繁に通った安価で人気のレストランで働いていた中年の星で、最近癌で亡くなったコマン、あるいは、ジャカルタ時代の友人で、現地人が行く売春街で女性と同棲し子どもをつくり、日本人の奥さんと別れて彼女と再婚したアリー、そして、いまの定宿を営むおしどり夫婦のグスティたち家族……。バリで知り合った日本人や、沖縄で出会った人々も含めれば、きりはない。そうしたなかのひとりに、最後に触れておきたい。

彼は、一九九二年ころにウブドで知り合いになったジャワ人であり、マデやコボとおなじくらい古い知己である。名前にちなんで、彼を「ハル」と呼ぶことにする。ハルは、私と年齢が近く、私の好物であるパダン料理をつくる料理人であった。当初、ウブドのとある食堂の一角でパダン料理を売っている彼と言葉を交わすようになったが、ある時期からその食堂はパダン料理の提供をやめ、彼の姿も見えなくなった。数年後、私はウブド近くのある寺院で毎日のように行われている闘鶏を参与観察しに行ったとき、屋台でバクソ（bakso; 肉団子入りスープで、ときに麺も入っている）を売っている彼に出会った。それから十年ほどしたのち、私が久しぶりに別の寺院にある闘鶏場に行ったとき、彼に再会した。このとき、彼は賭け事に興じていた。ウブドでちいさなバクソ屋をつづけているということであった。

予期せぬ出会いは残されているか

バリの宗教や観光を主題とするなら、彼のような観光産業に関わらないムスリムのジャワ人が、「忘れて叶ふまじき人」になることは、おそらくないであろう。しかし、他方で、彼のような非バリ系インドネシア人はますますバリそしてウブドで増えており、彼らがバリの社会や経済に直接的であれ間接的であれ、より重要な意味をもつようになっていくことは、間違いない。たとえハルが私にとっての「忘れて叶ふまじき人」とならなくても、彼のような存在とのいまは予見できない出会いが待っている可能性は、あるであろう。すくなくとも、今後バリでフィールドワークを行おうとする人類学徒にとって、ハルのような人との出会いが研究上の発見に結びつく可能性は、高いといえるであろう。

ただ、四捨五入して六十歳となった私にとって、そうした思いもよらぬ出会いとその後の展開が学術的な成果へと結びつくような機会が訪れそうな予感は、正直いうと、あまりない。二〇〇〇年代と違い、インタビューで聞いた大事な情報をあとで思い出せないことも、いまはおおい。日本在住二十四年となる妻の日本語力の向上と反比例して、私のインドネシア語力は下降線をたどるばかりである。大学業務で忙しくなり、心身ともに疲弊し、バリに滞在し情報収集できる期間もますます短くなっている。気力・体力・知力の衰えを感じる私が、いつまでバリでフィールドワークできるだろうか。そもそも、私はこれまでどの程度フィールドワークをきちんとやったといえるだろうか。

しかも、いまの私は、次の研究テーマを探して苦しむ状況に、ふたたび入りつつある。ただ、バリではもう次のテーマを見つけられないかもしれないという諦念も、若干ある。私自身も老いて変わったが、ウブドやバリも急速に変わっている。店がびっしり立ち並び、夕方を中心に交通渋滞が慢性化している現在のウブドは、もはや私が居心地のよさを感じた九〇年代のウブドからおおきく変容している。そうしたいまのウブドにおいて、新たな研究上の関心や接点を見つけることは、難しいかもしれない。

そうであるからこそ、ここでは、一九九〇年代から二〇一〇年代初めにかけてのフィールドワークと研究における紆余曲折のなか、世話になったバリ人との出会いについて振り返り、研究と個人的な生とを張り合わせた次元にあるそのかけがえのない事実の一端を、記しておきたかった。

附記　本稿は、二〇一九年度南山大学パッヘ研究奨励金I-A-2およびJSPS科研費19K12593の助成に基づく研究成果の一部である。

注

（1）インドネシア共和国は、南北千八百キロメートル、東西五千キロメートルをこえる赤道周辺の海域のなかに、世界最多の一万八千以上の島を擁する島嶼国家であり、三百以上といわれる民族を擁する多民族国家である。世界最大のムスリム（イスラーム教徒）人口を擁する国でもあり、人口約二億六千万人（世界第四位）の九割弱がムスリムである。なお、プロテスタントとカトリックは合わせて人口の約一割、ヒンドゥー教徒は二％弱である。ヒンドゥー教徒の大半を占めるのがバリ人である。インドネシアは、東南アジアで唯一のG20参加国である。貧困問題、階層間・地域間の格差、財政赤字などの懸案事項はあるものの、近年の著しい経済成長と今後もつづく人口ボーナスから、さらなる経済発展が見込まれており、日本からの投資や進出も拡大傾向にある。一九四五年八月十七日の独立・建国以来大統領制を採っているが、二十世紀末以降の民主化・地方分権化のなかで、大統領の権限は大幅に制限され、選挙で選ばれた議員によって構成される立法府の権限が大幅に高まった。立法府は、国政に関する諸事項を担う国民議会（DPR; Dewan Perwakilan Rakyat）と、地方に関する立法や財政を担う地方代表議会（DPD; Dewan Perwakilan Daerah）の二院制であり、この両者の合同機関としての国民協議会（MPR; Majelis Permusyawaratan Rakyat）が、大統領任命や憲法改正を行う体制となっている（村井・佐伯・間瀬［編］二〇一三）。

（2）「ラメ」は、複雑でにぎやか、華やか、満ちあふれた、といった意味の語であり、興奮、事物の過剰、トランスや闘鶏の激しさや盛り上がりなどをも含意する。バリ人の儀礼活動は、全体として、彼らが好む、これらさまざまな意味の様相をもったラメ的な事態を実現したものとなっている。人々は、手の込んだ装飾や彫刻で寺院を飾り、時間をかけて入念に色とりどりの美しい供物をつくり、できるだけ高価で見栄えのする一張羅の慣習衣装を着て、儀礼に参加する。儀礼の場は、おおくの参加者であふれ、司祭やリーダー格の指示の下、しかるべく儀礼的手続きが進められ、あふれんばかりの供物が神にささげられる。ハレの際の儀礼の場ばかりではない。バリ人は、普段から、各自の屋敷寺、村や親族の寺院の門や社・祠といった宗教施設を、さまざまな装飾・彫刻・彫金などでラメにする。修士論文は文献研究であったが、のちにバリで参与観察を重ねるなかで、人々の宗教実践がこのラメという語に縮約しうる意味や価値観を実現したものとなっていることを、確認することができた。

（3）私は、観光地化がもつある種の支配の構造――拙論では、「観光地支配」とも名づけた（吉田　二〇一六ａ）――に取り込まれ、そこに従属する人々を、「観光サバルタン」という概念で捉えたいと考えている。観光地化の恩恵を十分享受できない人々、観光の衰退やその危機に直面し未来への不安をもつ人々などが、ここでいう観光サバルタンの具体例である。

（4）柄谷は、近代日本における「風景」の発見や成立は「文学」の発見や成立と密接に結びついており、その時期をおおよそ明治二十年代に見て取ることができる、という。むろん、近代以前においても風景画や風景を主題化した小説はあった。山水画はその一例である。しかし、ここで柄谷が論じているのは、人間という主体が成立した後に、それを除外して残る背景としての「風景」それ自体を主題化するような、文学や絵画の成立である。しかも、そこにはある種の倒錯が看取できるという。小説「忘れえぬ人々」の大津は、孤独な内面をもち、自身の目の前にいる大切な人物――「忘れて叶ふまじき人」――には冷淡といえる人物として描かれている。そうした内面志向といえる人間において、どうでもよいような人物――「忘れえぬ人々」――が、逆説的にもかけがえのないものとして浮かび上がり、強い印象と記憶をもって捉えられる。この小説における「忘れえぬ人々」は、風景のなかに埋め込まれ、いわば人格を消去されて一般化されているからこそ、大津にとってリアルな存在となっているのである。柄谷は、たとえばルソーの『告白録』に端を発するアルプスという「風景」の発見など、西欧と日本のさまざまな文学や絵画等の例に言及しつつ、近代における認識の布置の転換について論じている（柄谷　一九八〇）。

（5）一次葬としての火葬には、個人葬の場合と集落共同の集団葬の場合とがある。火葬はもっとも費用のかかる儀礼であり、おおくの供物と聖水を用意し、盛大に――つまりはラメ（脚注（2））に――行われる。遺体（またはそのシンボルとなる木札）は、牛などの形の棺に入れられ燃やされることがおおい。その後、死者の霊のシンボルや遺灰そして神にたいして供物をささげ、祈り、これらを川か海に流しに行く。なお、火葬を行わず、埋葬のみという慣習の地域もある。

（6）二次葬は、火葬により浄化された死者の霊を祖霊神に転換するための最終的な儀礼である。三次葬までを行うこともある。儀礼の次第は一次葬と似ているが、すでに亡くなって二次葬を済ませたブラフマン司祭の霊が、当該の二次葬の対象である死者の霊をあの世に導く先導役となる点に特徴がある。

（7）マデ（Made）は、バリ人の二番目の子につけられる出生順名である。地域により名称は若干異なるが、第一子がワヤン（Wayan）、第二子がマデ、第三子がニョマン（Nyoman）、第四子がクトゥット（Ketut）であり、第五子以下はふたたびワヤン以下の順となる。以前のような子だくさんの家族は減っているが、ワヤンやマデはバリでもっともポピュラーな名前である。ただし、高カストの呼び名にはまた異なるルールがあり、ニックネームなどで呼ばれることを好む人々もいるので、みなが出生順名でたがいに呼び合うというわけではない（吉田　二〇〇一）。

（8）詳細については拙書を参照する（吉田　二〇〇五a）。一九四五年に成立したインドネシア共和国は、パンチャ・シラ（Panca Sila）という建国五原則を国是とした。その第一条項は、唯一至高の神の信仰であった。ムスリムがマジョリティを占めるインドネシア共和国のなかに組み込まれたバリ社会では、一神教信仰を重視するこの国の基本方針に沿って、ヒンドゥーを、一神教的枠組みをもったものへと改革していく動きが本格化した。ヒンドゥーが唯一神を信奉する宗教であるという教義と規範は、この戦後の宗教改革運動のなかで確立され、社会のなかに浸透していった。トリ・サンディオは、ヒンドゥーに唯一神信仰としての形式を付与するひとつの具体的な行為契機であった。なお、このパンチャ・シラを社会の基本原則とする国の方針は撤廃され、二十世紀末から二十一世紀初めにかけてのインドネシア民主化の流れのなかで、信教の自由があらためて保証されることになった。

（9）ドイツの社会学者マックス・ヴェーバーは、『社会学の根本概念』において、社会的行為を四つに分類できるとした。①ある予想を自分の目的のために合理的に利用する、目的合理的行為、②結果を度外視し、自分が重視する独自の価値（倫理的、美的、宗教的など）に基づく、価値合理的行為、③直接的な感情に基づく、情緒的行為、④身についた習慣による、伝統的行為、である。おおくの社会的行為はそれらの混交物であるというのがヴェーバーの認識であり、この点に留意しておく必要はある。付言すると、ヴェーバーとも親交のあった社会学者のジンメルは、そうした考え方の延長線上において、人々がたがいに関わり合うこと自体を目的としそこに価値を見出すような社会関係のあり方――彼のいう「社交」――に、社会的相互作用の「純粋」な形式を看取した。私は、ある行為が、ある目的や価値に照らせば合理的であっても、別の目的や価値に照らせば非合理的である、という点も重要であると考えている（ヴェーバー　一九七二：三九―四二、一九八九：四九―五〇、ジンメル　二〇〇四：六四、吉田　二〇一六b、二〇一六c）。

（10）寺院の内庭で、神にささげる音楽を演奏するこのガムランチームの中には、日本人と欧米人がメンバーとして入っている。寺院祭礼において、神聖な奉納舞踊の踊り手を日本人など外国人がつとめることもある。一部地域におけるこうした宗教活動の現状は、おおくの外国人を受け入れグローカルな観光地となった現代バリ社会のあり方を反映している。

（11）「インヴォリューション」は日本語に置き換えにくい語である。evolution は、通常「進化」と訳されるが、外向きの旋回を含意する語である。これにたいして、involution は内向きの旋回を含意する。マッキーンは、あるパターンをいっそうその方向に推し進めるような文化変化の動向を「文化のインヴォリューション」と呼び、バリでは、観光化との関連においてそうしたバリらしい文化への内旋が進んでいる、と論じたのである。ただし、マッキーンがバリの「伝統文化」とみなすものは、むしろ近代化の産物であると私は考えている。そうなると、それが内旋（内に向かう進化）なのか外旋（外に向かう進化）なのかは、二律背反的に確定できないことになる。こうしたマッキーンの議論にたいする私の評価は、当該論文の訳注で触れておいた（マッキーン　二〇一八）。

（12）二〇一二年に、バリ島の中部周辺の二万ヘクタール近い範囲の文化景観が「トリ・ヒタ・カラナの哲学のあらわれとしてのスバック体系」として、世界文化遺産に記載された。トリ・ヒタ・カラナ（Tri Hita Karana）は、神・人・自然の三者の調和を意味する。神がもたらす自然の恵みを人が受け取り、人がそこから供物をつくり、これを祈りとともに神にささげる、という三者の調和した関係が、ここに含意されているのである。また、スバック（subak）は、バリの水田等の水利を管理する自治的組織であり、農業に関連する儀礼や寺院の祭祀を担う宗教組織でもある。豊かな水田を特徴とするバリの文化景観は、そうした宗教や組織に支えられている。ただし、世界遺産記載後、おおくの観光者が世界遺産となった景勝地を訪れるようになり、この三者の調和が局所的に乱される実態も観察されるようになった。

（13）この暗部を描くという構想は、フーコーの「反科学」――科学の成立基盤や普遍的なものの設定可能性を根本から批判的に考察しようとする――や、廣重の「科学の体制化」――科学の発展が、産業社会や国家とくに軍事といった科学研究の外部と密接な相互関係の上にあるという、現代社会が抱える構造的な問題――を参照したものでもある（フーコー　一九七四、廣重　一九六五、二〇〇二、二〇〇三、吉田　二〇一三）。

参考文献

井澤友美　二〇一七『バリと観光開発――民主化・地方分権化のインパクト』ナカニシヤ出版。

ヴェーバー、マックス　一九七二『社会学の根本概念』清水幾多郎訳、岩波書店。

――　一九八九『プロテスタンティズムの倫理と資本主義の精神』大塚久雄訳、岩波書店。

柄谷行人　一九八〇『日本近代文学の起源』講談社。

国木田独歩　一八九八「忘れえぬ人々」（https://ja.wikisource.org/wiki/ 忘れえぬ人々）。

ジンメル、ゲオルク　二〇〇四『社会学の根本問題』居安正訳、世界思想社。

廣重　徹　一九六五『科学と歴史』みすず書房。

――　二〇〇二『科学の社会史（上）』岩波書店。

――　二〇〇三『科学の社会史（下）』岩波書店。

フーコー、ミシェル　一九七四『言葉と物――人文科学の考古学』渡辺一民・佐々木明訳、新潮社。

マッキーン、フィリップ・フリック　二〇一八「観光の理論的分析に向けて――バリにおける経済二元論と文化のインヴォリューション論」『ホスト・アンド・ゲスト――観光人類学とはなにか』ヴァレン・L・スミス（編）、市野澤潤平・東賢太朗・橋本和也監訳、一五三―一七八頁、ミネルヴァ書房。

村井吉敬・佐伯奈津子・間瀬朋子（編）　二〇一三『現代インドネシアを知るための60章』明石書店。

吉田竹也　一九九六「現代バリ宗教の変容論」『社会人類学年報』二二号：一五五―一六九。

――　一九九九「マトゥル・バンタン――バリ島のヒンドゥーの供物と儀礼」『アカデミア―人文・社会科学編』七〇号：三一一―三四五。

――　二〇〇〇「現代バリ宗教と祈り」『アカデミア―人文・社会科学編』七一号：一四三―一六七。

――　二〇〇一「ギアツのバリ文化統合論再考」『文化人類学を再考する』森部一（編）、九三―一三二頁、青弓社。

――　二〇〇五a『バリ宗教と人類学――解釈学的認識の冒険』風媒社。

――　二〇〇五b「バリ島ウブドの日本人店舗（1）――グローカルな観光地の一断面」『アジア市場の文化と社会――流通・交換をめぐる学際的まなざし』宮沢千尋（編）、一〇七―一三五頁、風響社。

――　二〇一一a「世界の夜明けのたそがれ――楽園観光地バリの明と暗」『アカデミア―人文・自然科学編』新編一号：一―三〇。

――　二〇一一b「バリ島のエコツーリズムの逆説」『島嶼研究』一一号：三五―四三。

――　二〇一三『反楽園観光論――バリと沖縄の島嶼をめぐるメモワール』樹林舎。

――　二〇一六a「楽園観光地の構造的特徴――シミュラークル、脆弱性、観光地支配」『島嶼研究』十七巻一号：一―二〇。

――　二〇一六b「ヴェーバー合理化論の基盤認識と人類学――客観性・因果連関・歴史の叙述」『アカデミア―人文・自然科学編』十二号：一―二一。

――　二〇一六c「バリ宗教の合理化論をめぐる再検討――ギアツからヴェーバーへ」『文化人類学』八一巻二号：三〇二―三一一。

――　二〇一八『人間・異文化・現代社会の探求――人類文化学ケースブック』樹林舎。

第三部　身のまわりから

ザンジバルに並び立つモスク（左奥）と教会（右手前）（2019年８月）

第八章　異文化表象の誤配と交響するフィールド

菊地　滋夫

Again, you can't connect the dots looking forward; you can only connect them looking backward. So you have to trust that the dots will somehow connect in your future.

二〇〇六年六月十二日、スタンフォード大学の卒業式における故スティーブ・ジョブズのスピーチ。同大学のウェブサイトより(1)。

点と点を結ぶ

わたしたちはどう生きるのか、という問題を考えるとき、かなり乱暴ないい方になるが、大きくいって二通りの捉え方がある。一つは、まずは将来の自分のあるべき姿や成し遂げたいことを設定して、その上で、そこに至るまでの道のりを計画するというおなじみの方法だ。もう一つは、最初から到達すべき地点が見えているわけではないけれども、身近にある、興味があることに夢中になって取り組むなかで、やがて未来の自分が姿を表してくるという考え方だ。フランスの人類学者、レヴィ＝ストロースの言葉を借りれば（レヴィ＝ストロース　一九七六）、前者は近代に特有な「エンジニアの思考」に、そして後者は人類にとって本源的な思考とされる「野生の思考」に似ている。

冒頭に掲げた有名な一節は、いうまでもなく、後者の思考を代表している。「先を見通すなかで、点と点をつなぐことなどできない。それができるのは過去を振り返ったときだけだ。だから、点と点はあなたたちの未来においてつなぎ合わさるのだということを信じなくてはならない。」アップルの創業者の一人、スティーブ・ジョブズによる「ハングリーであれ。愚か者であれ」で知られるスピーチの一節である。大学をドロップアウトしてからもしばらくは大学にとどまり、カリグラフの授業を潜って受講したことが、後にマックの多彩なフォントや字間調整機能の開発へとつながったという若き日のエピソードに言及しながら、今あることに取り組んでいくことがやがて実を結ぶことになるのであるから、それを信じていこうと訴えかけているのである。

ここでわたしが述べようとしていることも、後者のような認識枠組みにおいて語られる、一つの物語に過ぎない。あらかじめ明確な目的や目標を自ら主体的に選択して、意図なり信念なりをもって生きていくような「生き方」ではなく、むしろその真逆の意味における「生き方」である。「後になって振り返ってみたらこうだった」「後になって振り返ってみたら、点と点はこのようにつなぎ合わさった」としかいいようのない、後づけでしか意味づけられないような「生き方」としてのわたしのフィールドワークが、どのような経緯をたどり、どのような地点に流れ着いたのかについての報告と考察である。

そのなかでは、異文化を異質な他者として本質化し、支配の対象へと固定化する一方で、自らの優位性を繰り返し確認するような政治性を帯びたものとして批判的に理解されていた異文化表象が、二十一世紀初頭以降の日本の高等教育（大学教育）という文脈のなかで、どのような変遷をたどったのかについて見ていくことになるだろう。その際、この変遷を語る助けとなるのは、メアリー・ルイーズ・プラットの提起を受けて田中雅一が練り直した「コンタクト・ゾーン」であったり（田中　二〇〇七、二〇一八）、あるいは東浩記の「誤配」や「郵便的マルチチュード」ということになる（東　二〇一七）。これらの概念自体の検討が目的ではないが、「生き方」としてのわたしのフィールドワークが流れ着いた地点を見定める上では有用である。

オリエンタリズム批判の余波から

この物語の始まりは、一九七八年に出版されたエドワード・サイードによる『オリエンタリズム』(一九九三)を嚆矢とするポストコロニアル理論が隆盛した一九八〇年代から九〇年代に遡る。

先にも触れたように、この時代の異文化表象をめぐる議論は、フィールドワークとその産物としての民族誌が内包する権力性や政治的欺瞞を暴くことに重点がおかれていた。この議論においては、「異文化理解」という綺麗ごとを建前としながらも、結局のところフィールドワークを行うのは西洋世界やその延長としての先進国(文脈によっては日本も十分に含み得る)からやって来る人類学者に過ぎないのではないか、という点が強調された。また、そこから生み出される民族誌も、基本的にはそうした西洋的なアカデミズムの枠組みに準拠したものに限定され、調査対象とされた人々はたんなる「インフォーマント」に格下げされ、彼女/彼らの語りはあくまでも「データ」に過ぎず、その文化や社会についての権威ある陳述は、アカデミックな作法に習熟した人類学者によって独占されている、という語り口も当時の定番であった。要するに、一九二〇年代のマリノフスキ以来確立されたといわれてきた、参与観察を柱とするフィールドワークとそれに基づく民族誌からなる近代的な人類学の知の営みの根幹が、そっくりそのままラジカルな批判に晒されるという事態に直面することになったのである。

一九九〇年代前半から中盤にかけて大学院生であったわたしは、「東大の院生たちのなかには、事態を重く受け止めて、フィールドワークに行くことを断念した者がいる」といった噂話を幾度となく耳にした。そういった人々に実際に会って直接話を聞いた記憶はないのだが、その当時、そう考える者がいてもおかしくないと思わせるだけのリアリティが、受け止め方の濃淡はともかく、人類学を研究する当時の院生たちの間で一定程度共有されていたことはよく覚えている。物事を真面目に考える習慣のないわたしでさえ、無自覚なままに上述のような権力装置の不細工な一部に組み込まれるのはいやだな、という思いが脳裏をよぎったのは事実だ。それほどにまでオリエンタリズム批判のインパクトは強烈であり、その余波は軽視できない程度の影響力をもつものであったのだ。

だが、結局、わたしはたいして躊躇することもなく、やはりフィールドへ行くことを望んだ。オリエンタリズム批判に対する応答に関しては、本質主義に絡め取られることのないアプローチなどをめぐって、多少の考えがなかったわけでもないのだが、この点についての理論武装を固める作業に時間と労力を割くよりも、ケニア海岸地方後背地というフィールドに身をおいてみたいという思いが上回った、というのが正直なところであった。

このとき念頭にあったのは、サミュエル・ハンチントンによる「文明の衝突」論である（ハンチントン　一九九八）。資本主義と社会主義の対立に替わって、文明と文明、とくにイスラームとその他の文明が様々な軋轢や紛争を引き起こすと予見するこの議論は、東西冷戦が終わった安堵感が世界に広がる一九九〇年代初頭にあって、不気味な存在感を放っていた。もちろん、「このような議論こそは典型的なオリエンタリズムであり、イスラームを短絡的にテロリズムと結びつけて表象するものに過ぎない」として退けることは難しくなかっただろう。だが、わたしにはそれだけでは十分とは思われなかった。「イスラーム」と「非イスラーム」の人々が、おそらくは一千年以上の長きにわたって共生関係を築いてきた地域へと足を運び、その地に身を置いてみたかったのだ。文明の衝突とは異なる、もう一つの未来のビジョンをリアルに思い描くためには、どうしてもそうすることが必要だと思われたのである。

フィールドワーク、ケニア海岸地方後背地へ

「イスラーム」と「非イスラーム」の人々が一千年以上の長きにわたって共生関係を築いてきた地域のひとつ、それは東アフリカ・ケニア海岸地方である。アフリカのイスラーム研究で著名なトリミンガムの *Islam in East Africa* という著作には、イスラーム教徒が占める人口の多寡を示す地図が掲載されている（Trimingham 1964）。それを見ると、インド洋に面した沿岸部には基本的にイスラーム教徒が多数居住しており、ソマリアやタンザニア、モザンビークでは、さらに後背地や内陸部までイスラーム教徒が多数居住する地域が伸びていることがわかる。ところが、ケニアに限っていえば、沿岸部に隣接する後背地でさえもイスラーム教徒は非常に少数にとどまっているのである。

また、沿岸部のイスラーム教徒と後背地の非イスラーム教徒の間に衝突が絶えなかったかといえば、事実はまったく逆であった。基本的に両者は、宗教的にも文化的にも、そして経済的にも政治的にも共生関係を築き、長きにわたって維持してきたのである。ハンチントンが予見した衝突の未来とは異なる、もう一つの未来のビジョンを描くために、ここ以上にふさわしい場所を当時のわたしは知らなかった。

幸いなことに、当時、東京外国語大学アジア・アフリカ言語文化研究所の教授であった故・日野舜也先生が組織した科研費の調査隊の末席に加えていただいたわたしは、ケニア海岸地方後背地のカウマ社会に赴き、一九九三年から一九九五にかけての約二十か月にわたって人類学的フィールドワークに従事した。

調査に着手した当初の目論見としては、沿岸都市部に暮らすイスラーム教徒との関係に注目していこう、くらいのことしか考えていなかった。しかし、そうしたわたしの意図などお構いなしに、日々フィールドでは様々な出来事が起きる。自分が設定した研究テーマに固執するよりも、実際にフィールドで起きることや、フィールドに暮らしてい

図8-1　ケニア共和国海岸地方カウマ社会における憑依儀礼（1995年1月）

る人たちが関心を寄せていることに注意を払いなさい、という日野先生からいただいたアドバイスを心に刻み、カウマ社会で日々生起する出来事に流されるかのような、極めて受動的なフィールドワークがダラダラと続いていった。

成り行きで、現地の行政チーフを務める方のご家族に身を寄せることになったという背景もあり、この社会における様々な揉め事に関する情報にアクセスする機会が非常に多かった。揉め事の中身はというと、畑などの土地の境界線をめぐる紛争や、家族や親族内の不和が多かったが、後者に該当する揉め事では、少なからず「妖術」が絡んだトラブルが頻繁に起きていた。妖術はアフリカ諸社会を対象とした社会人類学的研究の古典的なテーマであり、膨大な先行研究が蓄積しているものであるだけに、わたしは手を出すまいと決めていたのだが、まさにそれは「実際にフィールドで起きることや、フィールドに暮らしている人たちが関心を寄せていること」そのものでもあった。結果的に、妖術については、想定を超える情報が集まるとともに、そこから先行研究を理論的に再検討せざるを得ない課題が浮上してくることになった。

イスラーム教徒との関係という部分では、やはり当初の目論見から多少ずれるのだが、憑依儀礼の在り方やその社会的コンテクストに注目していくことになった。カウマ社会におけるイスラーム教徒の人口は、せいぜい数％いるかいないかといった程度ではあったものの、イスラームに「改宗」する者はたしかに存在し、そのきっかけや経緯についての人々の語りを追っていくと、学校教育からのドロップアウトや、病院における治療の失敗などといった、西洋近代的な社会システムからの疎外という経験が、改宗の背景として浮上してくるとともに、そうした人々のかなりの部分は何らかの形で「憑依」に関連してくることが判明したからである。

そして、カウマ社会における憑依儀礼には必ず歌やコーラスが付随してくることから、後にわたしの関心は「歌と身体」あるいは「歌う身体」へと向かうことになる。また、この問題意識には続きがあった。ジャズなどに見られるようなアドリブはあるとはいえ、かなりの程度定型化されている「歌やコーラス」とは異なり、その場、その場で臨機応変に語られる「語り」に着目しつつ、「語りと身体」または「語る身体」を吟味してみたいという誘惑に駆られていた。人生において日々体験される諸々の出来事、それ自体としては相互に関連をもたないバラバラな雑多な出来事が、語るという行為を通して筋の通った物語として組織化されるとともに、その物語を（憑依霊のような得体の知れない他者の物語としてではなく）自らの物語として語る「ほかの誰でもない、このわたし」の誕生、つまり「語る主体」がいかなる機序により誕生していくのかという問題が次なる研究テーマとして構想されていた。だが、これについては問題意識を述べた小論があるのみで、その後はこれといった発展を見せることなく、現在に至るまで、宙ぶらりんなままとなっている。

なぜそのようになったのか。その最大の理由は、単純にわたしが途方もない怠け者だから、ということで間違いないのだが、少し言い訳をさせてもらえば、それはわたしの教員としての立ち位置の変化とも密接に関係している。次にそのことについて述べたい。

教室での挫折、再び「フィールドワーク」へ

上述の通り、わたしにとって一九九〇年代前半は、ケニア海岸地方後背地のカウマ社会に身を置いてのフィールドワークを実施した時期であった。その後、東京都内のいくつかの大学で非常勤講師を務めながら食いつなぎ、一九九七年からは、東京多摩地区にある中規模の私立大学に専任教員としての職を得た。フィールドワークでの経験に基づく妖術や憑依霊などをめぐる研究は、教員として学生たちに授業を行うことと並行して進められていた。

一九九〇年代半ばから二〇〇〇年代初頭の数年間に限っては、非常勤でも、専任でも、大学での授業はわたしにとってそれなりに充実感のあるものだった。大半の学生は真面目に授業を聞いているように見えた。また、各回の授業の最後には、必ず五分から一〇分程度の時間を取り、学生たちにリアクションペーパーを書いて提出してもらうのが常だったのだが、そこには素朴な感想や疑問のみならず、ときにはユニークな、あるいはハッとさせられるような鋭いコメントも書かれていた。これらのなかからいくつかの質問やコメントを選んで次回の授業でスクリーンに投影すると、学生たちはそれなりに興味深げに見つめていたように思われたし、前回の授業のリアクションペーパーに対してコメントを書く学生もいるなど、大人数の講義であっても、ささやかながら双方向的な学びが成り立っていたようにも見えた。いくつかの授業を合わせると毎週二百~三百枚にも及ぶリアクションペーパーに目を通していたはずなのだが、わたしにはまったく苦にならなかった。

このように少なくとも表面的には充実しているようにも見えた教員としての仕事であったのだが、そうした日々は長く続くことはなかった。まず、二〇〇〇年代に入って間もなく、本務校で担当していた授業にその兆候が表れた。学生たちの集中力は目に見えて低下し、遅刻や欠席が目立ち始めた。出席している学生の反応も芳しくなくなり、ほ

かの学生がリアクションペーパーへの興味も次第に失われていった。私語や居眠りも目立つようになった。

ちょうどこの時期は、いわゆる大学全入時代の幕開けと重なる。大学への進学率が日本全国では五〇%に達し、首都圏では七〇%以上にもなったのである。背景としては、一九九二年をピークに日本の十八歳人口は減少していったが、大学は逆に三百校近くも増加したことがある。こうした流れのなかで、地方の私立大学や短大には定員割れを起こす大学が増えていき、その波はほどなく首都圏にも到達した。わたしの本務校もその波をかなり早い時期にかぶることになった大学のひとつであった。

元々わたしは公募により一般教育の文化人類学担当教員として採用された身であった。しかし、学生募集が低調になっていた英文学系の学科が、英語に加えて中国語を学びの柱に据え、読む・書くのみならず話す・聞くにも力を注ぐ、国際コミュニケーション学科へと改組された二〇〇五年、わたしもその学科に異動することになったのだ。そこでは「異文化理解論」などの授業を担当することになったのだが、ここでも授業での苦戦は続き、状況は悪化の一途をたどっていった。私語や居眠りどころか、授業中に平気で立ち歩く学生さえ現れるようになっていた。学生の学ぶ意欲を引き出し、興味をもたせようとするわたしのささやかな試みはことごとく失敗した。

何度注意しても私語を繰り返す学生に教室からの退出を命じ、彼が教室を出た直後に涙がこみ上げてきたこともあった。教室から追い出されるべきなのは、明らかに彼ではなかったのだ。どう見ても、わたしは教員としての限界に直面していた。

だが、学科としても、このような状況に手をこまねいていた訳ではなかった。教室で行う旧来型の講義が完全に行き詰った状況を打開する方策のひとつが、その名も「フィールドワーク」という授業であった。当初二年生以上に配当された選択科目としてのフィールドワークには、国外および国内で活動するいくつかのクラスが用意され、わたしもそのひとつを担当することとなった。行き先は当然のごとく東アフリカであったが、治安上の問題からケニアへ行くことは断念し、タンザニア連合共和国の一部を構成するザンジバルを訪れることとした。この授業が開講されたのは、二〇〇六年のことである。

わたしには、教員としての力量不足ゆえに教室内では実現できなかった異文化理解のための学びが、フィールドでならより直接的に、そしてよりインパクトのある形で実現できるのではないかとの期待があった。教室における挫折からの起死回生を図るべく、学生たちとともにザンジバルというフィールドと新たに出会うことになったのだ。

ザンジバル

ザンジバルへは、成田空港から飛行機を乗り継いで、丸一日がかりで到着する。奴隷貿易やクローブなどのスパイス産業で栄えた過去をもち、世界遺産に登録されているストーン・タウンに代表されるように、今日では観光産業に力を注ぐ島である。二〇一八年から公開され、世界各地で大ヒットした映画『ボヘミアン・ラプソディー』の主人公であるフレディ・マーキュリーの出生の地でもある。イギリスの人気ロック・バンド、クイーンのボーカルであったフレディは、パールシー、すなわちインドに住むペルシア系ゾロアスター教徒の両親の下にこの島で生まれた。しかし、ザンジバルの宗教人口はというと、イスラームが全体の九十数%を占めている。

けれども、一時間足らずで一回りできるほどの広さしかないストーン・タウンを歩いてみればわかるように、街には幾多のモスクと並んで、アングリカンやカトリックなどのキリスト教の教会のほか、ヒンドゥー教の寺院もあるなど、ここには異なる宗教が並び立つ風土が存在している。ザンジバルには、ケニア海岸地方でフィールドワークを行なっていた時期の後半に、妻とともに訪れた経験があるほか、一九九八年には故・大塚和夫先生のお供をして来たことがあった。大塚先生の著作『いまを生きる人類学』（二〇〇二）にも記されているように、インド洋を媒介とした多種多様な人々の交流を経て、ここには主流のスンナ派のシャーフィイー学派だけでなく、シーア派や、さらにはイバード派やボホール派などの小さな宗派も共存しており、中東諸都市における宗教のあり方とは鮮明な違いを示している。

ザンジバルを訪問先とする「フィールドワーク」の授業を選択した学生たちは、『ザンジバルの笛』（富永　二〇〇一）を読み込むなどして、現地の歴史や文化についての事前学習を行い、往復十日間の短い旅に出た。この授業に着手した二〇〇六年時点での教育目標は、現地の文化に触れることで、アフリカに対するステレオタイプ化されたイメージを打ち破り、それまで抱いていた世界観を再想像／再創造することとした。

だが、この授業は初っ端から大きな困難に直面した。履修希望者がなかなか集まらなかったのだ。貧困、紛争、HIV／AIDSをはじめとする危険な感染症。先進国による援助の対象でしかない地域。まさにこうした「アフリカに対するステレオタイプ化されたイメージ」が立ちはだかったのだ。海外で実施する「フィールドワーク」の授業には、ヨーロッパ、中国、東南アジアへ出かけてゆくクラスもあったのだが、そのなかにあって、ザンジバルはダントツの不人気クラスであった。費用的には、ヨーロッパで実施するプログラムよりも少し安いくらいであったにもかかわらず、である。

それでもどうにか初年度は男女三名ずつ、合計六名の履修者がいた。といっても、滞在中、彼女／彼らは文化人類学的な調査という意味でのフィールドワークを行ったのではなく、ストーン・タウンの人々と拙いながらも英語を使って会話を試み、たわいのないおしゃべりを楽しみ、あるいは浜辺でサッカーに興じるなど、それなりの交流を経験して、それぞれの思いを胸に帰国の途に就いたのである。後日、学生たちに提出してもらった報告書には、経済的には豊かとは言い難いザンジバルの人々が、だからといってけっして不幸そうには見えず、むしろ現代の日本人よりもはるかに幸せそうに、互いに助け合いながら暮らしている様子に目を奪われた、といったことなどが記されていた。ささやかながら、そして学生によって程度の差こそあったにせよ、学生たちは現地の文化に触れ、そこから自らの問題意識――たとえば、〈幸せ〉とはいったい何なのか――を見出すことができたのである。

これを第一歩として、ザンジバルでの「フィールドワーク」は、年を追うごとに参加者を増やしていくことになる。学生間の口コミに加えて、ツイッター、のちにはインスタグラムなどのSNSがそうした流れを加速させる要因にもなり、二〇一〇年代になると、ついにザンジバルは外国へ出かける他のクラスを上回り、最も多くの学生を惹きつける人気ナンバーワンの座を不動のものとするまでに至った。実際、二〇一九年の時点で、ザンジバルに渡った国際コミュニケーション学科の学生は、リピーターも含めると、延べ人数で実に二百二十七名に達している。日本の一つの大学の学生が、十年余りの期間にこれほど多くアフリカに渡ったことなど、かつてあっただろうか。

その過程で、学生たちが異口同音に指摘していたことがある。そのひとつは、現代の日本社会においては、人々は「心の壁」を築いてしまい、その結果、本心からいいたいこともまともにいえないような息苦しい閉塞状況に追い込まれているということである。傍目には気楽そうに見える学生たちであっても、不可視の同調圧力のなかにあって、その場の「空気を読む」ことを強いられ、危ういバランスにある人間関係を壊さないように細心の注意を払い、息を殺して生きる術を身につけてしまっている。そうした苦しさを学生たちは「心の壁」という言葉で表現していた。

また、このことと背中合わせに、もうひとつのことが語られていた。それは、ザンジバルでは初対面の人であっても、「心の壁」など存在しないといわんばかりに、そして、あたかも旧知の友人であるかのように語り合うことができる、ということであった。現代の日本であれば、初対面の者同士が、互いの家族や仕事、将来の夢などについて語

図8-2　ストーン・タウンの通称ジョーズコーナー付近（2017年12月）

り合うなどということは、よほど特殊な状況でもない限り起こりえない。ところが、ザンジバルでは、何の変哲もないごく普通の日常生活のなかで、初対面の者同士が、気軽に挨拶を交わし、おしゃべりを楽しむことはごく当たり前のことであるし、家族や仕事といった話題はとても一般的なものであるのだ。日本からやって来た学生たちは、現地の人々との楽しいおしゃべりに巻き込まれ、夢中になっていく。中学や高校から大学まで、英語力のなさを常々思い知らされてきたはずなのだが、学生たち自身がいつの間にか「心の壁」を乗り越えてしまっていることに、大いなる喜びとともに気づき、驚くことになる。

迷路のように道が複雑に入り組んだストーン・タウンの街中には、ほとんどどのストリートに誰でも腰を下ろして寛ぐことのできる「バラザ」と呼ばれる腰掛けのような場所がある。学生たちにとって、バラザでの出会い、すなわち国籍はもちろん、文化や宗教、言語なども含めて背景がまったく異なる多様な人との出会いは極めて新鮮であり、そのような経験を通して、彼女／彼らはそれまで思いもよらなかった視点から自分自身を見つめ直すことができたのである。その意味では、アフリカに対するステレオタイプ化されたイメージを打ち破り、それまで抱いていた世界観を再想像／再創造するというだけにとどまらず、そうやって獲得された新たな世界観とともに、自分自身をも再想像／再創造することができたのだ。私語や居眠り、立ち歩きが横行する教室では見たことのない、学生たちの眩いばかりに輝く表情の秘密がここにあった。

教員が学生たちに向かってあれこれ講釈して教え込もうとする不毛な試みを放棄せざるを得なかったとき、学生たち自身がしばしば教員が想定する以上のことを学び得るのだということに、やっとわたしは気づくことができた。それどころか、教員は学生たちから学ぶことさえできるのだということに、遅ればせながら気がつくことができたのである。

コンタクト・ゾーンにおける異文化表象の誤配

ところで、ザンジバルで実施される「フィールドワーク」において、いったいどのようなことが起きているのだろうか。ここで想起されるべきなのは、冒頭に述べたオリエンタリズム批判である。フィールドワークを躊躇させるほどの影響力をもち得たこの議論にあっては、人類学的フィールドワークに基づいて書かれた民族誌における異文化表象は、異文化を異質な他者として本質化し、支配の対象へと固定化する一方で、自らの優位性を繰り返し確認するような政治性を帯びたものであると断定されていた。ザンジバルを訪れた学生たちも、オリエンタリストの成れの果てに引率された挙句にこれに加担し、結局は同じような認識へと絡め取られていっただけなのだろうか。

このことを考える手がかりとして、ここでは、田中雅一による「コンタクト・ゾーン」、そして東浩記の「誤配」及び「郵便的マルチチュード」をめぐる議論を参照することとしたい。

さて、田中によれば、コンタクト・ゾーンとは、元々は、植民地支配の辺境を示す用語としてメアリー・ルイーズ・プラットが提起した概念である。そこでは、支配する側と支配される側の間に権力の非対称性がありながらも、両者の間には様々な相互交渉があることが強調される。また、コンタクト・ゾーンは、かつての植民地支配が一応は終わりを告げた後の時代、すなわちポストコロニアルの状況において、そしてグローバリゼーションが進行する状況で、いたるところに出現している（田中　二〇〇七：三一―三二、二〇一八：一四七―一五四）。

前述のようにタンザニア連合共和国の一部を構成するザンジバルは、かつてはイギリスの保護領であり、その前はオマーンの王権の支配下にあった。二十一世紀の今日でも、ザンジバルと日本の間に、何らかの意味での（たとえば、援助する側とされる側といった）権力の非対称性を見出すことは容易いかもしれない。しかし、これがコンタクト・ゾーンであり、両者の間に相互交渉があることを認めるならば、ザンジバルはたんに先進国から援助の手が差し伸べられるのを待つだけの哀れな存在ではけっしてない。

さらに田中は、中心世界の連中が、植民地の慣習を否定・破壊するどころか流用や模倣することさえ生じるとし、その具体的な事例として、北米先住民のサン・ダンスに影響を受け、身体加工を徹底していくモダン・プリミティヴの実践を紹介している（田中　二〇〇七：三六―三八）。だが、少し考えてみれば、こういった事例はそれほど例外的ではないことがわかる。北米の例でいえば、二十世紀以降大きく発展していくことになるジャズやロック・ミュージックのルーツには、アメリカ合衆国深南部のアフリカ系アメリカ人たちによるブルースがその重要な一部となっていることはよく知られているし、そもそもアメリカ合衆国の建国理念でもある民主主義や連邦制にモデルを提供したのは先住民イロコイの連邦制度であるとの歴史学的研究もある（グリンデ他　二〇〇六）。だとすれば、ザンジバルの人々が、日本からやって来た学生たちやその引率教員に、何事かを気づかせ、教え、場合によっては流用や模倣を促したとしてもまったく不思議ではない。これらのことを否定して、そのようなことは起こり得ないと考えることこそが、非対称的な関係の行使にほかならない。ザンジバルで実施される「フィールドワーク」をめぐる事態は、オリエンタリズム批判において想定されていたほど一方的ではないということを確認しておきたい。

次に参照するのは、東浩記の「誤配」及び「郵便的マルチチュード」である。

東は著書『ゲンロン0　観光客の哲学』（二〇一七）において現代世界とその思想的課題を次のように整理する。すなわち、一方にグローバル化の思想的表現としてのリバタリアニズムがあり、他方には排他的なナショナリズムの表現としてのコミュニタリアニズムがある。前者には動物的な快楽の追求があるだけで、そこには他者への寛容を説くような普遍的な善はもはやなく、後者にはイギリスのEU離脱やアメリカ・ファーストを掲げるトランプ政権に見られるような共同体の善しか存在しない。この状況を打開し、他者との連帯という普遍的な善を取り戻す可能性を秘めたものとして位置づけられるのが、これまで哲学者たちからまともに相手にされてこなかった「観光客」である。

また、マキャベリやスピノザ、最近ではネグリとハートによって用いられている「マルチチュード」という概念をさらに拡張し、東は「郵便的マルチチュード」という言葉を提出する。ここでいう「郵便的」とは、デリダの「誤配」を手掛かりに東が創出した概念であり、郵便物が宛先に正しく配達されない事態や、それをより一般化して、想定外のコミュニケーションが生じる可能性を指し示す。そして、彼は、国家という共同体を超えて浮遊する観光客こそが郵便的マルチチュードなのだという。観光客は旅先で出会う人々と連帯することを想定して旅行に出かける訳ではないのだが、旅先でたまたま立ち寄った美術館や土産物屋で出会った人々との交流を経験してみると、そこには連帯があったような気もしてくる。このように、コミュニタリアニズムでは退けられる他者との連帯の可能性が、観光という回路における想定外の「誤配」を通して取り戻されていくというのである。

近代以降の世界の秩序とは、世界の中心が周辺を支配する形で世界が分節化され、中心と周辺の非対称性によって特徴づけられるものである。このような見立ての下で想定されるのは、ザンジバルを訪れる学生たちは、現地の人々の貧しい暮らしをかわいそうと思ったり、学用品や靴などの支援を申し出たり、子どもたちに何かを教えてあげようとする、といったところだろう。このいい方には何ら誇張はなく、事実、ザンジバルから帰ってきた学生たちは、しばしば「向こうでは何のボランティアをして来たの？」といった類の質問を投げかけられることになる。国連安全保障理事会の常任理事国入りを悲願とする日本政府は、合計五十か国を超えるアフリカ諸国を大票田とみなし、長年にわたってアフリカ諸国を援助の対象として位置づけてきた経緯があるため、アフリカ＝援助の対象という見方が、現代の日本において繰り返し刷り込まれてきたことを考えれば、ザンジバルから帰ってきた学生たちがそのような目で見られるのは、むしろ当然のことでさえある。

それゆえ、最悪の場合、ザンジバルでのフィールドワークが、そのような植民地主義的なプログラムになってしまう危険性は大いにあり得た。しかし、実際には結果はまったく異なっていた。観光ビザを取得してザンジバルを訪れた彼女／彼らが行う「フィールドワーク」の中身とは、バラザでの出会いとおしゃべり――授業のシラバスでは格好をつけて「コミュニケーション実践」と表記しているが、要するに「おしゃべり」である――に尽きるのであった。そして、そこでできた人間関係というある種の連帯は、しばしばSNSを通して帰国後も続くことになる。「連帯があったような気もしてくる」といった程度ではなく、まさに連帯が実感されるような関係性が構築されるのである。学生たちは、ザンジバルの人々、とりわけ同世代の若者たちの積極的なコミュニケーションや、人生に対する前向きな姿勢に圧倒され、自らを省みて、それまでほとんど想像することのなかった新たな自分の可能性を模索していく。かつてのオリエンタリズム批判が想定していた異文化表象とはまったく異なるものがまさに「誤配」されているのだ。

もちろん、以上のような見方に対しては、「ザンジバルを楽園として理想化し、本質化しているのではないか」という批判もあるかもしれない。つまり、そのような見方こそオリエンタリズムそのものではないか、という批判である。たしかに、ザンジバルをそのような画一的なイメージに閉じ込めてしまいかねない危うさは常に存在している。それゆえ、担当教員としては、ザンジバル社会が直面する政治経済的な課題への注意の喚起も必要であるし、現地の人々が「生まれつき素朴で優しい人たち」（≒「高貴な野蛮人」）であるといった古くからあるステレオタイプに陥ることのないように、アフリカに広く見られる相互扶助の伝統や、その実践が半ば必然的に求められる社会的背景についての説明を怠らないようにしなくてはならない。だが、こうした留意点はあるものの、すでに述べたように、息苦しい「心の壁」の時代を生きることを強いられている現代の学生たちが、ザンジバルでの経験を足がかりに、それを打開しようとしている姿を直視するならば、コンタクト・ゾーンをめぐる議論で強調される相互交渉の実相が改めて確認されるであろう。

再び教室へ——初年次教育への挑戦

ザンジバルでの「フィールドワーク」を始めたのは、教室でのわたしの授業が明らかに行き詰まっていた二〇〇六年のことであったが、それで教育上の問題が解決したかというと、現実は甘くはなかった。むしろ本務校の状況は悪化の一途をたどっていた。端的にいうと、退学する学生が急増していたのである。二〇〇九年度に入学して、留年も退学もしないで四年生に進級できた学生は全体の六七%を切るほどにまで低下していた。これは私立大学の経営基盤を揺るがしかねない由々しき事態であるし、現場では、授業が思うようにいかないと感じ、頭を抱える教員も大勢いた。わたしもその一人であった。

こうした問題の解決は容易ではないが、少しでも改善を図るために、日本の多くの大学が取り組んできたことがある。それは「リメディアル教育」と「初年次教育」の導入である。ざっくりいうと、前者は学生の不足している基礎学力を補うための教育であり、後者は、高校から大学への円滑な移行を目指し、レポートの書き方やプレゼンテーションの仕方などといったスタディ・スキルや、大学生に求められる生活態度などのステューデント・スキルなどを教えるプログラムである。リメディアル教育と初年次教育とでは、当然ながら大学によって力の入れ具合や方法は大きく異なるが、とくに後者に関しては、旧帝大クラスのいわゆる名門校であっても、一切の取り組みを行っていないという大学を見つけるのは難しいと思われるほどに広く普及している。

わたしの勤務先は、学部や学科によって多少異なってはいたものの、全体的に見れば、両方とも力を入れて取り組む必要がある大学であった。そのため、遅くとも二十一世紀初頭までには、学内にリメディアル教育のための部署が用意され、多くの学科は手探りで初年次教育に取り組むようになっていた。だが、そこで目に見える成果があったとは言い難く、上述のように、退学する学生は増加の一途をたどっていたのである。

原因はどこにあったのだろうか。在学生を対象に二〇〇八年に実施した学生生活実態調査の結果は、ある傾向を示唆していた。それによると、当時の在籍者のうち約四割もの学生が何らかの程度で退学を考えたことがあると答えていた。そして、その理由を問う設問に対しては、退学を考えたことのある学生のうち実に六割が、そもそも入学した理由や動機が明確ではなかったから、と回答していたのである。ほかにも留年や退学の原因は様々あるとしても、この数字を無視することはできなかった。首都圏の大学進学率が七割にも達するなかで、友だちがみんな大学に行くから、親が大学くらいは出ておけというから、あるいは高校の先生にここなら受かるからと勧められたといった理由で、それこそ何となく大学に来てしまった学生たちにとっては、ふとしたきっかけで、モチベーションが上がらず大学を辞めようと考えてしまうのも無理はなかったのだ。

大学で学ぶ目的が不明確なままでは、大学側が基礎学力の不足分やらレポートの書き方やらを手取り足取り懇切丁寧に指導をしても、学生には一向に響かない。それどころか、迷惑ですらあっただろう。学生自身が大学で学ぶ目的を考え、それが自分である程度は納得できるくらいに明確にならない限り、この問題を乗り越えることはできないはずだ。

このような状況にあって、二〇〇八年九月、その頃、学長補佐に任命されていたわたしに当時の教学担当副学長がひとつの宿題を言い渡した。それは、学生の学ぶ意欲を引き出し、この問題を乗り越える初年次教育のあり方を検討せよ、というものだった。

この大学の、この学部の、この学科に入学したのは、いったい何のためなのか。この問いへの答えを見出すことができるのは、当の学生自身をおいてほかに誰がいるだろうか。しかし、友だちや親や先生にいわれて流されて、気がつけばこの大学に入学していたという学生にとっては、そのままでは答えの出しようもない。できることは、たとえ後づけであっても、この大学に入学した意味とこれからについて、学生たち一人ひとりが考え抜くことだ。そして、そのために必要なのは、他者との対話である。自分とは異なる考えや価値観をもち、自分とは異なる人生を歩んできた他者だ。ということであれば、新入生を全員ザンジバルに連れて行けば話は早い。ザンジバルの同世代の若者たちの積極的なコミュニケーションや、人生に対する前向きな姿勢に圧倒され、自らを省みて、学生たち一人ひとりがそれまで想像することのなかった新たな自分の可能性を模索してくれれば良いのだ。「よしこれだ！」と思った瞬間、さすがに気がついた。全学部あわせて二千名強になる新入生全員をザンジバルに連れて行くことなど、どだい無理な相談であった。

だが、わたしは諦められなかった。新入生全員をザンジバルに連れて行くことは叶わないとしても、大学に「バラザ」を導入することは可能なのではないか。ザンジバル滞在中には、大学にもバラザがあれば良いのに、といった学生の声を何度か耳にしたことがあったのだ。

少し長くなるが、学生たちに提出してもらった二〇〇九年度のザンジバル・フィールドワークの報告書に寄せた拙稿を引用しておきたい。「タンザニア・ザンジバル島―大学のバラザ化に向けて―」という短文の結びとなる「Ⅲ.心の壁を越える―大学のバラザ化」という文章である（菊地　二〇一〇）。

言うまでもなく、この問いを解く鍵は、二〇〇八年にザジバル島を訪れた学生たちが口々に発した「心の壁」という言葉にある。

事実、日本の学生たちは、いつの間にか互いに「心の壁」を築くようになってしまった。心を開いて自分を語り、同じように開かれた相手の言葉に耳を傾けるといった、一昔前なら珍しくもなかったことが、今ではどれほど困難なことか。心優しい学生たちは相手を傷つけまいとして、あるいは自ら傷つかないようにと、容易に心を開こうとしない。大人の偽善者たちも「傷つけると危険だから」と言って、そうした風潮に加担する。そのことがますます学生たちを苦しめ、追いつめる。キマグレンのヒット曲ＬＩＦＥはこう叫んでいる。

僕らの住む世界はいつもとてもウソだらけ
自分殺して　笑顔作ってる
傷つく事恐れて想い隠す　いつの間にか

分かんなくなった　僕は誰？

泣きたくて　笑いたくて　ホントの自分

ガマンして伝わらなくて

言いたい事　言えないけど　ココにいるよ

バラザは、こんな状況を打開するためのひとつの答えだ。そこでは誰とでも心を開いて語り合うことができる。はじめて出会った者同士が、言葉や文化の違いを越えて、互いの家族のことや、失恋の痛み、将来の夢、夢に近づくためのアドバイスさえも語り合うことができる。そして、自分が誰かも見えてくる。バラザこそは、世界と自分自身を再想像する場所なのだ。

であるならば、今、日本の大学に必要なのはバラザ以外の何物でもない。キャンパスをベンチだらけにせよ、という意味ではもちろんない。普段の授業を、一人ひとりの違いを越えて、互いに認め合い、互いに高め合うための学生同士の語り合いの場にしようということだ。このことを明確に教えてくれたザンジバルの人々と学生たちに心から感謝するとともに、一人の教員として「大学のバラザ化」を約束したい。

もちろん、ことは簡単には運ばなかった。それどころか、わたしの提案は文字通り大反対の嵐に遭遇した。それでも、多くの教職員の協力の下、全学的な検討委員会、準備委員会を順次立ち上げて、新たな初年次教育科目についての答申を数次にわたって学長に提出し、各学部教授会からの質問や筆舌尽くしがたいほどの激しい反対意見にも粘り強く答えた。家族や失恋について語り合うような内容は当初から組み込まなかったのは当然だが、学生たちが、自分とは異なる考えや価値観をもち、自分とは異なる人生を歩んできた他者と出会うために「学部学科横断クラス」とすることだけは譲らなかった。異質性、多様性、流動性を意図的に最大化したクラス編成のなかで、学生たちは様々な角度から刺激を受け、卒業後の進路をも少しずつ視野に入れながら、協同学習をベースとしたアクティブラーニングを十五週にわたって行い、自分がこの大学にいる意味についての思考を深めていくのである。

一クラス三十名、全部で七十クラス近くという大掛かりな授業となるため、共通のシラバスに基づく共通の教材（学生が自分の考えや気づきを記入していくポートフォリオ）を用意し、担当教員用には教案を作成した。この授業を運営し、恒常的に改善していくためのセンター（明星教育センター、通称ＭＥＣ）も開設し、三分の一程度のクラスを受け持ち、教材や教案を継続的に改善していくことを担う特任教員五名を採用した。かくして、全学必修の初年次教育科目「自立と体験1」が二〇一〇年四月よりスタートした。

この科目で新入生たちは、各自のポートフォリオの様々な設問に応じて自分の考えを記述し、それをクラスメートに語る。そして、様々な学部学科に所属する学生の声に耳を傾けて、共感や疑問、ときには反発を覚えながら、各自が自分の考えを見つめ直し、練り直し、書き直し、語り直す。全十五回の授業で行うことは、ある意味、ひたすらこの繰り返しである。ただし、毎回の授業のテーマは異なるし、三十名からなる一クラスはさらに五つの小グループに分けられ、そのメンバーは何度かシャッフルされて、その度に異なる学生と出会うことになるので、繰り返しといっても、マンネリ化していく様子はほとんど見受けられない。初回の授業が始まる前は、新入生が互いに知らない学生に囲まれて、ガチガチに緊張し、一言も発することができないのだが、授業の進行とともに次第に表情が緩み、グ

図8-3 「自立と体験1」で語りあう学生たち（2012年5月）

ループ内での対話を楽しむ学生も現れてくる。二回目、三回目、四回目と回を重ねるごとに、初回の授業の開始時にみられた石のような硬い表情が嘘のように、そして互いが旧知の仲であったかのように笑顔で話すようになる。まるでザンジバルのバラザでの語らいのように。

二十一世紀初頭の日本の大学に広く普及した初年次教育では、同じ学部、同じ学科の学生でクラスを構成し、アクティブラーニングを実施するというのが一般的な形である。同じ学科に友だちができれば、彼女／彼らの大学生活は、留年や退学することもなく、円滑に進むだろうといった大学・学部・学科側の思惑もある。同時に、新入生たちも、ここで友だち（グループ）の輪に加わろうと必死である。もしもその輪に入り損なうと、学内に居場所がなくなってしまうという恐怖もある。ここでは大学側と新入生の思惑が合致している。

だが、そこには実は大きな落とし穴がある。同じ学部学科のなかで基本的には四年間続くことが想定される人間関係のなかで、何かの拍子に誤って「空気を読む」ことに失敗し、気まずくなってしまうと、大学生活は修復困難なまでに暗転することになるのである。学生たちが、息を殺して「心の壁」を築き、相手も自分も守らなければならなくなるのはまさにこのためだ。

その点、わたしが常々「ザンジバル式初年次教育」と呼んできた、学部学科横断クラスははるかに居心地が良いものとなる。様々なものの考え方や価値観、進路についてのビジョンなどは驚くほど多様であり、そこには彼女／彼らを順位づけるような単一の価値のモノサシは存在せず、その多様性を学生たちは享受することになる。様々な点で他者と異なることは最初から隠しようもなく、むしろそうした差異は、しばしば増幅され、強調さえされることになる。このようなダイバーシティが最大化されたクラスでは、息を殺して「心の壁」に閉じこもる必要はないのだ。

全十五回の授業の最終回には、履修者に無記名のアンケートへの協力を依頼している。その自由記述欄には、他学部・他学科の学生との交流から様々な気づきや刺激を得たといった記述が膨大に見られる。二〇一〇～二〇一六年度に実施された「自立と体験1」のアンケート計九千二百七十例について年度別にテキストマイニングを行い、そのデータを検討した文化人類学者、落合一泰によると、様々な学部学科に所属する友人の獲得や、非認知能力の向上について、履修者たちは肯定的な反応を示していると推定できるという（落合　二〇一七）。大学にザンジバルの「バラザ」のような場所が欲しいという学生たちの声にインスパイアされた、バックグラウンドの異なる他者との出会いを柱とするこの授業は、予想通りに、あるいは予想以上に、学生たちに非常に良い影響を与えている。

教材や教案は毎年見直しバージョンアップを図りながら、二〇一九年の時点で、この授業は開講から十年目を迎えている。留年も退学もしないで四年生に進級できた学生の比率は、二〇〇〇年代以降年々低下し、前述のように、この授業を導入する前年には六七％を下回っていたのだが、二〇一〇年度の入学者からは七〇％台を回復し、その後も徐々に上昇して近年では八〇％前後になっている。単年度ごとの離籍率は二〇一八年度末では四・〇％となり、悪かった時期に比べてパーセンテージは半分ほどにまで低下した。こうした数字自体は他大学に比べて特段良いものではないのだが、大学内部では大幅な改善があったことは事実である。いうまでもなく、退学の理由が様々であるように、退学する学生が減っていった理由もまた多様であろう。したがって、改善の要因をすべてこの授業の効果であるとすることはできない。だが、それでもこれほどまでに目に見えて学生たちの様子が変わっていったことは、やはり特筆しても良いのではないだろうか。

「自立と体験1」は、二〇一四年二月には、日本私立大学協会が発行する『教育学術新聞』の企画「授業法が大学を変える」に他大学が参考にできる事例として選定され[2]、その審査に当たった日本高等教育開発協会（JAED）よりGood Teaching Awardを受賞した。そして、二〇一九年七月には、第一回初年次教育学会教育実践賞「最優秀賞」を受賞した。初年次教育学会教育実践賞審査委員会による「講評」には、次のように書かれている。

「最優秀賞に選定された明星大学の取組は、全一年生が受講する「自立と体験」において、学部学科横断型のクラス編成を通して、多様な他者と関わりながら学び、自己理解を深めるとともに、卒業後の将来を見通した大学四年間の学びの計画を立てるものである。また同科目では、学習習慣、主体的な学び方、専門分野の学習に必要な基礎的スキルも同時に育成している。同取組は、九年間の取組の継続性と改善、全学的な組織的取組と浸透度、などの点において、類似の取組を行う大学にとって有益なモデルとなりうる。また、同取組を通して、進級率、離籍率、卒業率、一年在籍率などが継続的に改善していることも高く評価できる[3]。」

さらに、「自立と体験1」の公開授業の際には、毎年、全国の大学から見学者が多数訪れる。そのなかには、わたしや明星教育センター教職員への詳細なヒアリングを経て、学部学科横断クラスによる初年次教育を開講するに至った大学が、二〇一九年現在、東京及び京都の大規模私立大学各一校、東京の私立女子大学一校、計三校ある。学部学科横断クラスによる授業の実施は、学部教授会やその構成員である教員の理解と協力を得るまでのハードルが高いことから、日本の大学に急速に広がることはないだろう。しかし、長い目で見れば、ゆっくりとではあるが次第に広がっていく可能性はあるのかもしれない。

なお、わたしの勤務校でも、この授業のコンセプトがザンジバルの人々と学生たちの豊かなコンタクトから着想されたものであることを知る者は、わたしとともに検討や準備に携わった一部の教職員など、ごく少数の者に限られる。いうまでもなく、上記の三大学では誰一人として知らないはずだ。冷静に考えてみれば、学部学科横断クラスによる初年次教育が東アフリカの小さな島での出会いから始まった、などという荒唐無稽な物語を信じる方が、どうかしているのだろう。これまで縷々述べてきたように、それはコンタクト・ゾーンにおける異文化表象の誤配が生み出した、紛れもない歴史的事実であるのだけれども。

結びにかえて――フィールドはどこに?

文明の衝突とは異なる、もう一つの未来のビジョンをリアルに思い描きたいという希望をもって訪れたケニア海岸地方後背地で、日々生起する出来事に流されるかのような、極めて受動的なフィールドワークに身をおいた大学院生時代。当初はなんとなく順調のようにも思われた大学での授業が次第に崩壊していった日々。教室に居場所を失い、そこから押し出されるようにして学生たちとともに流れ着いたザンジバル。そこで初めて目にした学生たちの眩しい表情。そして、バラザでのおしゃべりのように、背景の異なる者どうしが語りあい、互いの声を聴きあう学生たちに出会うことになった教室。

二〇一九年三月、福島県のある私立高校の一年生数名が、学校行事の一環で、わたしの研究室を訪ねて来た。この生徒たちは地元を流れる川や神社を「フィールドワーク」しており、今回はわたしにフィールドワークについて話を聞きたいということであった。二時間近くに及んだインタビューの最後に「フィールドワークで得たものは何ですか？」と問われたわたしは、迷わずこう答えた。「この大学の学生たちと、初めて出会えたこと。」

この一連の過程を通して、人類学者は積極的、能動的な役割を果たしたとは言い難く、むしろその姿勢は一貫して受動的であり、そうであるより他なかったという意味において、彼にとってはある種の受難（passion）でさえあったが、それでも価値観や考え方、そして行動様式が異なる他者どうしが、衝突することなく共存し、互いの声を聴き合う関係を作ることはけっして不可能ではないということが、東アフリカのみならず、東京の片隅の私立大学でも証明されたのである。後になって振り返ってみることでしか意味づけられない「生き方」としてのわたしのフィールドワークを、点と点をつなぎ合わせるようにして物語るとすれば、こんなふうになるだろう。

だが、本稿の最後に改めて問いたいことがある。フィールドとは、いったいどこにあるのだろうか？　何を指すのだろう？　ケニアやザンジバルがフィールドで、教室や研究室はフィールドではないのか？　これは、大学に職を得た頃からしばしば気になっていた疑問なのだが、フィールドとそれ以外を区分するような自明性は、今でも失われていないのだろうか？　感覚的には、一九九三年から一九九五年にかけてケニア海岸地方後背地に滞在していたときから今日に至るまで、わたしはずっとフィールドにいる（菊地・菊地　二〇一六）。どっぷりと浸かっている。ここでいうフィールドとは、ケニアであり、互いの声を聴きあう多様な学生たちに出会う教室であり、研究室であり、ザンジバルであり、二〇一八年には学生たちと訪れたガーナでもある。

ここで述べているのは、今日では「フィールド」と「フィールドではない場所」の認識上の境界が消滅し、人類学的には日々の日常生活も含めてあらゆる場所がフィールドになった、といった一般論ではない。そうではなく、当初

「フィールド」と認識されていた場所なり対象が、人類学者が教室に居場所を失いかけたがゆえに、多くの学生たちと直接出会う可能性へと開かれていったということであり、それを契機にアフリカとは接点のない多くの学生にまで「フィールド」が広がっていった事態こそが、明記されておくべきであろう。

フィールドはそれ自体で完結しているのではなく、教員はもちろん、学生をも巻き込みながら、互いに影響を与えあい、その意味で響き合っている。異文化表象が思わぬ形で誤配されていくなかで、フィールドはたしかに交響しているのである。

注

（1）https://news.stanford.edu/2005/06/14/jobs-061505/（二〇一九年八月十二日アクセス）

（2）日本私立大学協会発行の『教育学術新聞』二〇一四年二月第二五五二号（二月十二日）参照。https://www.shidaikyo.or.jp/newspaper/online/2552/5_b.html（二〇一九年八月十二日アクセス）

（3）初年次教育学会第一一回大会（酪農学園大学）において菊地滋夫・鈴木浩子（代表）・御厨まり子が申請した「教職学協働で進化する学部学科横断型初年次教育科目『自立と体験1』」に対する、初年次教育学会教育実践賞審査委員会による「講評」は以下のＵＲＬにて閲覧。http://www.jafye.org/wp-content/uploads/1-shinsa-result.pdf（二〇一九年八月十二日アクセス）

参考文献

東　浩紀　二〇一七『ゲンロン0　観光客の哲学』株式会社ゲンロン。
大塚和夫　二〇〇二『いまを生きる人類学』中央公論新社。
落合一泰　二〇一七「学びの鏡としての受講者感想――明星大学の初年次教育『自立と体験1』（二〇一〇～二〇一六）の九千二七十例は何を語るか」『明星』第七号、二七―三八頁、明星大学明星教育センター。

グリンデJr.、ドナルド・A＆ジョハンセン、ブルース・E　二〇〇六『アメリカ建国とイロコイ民主制』星川淳訳、みすず書房。

菊地滋夫　二〇一〇「タンザニア・ザンジバル島―大学のバラザ化に向けて」『フィールドワーク報告書』二〇〇九年度版、四―五頁、明星大学人文学部国際コミュニケーション学科。

菊地滋夫・菊地紀久恵　二〇一六「カップルでのフィールドワーク」『女も男もフィールドへ』椎野若菜・的場澄人編、一七六―一八七頁、古今書院。

サイード、エドワード・W　一九九三『オリエンタリズム』〈上〉〈下〉今沢紀子訳、平凡社。

田中雅一　二〇〇七「コンタクト・ゾーンの文化人類学へ――『帝国のまなざし』を読む」『コンタクト・ゾーン＝Contact zone』三一―四三頁、京都大学人文科学研究所人文学国際研究センター。

――　二〇一八『誘惑する文化人類学――コンタクト・ゾーンの世界へ』世界思想社。

富永智津子　二〇〇一『ザンジバルの笛』未来社。

Trimingham, John S. 1964 *Islam in East Africa*, Oxford: Clarendon Press.

ハンチントン、サミュエル　一九九八『文明の衝突』鈴木主税訳、集英社。

レヴィ＝ストロース、クロード　一九七六『野生の思考』大橋保夫訳、みすず書房。

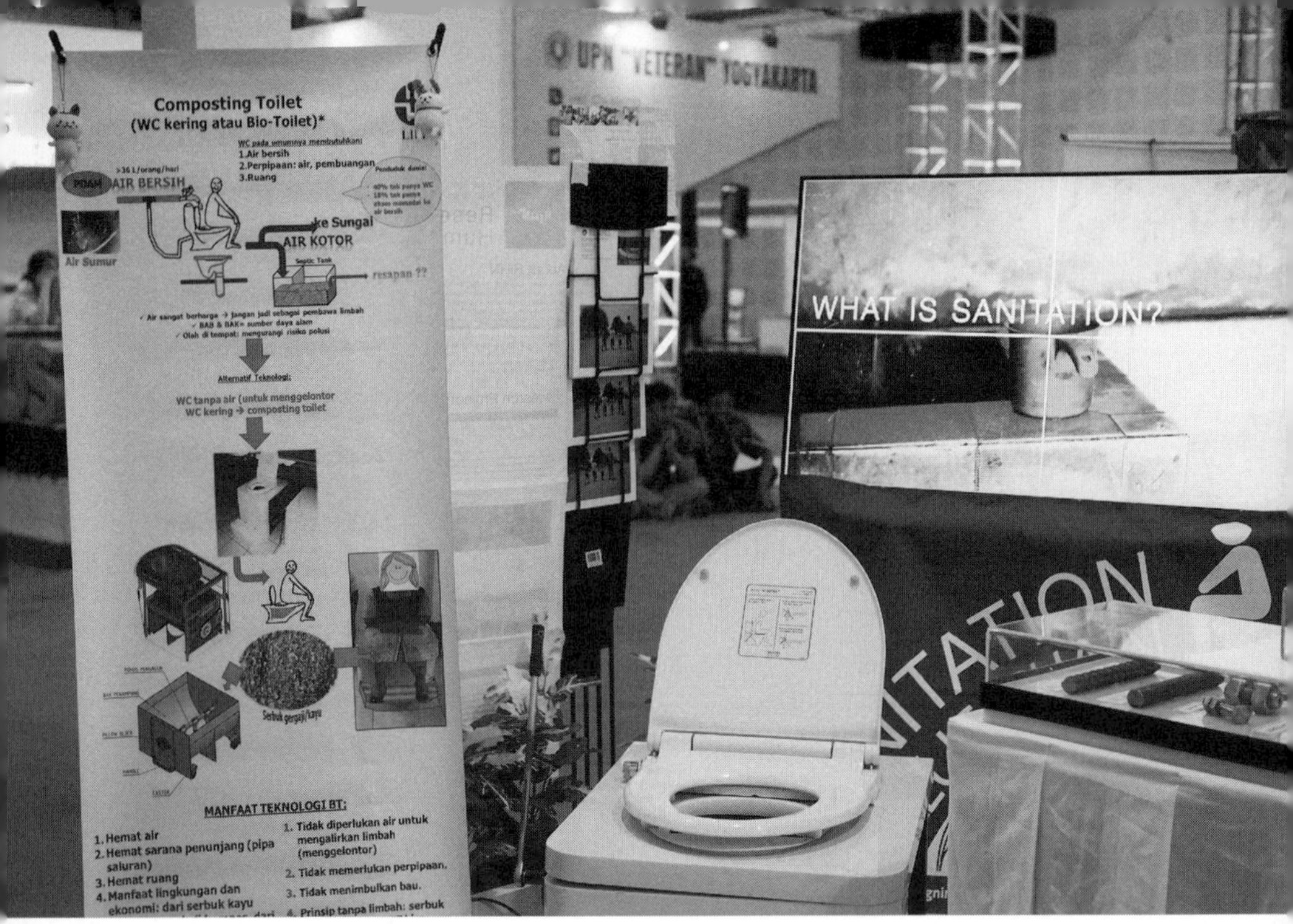

第３回「価値連鎖のためのグリーン・テクノロジー」国際シンポジウムでの総合地球環境学研究所「サニテーション価値連鎖」プロジェクトの展示
(2017年10月22日、インドネシア・ジャカルタ、片岡良美撮影)

第九章　異分野との共同研究の現場——現場＝フィールドの学としての人類学

中尾　世治

異分野との共同研究という現場

人類学者のフィールドは、そこかしこにある。何か出来事が生じる。その出来事に人と人とのインタラクションが生じていれば、あるいは、その出来事がどういったものなのかという意味が生じていれば、その出来事の生じた場は、フィールドとなりうる（本書第十章参照）。ここでいうフィールドとは、日本語では、現場、と言い換えられるだろう[1]。

私は西アフリカのブルキナファソの歴史を対象とした歴史人類学的な研究を行っている。私にとって、ブルキナファソの調査地はまさに現場である。さらに、私にとって、植民地統治期の史料を読む公文書館もまた現場であり、こうした歴史研究とは異なる研究を行う共同研究の研究会の会場もまた現場である。そこで何が起こっているのか、という問題意識をもてば、学校、職場、家庭、趣味で通っている「居場所」などもまた、現場となりうる。

本章では、私の勤務先での学際的な共同研究を、ひとつの現場として、そこで何が生じているのかを、オートエスノグラフィー——その概要については後述する——として書く。いろいろな分野の研究者が一緒に集まって研究するときには、齟齬や葛藤、あるいは気づきが生じる。ここでは、私の異分野の人たちとの共同研究の経験から、人類学者としての齟齬や葛藤、気づきがいかなるものであったのかを描き出す。そして、文系と理系をまたぐ共同研究のなかでの人類学的な視点とは何かについて述べる。最後に、文書作成という仕事を取り上げ、文書を扱う職場という現場を学術的に捉える視座を示し、職場を対象とした人類学の可能性を指摘する。

現場で何が生じ、何を行っているのか。こうした視座そのものが人類学の基本である。私は、職場の共同研究の現場で、何を見て、何を聞き、何をし、何を考えたのか。自分自身の経験と内省が、本章の土台である。それらの記述に入る前に、まず、自分自身について書くことの方法論について書いておこう。

オートエスノグラフィーという手法

オートエスノグラフィーという手法――仰々しいいい方であるが、要するに、自分自身の経験とその内省の記述――を用いることの長所と短所について述べておこう[2]。

まず、ここでの記述は「部分的真実」（クリフォード　一九九六）という考え方を前提としている。言い換えれば、私にとっての「部分的真実」として、私の経験を書く。したがって、ここで書く民族誌的記述は私の主観に基づく事例の取捨選択と記述によるものである。私の主観に基づくということが、そのまま学術的ではない、とはいえない。私にとっての「部分的真実」であっても、それをもとに考えたアイディアに学術的に意味があり、かつ、そのアイディアを書くために私の経験の記述が不可欠であれば、私以外の人間にとっても、学問としての意義があるといえる。

つぎに、私の主観による記述を書くことで、出来事の私にとっての意味を具体的に示すことができる。たとえば、同じ研究会に参加し、まったく同じ発表内容と質疑を聞いていたとしても、それらをどのように考えたかは個々人で異なるだろう。そして、その個々人の考えは、それぞれの人にとっての「部分的真実」である。自分が何を考えたのかを書くという点では、自分で書くほうが適した場合もある。

　これらの長所に対して、最も大きな短所は、「客観的な」データを示せないという点である。ここで書かれる共同研究の事例は、私の主観というバイアスのかかったものである。その意味において、ここでの私の記述から、共同研究の成否はまったく評価することができない。

　もうひとつは、他のメンバーが同じ出来事をどのように考えていたのかを描き出せないという点である。学際的な共同研究では、さまざまな考えをもった研究者が集まって、ともに調査し、議論し、成果物をつくりあげていく。たとえば、その過程で、どのような意見の相違が顕在化し、他方で、どのような意見が――場合によっては、発言されずに――立ち消えていったのか、そして、そこでどのような相互作用があったのか、という点は、学際的な共同研究の本質に関わる重要な論点である。しかし、自分自身の経験を書いていく以上、他のメンバーの考えは、私の主観を通してしか取り上げられず、断片的なものにとどまってしまう。この点では、学際的な共同研究にとってのアウトサイダーの研究者が調査・研究を行ったり、インサイダーが他のメンバーへの聞き取りを行ったりするほうが望ましいだろう。

　このような研究を対象にしたメタ研究（研究の研究）は、すでに多くなされてきている。たとえば、アウトサイダーとして、自然科学の実験室・研究室を対象とした調査・研究は科学技術社会論や科学人類学で行われている（たとえば、ラトゥール　一九九九）。そこでは、自然科学の研究者がさまざまな機器や制度・社会関係のなかで専門的な知識を生産していることが描かれている。

　本研究のようなオートエスノグラフィーは、アウトサイダーによるメタ研究と相補的なものとなると思われる。それは、アウトサイダーの研究も欠点がないわけではないからである。アウトサイダーの観察と分析においても、アウトサイダーとしてのバイアスが免れ得ず、共同研究のすべてを参与観察することは不可能である。また、逆に、インサイダーの複数の研究者が、それぞれの立場からオートエスノグラフィーを書けば、それぞれの経験や考えを相互に比較検討することも可能となるだろう。あるいは、共著として、複数のインサイダーがメタ研究の調査の過程や書く過程を共有することで、その過程自体が学際的な共同研究を促進するインタラクティブなものとなるということもありうる。理論的には、可能性は広大に広がっている。本稿は、そうした可能性を拓くためのひとつの試みとして位置づけられる。

最後に、本稿で対象とする共同研究は現在進行形のものであることを断っておく必要があるだろう。執筆時点は、五年間のプロジェクトの二年目が終了した段階である。ある部分においては、可能性として展開しており、書くことのできない点がある。(3) その点から、共同研究が終わっていない不確定要素のあるなかで、共同研究のメタ研究を書いてしまうことに違和感をおぼえるかもしれない。

しかし、進行中の真っただなかでしか書けない生々しさがあることも事実である。目まぐるしく展開するプロジェクトのなかで、過去の感覚と記憶は薄れていく。メモとして書いていたことでさえ、現時点での私が書いた意図とは異なるものとして、将来の「私」が読み解く可能性は否定できない。そのように考えれば、進行中の共同研究について書き留めることにも独自の意義があるといえるだろう。

前置きが長くなってしまった。さっそく、私の経験に入っていこう。

学際的な共同研究の現場

学際的な共同研究の研究員となる

二〇一七年一月に私は南山大学大学院に博士論文を提出し、四月から京都にある総合地球環境学研究所の「サニテーション価値連鎖の提案―地域のヒトによりそうサニテーションのデザイン―」と題された研究プロジェクト（以下、サニテーションプロジェクト）の研究員となった。総合地球環境学研究所という名前も、サニテーションという言葉も、多くの読者にとって、馴染みがないだろう。

総合地球環境学研究所（以下、地球研）は、国立民族学博物館や国立歴史民俗学博物館、国立国語研究所などの大学共同利用機関の研究機関として二〇〇一年に創設された。ホームページからまとめられる地球研の理念は、およそつぎのようなものである。(4)

地球環境問題の根源は人間の文化の問題である。そのため、地球環境問題を総合的に捉える「自然科学・人文科学・社会科学をまたぐ学際的な研究」が必要であり、その問題の解決のために、「社会とも連携」する「課題解決志向型の超学際的研究」が重要である。これらの認識に基づく研究所が、地球研である。

地球研は、三年から五年の期間のあいだに実施される複数の独立した研究プロジェクトによって構成されている。(5)研究プロジェクトは公募によって選ばれ、プロジェクトごとに研究者や事務職員を雇う。もちろん、プロジェクトとは離れた研究所のプロパーの研究者もいるが、そうした人々も含めて地球研の研究者は、一部の例外を除き、ほぼすべて任期付きの有期雇用である。私は、サニテーションプロジェクトの初年度に、このプロジェクトの研究員として雇われた。

それでは、サニテーションプロジェクトとはどのようなものか[6]。まず、サニテーションとは、ヒトのし尿（大便と小便）を人々にとって害のないものへと処理する設備やサービスのことである[7]。

サニテーションの問題は、グローバル・イシューとなっている。二〇〇一年に国連で策定され、貧困や飢餓の撲滅などの二〇一五年までに達成すべき八つの目標を掲げたミレニアム開発目標のなかに、適切なサニテーションサービス——非常に大雑把にいえば、適切な質と十分な個数のトイレ——を利用できていない人の割合の半減が掲げられた。適切なサニテーションサービスを得られなければ、下痢や感染症のリスクが高まるとされるからである。ミレニアム開発目標を引き継ぎ、二〇一五年に国連で策定され、二〇三〇年までの達成を掲げた持続可能な開発目標では、世界のすべての人が適切なサニテーションサービスにアクセスできるようにすることが掲げられている。

しかし、サニテーションのミレニアム開発目標は達成されず、二〇一五年時点で発展途上国を中心に約二十四億人が適切なサニテーションサービスにアクセスできていないとされる（Joint Monitoring Programme 2015: 5, 12）。十五年間で、人口増加も含めた二十四億人以上の人々に適切なサニテーションサービスを提供するという持続可能な開発目標の達成は容易ではない[8]。さらに、問題は発展途上国に限らない。高齢化・人口減少の進む日本にあって、農村地域では、地方財政の収入が減少し、下水道管を維持することが難しくなっている。

それでは、サニテーションプロジェクトは何をするのか。まず、ヒトのし尿を廃棄されるべきものとしてではなく、価値のあるものとして捉える。し尿を堆肥や家畜等の餌などとして利用できる価値のあるものとして考える。そして、下水道を張り巡らせるのではなく、トイレそれ自体で堆肥などをつくりだすようにする。そして、そのシステムを、日本の石狩川流域、インドネシアのバンドン、ザンビアのルサカ、ブルキナファソのワガドゥグ、コングシで、地域社会の人々とともにつくりあげていこうとする。つまり、トイレについての研究と開発援助を、日本、インドネシア、ザンビア、ブルキナファソで行うプロジェクトである。これがサニテーションプロジェクトの出発点となった考えである。

率直にいって、地球研にやってきた私は、不安を抱えていた。私はブルキナファソの歴史研究を主として行ってきており、排泄行為やトイレについて研究したことはなかったし、ブルキナファソでの調査の際に意識したこともなかった。また、ブルキナファソの農村では、統計上、大部分の人たちが野外排泄を行っていることが示されているのだが、そのことがグローバル・イシューとなっていること自体、私は公募を読んでようやく理解した。

「ブルキナファソの文化や社会に詳しい人類学者」として採用された私は、プロジェクト内のブルキナファソ班に属し、人文・社会科学からみたサニテーションを捉えるライフ班に入った。そして、プロジェクトの二年目になると、私は、ブルキナファソ班とライフ班のリーダーとなった。さてはて、どうしたものか、というつぶやきがつねにぐるぐると私の頭を駆け巡っていた。

最初の壁――文化という問題設定の困難

トイレ・排泄の問題は、たしかに文化的な問題である。排泄の方法・観念、排泄物の利用の慣習、汚さについての観念等々の文化にまつわる事象が存在するということは、すぐに頭に浮かんできた。

また、これらについての先駆的研究である人類学者のスチュアート・ヘンリによる『はばかりながら「トイレと文化考」』（スチュアート　一九九三）という書籍を私は学部時代に古本屋で買っていた。この本では、文化相対主義の立場から、トイレ・排泄にまつわる世界各地の文化的事象が紹介されている。私の狭い文献渉猟の限りでは、トイレや排泄について人類学の問題として論じたものとしては、おそらく世界的にも類書のない画期的なものである。

しかし、私はすぐに壁にぶつかった。トイレ・排泄の文化については、雑学的な知識、あるいはフィールドワークでの経験のネタとして話は盛り上がるのだが、研究にしようとすると、なかなか難しかった。さきほど挙げた書籍も、それぞれの文化にはそれぞれの価値観があって、トイレ・排泄についての異文化を奇異に思えるかもしれないけれども、異文化から日本の文化を眺めれば、同じように奇異にみえる、という文化相対主義の考え方を示す題材として、トイレ・排泄が取り上げられていた。たしかに、こうしたことは非常に重要な指摘であるし、啓蒙・啓発として素晴らしいものである。しかし、すでにこのような書籍があるなかで、研究として考えたときに、これこれしかじかの文化があります、という記述を増やしていくこと自体にそれほど魅力を感じなかった。

また、トイレ・排泄の文化は、グローバル・イシューとしてのサニテーション問題とは、直接的には関わりを見出すことが難しいように思われた。文化は変容しうるといった話や、排泄とは別の文化が影響している話はできたが、それではどうしようか、という議論にはつながらないのである。研究会の一場面を、具体的に述べよう。

ブルキナファソでは、農耕民の村の周辺に、牧畜民のフルベが簡易な家をつくり、定住するといったことがよくある。話は前後するが、サニテーションプロジェクトの主要なメンバーは、すでにSATREPS(9)で五年間、ブルキナファソでサニテーションの課題に取り組んできていた。そうしたメンバーから、牧畜民のフルベはあまりトイレを受け入れないという話を聞いた。それは彼らの文化がそうなのだからなのだろう、という。

人類学者としていえば、まあ、それはそうなのかもしれないけれども、そもそも、フルベが村に定住するようになったのは、ブルキナファソの地域では、遅く見積もっても二百年ほど前からで、その過程で彼らは定住という生活様式に適応してきたのだから、トイレについても、ある程度のタイムスパンをとってみれば、受け入れるのではないか、といったことを答えた。まあ、それはそうかもしれない、と私の意見は受け入れられたように思う。これは、メンバーの考え方に微修正を加えられたことはよかったが、それ自体として、何か問題解決に資するようなものではなかった。

インドネシアのバンドンでは、都市の狭い区画のコミュニティを対象に研究が進められているのだが、そこでは排泄後に水で身体をきれいにするから水がトイレの穴に流れ込んでしまう。堆肥をつくるコンポスト・トイレに水が大量に入るのは望ましくないのだが、水で洗うのはムスリムの宗教上の理由だから難しいのではないかという話があった。

私はブルキナファソのイスラームの歴史を調べていることもあり、何か発言しなければまずいだろうと思って、つぎのように述べた。たしかに、ムスリムは排泄後に水で洗うことが望ましいとされている。しかし、教義上は「義務」ではない。また、水の消費量のデータ――プロジェクトに属する衛生工学の研究者が排水溝から流れる排水量について調査していた――からみると、水の消費量が多すぎる。私はブルキナファソのムスリムの家に数か月間住んでいたが、ここまで使うということはなかった。どちらかといえば、水を入手しやすい地域での水の使い方の慣習に拠るのではないか、というのが私の意見であった。そのときはここまで明瞭に意見が述べられなかったこともあって、どこまで伝わったのか、あまり自信はない。

これらから、三つのことがいえる。

ひとつは、トイレ・排泄の局面だけを切り取って、トイレ・排泄の文化としてまとめることには、人類学者として抵抗を感じる、ということである。結局のところ、トイレ・排泄にみられる文化的な振る舞いは、生活の一部としてなされているのであり、生活が変われば変化するだろう、といったことしかいえない。

もうひとつは——そのために雇われているのだから、当然であるのだが——ブルキナファソという国の専門家、文化・宗教・社会等々の「文系的なもの」の専門家として意見を求められる、ということである。たしかに、私は学部でイスラームについての講義も受けたし、入門書・専門書もそれなりに読み、ブルキナファソでムスリムとともにイスラームの歴史の調査をしてきた。しかし、インドネシアのイスラームについては、ほとんど知らない。イスラームの人類学の研究会であったなら、私はとてもではないが、インドネシアのイスラームについて言及することはできないだろう。

もちろん、あの場はクローズドな研究会であったし、狭い意味での専門や自らの知っていることの範囲を超えて推測で意見を交わすこともまた、研究者としては、ふつうの営みである。しかし、あたかも、人類学、あるいは「文系」の代表のように、意見を述べなければならないときに、自分の知識の範囲の狭さや偏りについて——もちろん、その限定性を話すが——若干の罪悪感のようなものを感じないわけではない。人類学やそれを包摂する人文学には立場の違いがそれなりにあり、多くの場合、共通合意があるわけではないから、なおさらである。これはつぎの点とも関連する。

三つ目は、必ずしも、見晴らしのよい視点を提供できるわけではない、ということである。ここで挙げた私の回答の例も、まあ、そうですね、というある意味では、当たり前のことの指摘に過ぎないからである。

もうひとつ例を挙げよう。たとえば、サニテーションプロジェクトに属する工学系の研究者である伊藤竜生[10]さんから、文化の定義がわからない、ということを何度かいわれたことがあった。実に鋭いし、おっしゃるとおりである。私は、タイラーの文化の包括的な定義[11]、ギアツによる意味のパターンとしての文化の定義[12]、そして、地域復興の際に地域の文化が新たにつくられるといったような客体化された「文化[13]」について、一通り説明した。しかし、説明をする前から、これは歯切れの悪いものとしてしか提示できないだろうなと思っていた。

人類学者として、教科書的に説明すると、文化についての考え方はいろいろあるし、文化はテレビ番組で取り上げられる「日本文化」のように恣意的に語られたりするのです、といったことしかいえない。しかし、こうした説明では、文化の学としての文化人類学には、共通して用いる文化の定義すら存在せず、そうした学問はあやふやなものという印象を与えるようにしか、私には思えなかったからである。

異分野の研究者との会話は、基本的に楽しいものではある。その会話のなかには、自らの学問を根本的に見直すという契機が含まれている。それは興味深くもあるが、もどかしく悩ましいことでもある。

衛生工学という異文化

サニテーションプロジェクトの初代リーダーは、研究プロジェクト申請段階で北海道大学工学研究院の教授であった（現、室蘭工業大学理事・副学長の）船水尚行先生であった。プロジェクトには、医学・保健学、農学、人類学、経済学、開発学の研究者、科学コミュニケーションの専門家・実務家（大学職員）が参画しているが、主要なメンバーの数としては衛生工学やその関連の研究者が多い。

主要なメンバーは、北海道の大学・研究機関の研究者を中心にして構成されており、さきに触れたSATREPS等で、すでに学際的な共同研究を行ってきた実績があった。そのため、自分とは異なる学問分野の立場をリスペクト（尊重・尊敬）するという基本的な姿勢は、私がサニテーションプロジェクトに入った時点ですでに、メンバーのあいだで、共有されていた。そうした空気があって、少なくとも、私にとっては、ずいぶんと発言しやすい雰囲気があった。もちろん、私が思ったことをそのまま話せるようになるには、「場」に慣れる必要があったため、一年ほどかかったように感じているが、「理系」、とくに工学系の研究者が、「文系」の立場をよい意味で気にしてもらっているという感覚は今でもずっと感じている。それは、非常に幸福であると思っている。

サニテーションプロジェクトのメンバーのなかでは、工学系の研究者が最も多い。そもそも、サニテーションの改善を目指すという目的そのものが、衛生工学の問題意識である。

衛生工学とは何か。北海道大学工学部環境社会工学科環境工学コースのホームページから説明をお借りしよう。このコースの学問領域は、衛生工学あるいは環境工学と呼ばれるものである。(14) そのうえで、衛生工学・環境工学とは、「自然環境と人間活動との調和を考えながら、快適で健康な人間生活を実現するための学問」であり、「水道、下水道、廃棄物処理、建物や住宅の空調、水質汚濁、大気汚染、騒音、環境アセスメントなどが代表的なもの」として挙げられる。つまり、衛生工学のなかで、サニテーションの問題はメジャーな研究トピックのひとつである。

私は、そもそも衛生工学を知らず、サニテーションという言葉も聞いたことがなかった（もちろん、ネットで検索し、最低限度のことは調べてはいたが）。私は地球研に赴任し、プロジェクト・メンバーの衛生工学の研究者と対話を重ねるなかで、何となく、衛生工学とは何かを理解していった。プロジェクト開始の初年度では、研究会の飲み会のあとに、サニテーションって何ですか、とか、衛生工学ってどういうものですか、といったことを、衛生工学の研究者たちに聞いていた。

そのような状態でプロジェクトに参画したために、当初は、衛生工学の研究者が発表している内容がまったくわからなかった。もっとも、彼らは発表内容で、とくに数式や化学式をほとんど用いることはなかったし、専門用語による議論をしているわけではなかった。学際的な共同研究を積み重ねてきたメンバーであったので、専門用語もできるだけつかわず、平易に解説をして発表していた。それでも――今となっては、当時の感覚を忘れかけているのだが

――彼らが何を話しているのか、よく理解できなかった。研究会に出て質問がひとつも思い浮かばないということは、大学院に入ってからほとんどなかったのだが、サニテーションプロジェクトの最初期の研究会では、彼らの発表が終わっても、私はポカーンとしていて、頭には何も浮かばなかった。

こうした状態を脱するキーポイントは、二つあった。

ひとつは、初歩的な専門用語に「馴染む」ことである。サニテーションという言葉から躓いていては、さすがに話が分からない。し尿に含まれている物質の名前といった基本的な知識――おそらく、高校生ぐらいまでには身につけていたであろう知識――に、最低限度は「馴染んでおく」必要がある。ここで「馴染む」と書いたのは、「知る」ことと少しニュアンスが異なると思うからだ。何度も同じ言葉を聞いていると、前もこの言葉がでてきたなと認識し、おりをみて衛生工学の研究者に説明をしてもらうと、彼らの話している内容に「馴染んで」くる。そうすると、非常に基礎的な知識の理解だけではなく、見知らぬ専門用語への心理的な抵抗感が減るのだ。おそらく後者のほうが重要であろう。

もうひとつは、何のために、その研究をしているのかという目的の理解にあった。初代リーダーの船水先生は、何度か、私に、つぎのような趣旨の話をしてくれた。「いろいろ調べて、これこれ、こういうことがわかった。でも、それだけでは、工学ではない。工学は、『それで、どうするの?』と問う。問題を具体的に解決するためにどうすればいいのかを考えるのが、工学なんだ。」

工学とは何かなどと、素人の私が何か書けるとは思っていない。しかし、私の記憶の範囲内での船水先生の言葉は、公的に示されている工学の定義と重なり合うものであると理解することはできる。一九九八年にまとめられた日本の代表的な大学の工学部の合同による委員会でまとめられた工学の定義は、以下のようになっている。「工学とは数学と自然科学を基礎とし、ときには人文社会科学の知見を用いて、公共の安全、健康、福祉のために有用な事物や快適な環境を構築することを目的とする学問である。[15]」つまり、工学の目的は、あらゆる学問を駆使して、問題を具体的に解決することにある。

これは、まったくの驚きであった。単純に工学について私が何も知らなかったということもあるのだが、私はちょうど正反対のことを学部で学んでいたからである。「(人文学の)学問が目指すのは、問題解決ではない。そうではなく、いま問題とされていないところに、まったく別の問題があることを浮かび上がらせる問題発見なのだ。」もうそれなりに昔のことなので、当時の先生の語った文言を正確に覚えてはいない。しかし、問題解決ではなく、問題発見なのだ、というメッセージは強烈に記憶している。[16]社会的な事象や歴史的な出来事について、既存の捉え方ではない新しい視点で捉えて、新たな「問題」を提示する。たしかに、これは人文科学の根幹のひとつであるといえる。そうした考え方とは、ある意味では、正反対のものと出会ったのである。

つまり、衛生工学は、私にとって、異文化であった。地球研に赴任して、数か月経ったとき、私はこのサニテーションプロジェクトでフィールドワークをしているようなものだなと思った。サニテーションプロジェクトのなかで話される言葉に「馴染み」、まったく正反対の志向性をもつ衛生工学の「世界観」を少しずつ理解する、そのプロセスは馴染みのない土地の人々の言葉を理解し、その人々の世界観を理解する人類学のフィールドワークに似ている。

さきに少し触れたように、自然科学の実験室や研究室でフィールドワークをする科学人類学はすでにある。その意味では、現在の人類学からすれば、異分野を異文化とみる見立てはほとんど常識的なものである。つまり、科学人類学者と私の立ち位置は似通っている。

しかし、大きく異なる点がひとつある。私はサニテーションプロジェクトの研究員なのである。あくまでも、インサイダーとして、サニテーションプロジェクトで共同研究を行っている。インサイダーとしては、プロジェクトのなかでの自らの——私の場合は、人類学者としての——役割を意識せざるを得ない。そして、その点こそが私の悩みとなった。

不安と安堵

先に述べたように、所属先の地球研は、学問を越えた（trans-disciplinary）「社会」との連携を行って地球環境問題の解決に資する超学際研究（trans-disciplinary studies）を推進している。また、サニテーションプロジェクトのメンバーにはさまざまな立場があるが、先の工学のあり方で触れたように、問題を具体的に解決することが、プロジェクトの期間内にできるかどうかは別として、工学系の研究者たちの最終的な目的ではある。つまり、研究ではあるのだが、部分的には開発援助プロジェクトのような側面ももっている。

正直にいえば、このことについても、私には不安があった。

不安のひとつは、私自身の価値観として、開発援助プロジェクトにあまり関わりたくはないという気持ちにあった。私の狭い範囲で聞いた話では、開発援助プロジェクトは先進国の価値観をおしつけるといったような——これ自体、ステレオタイプ化された語りではあるが——あまりいい話を聞かなかったからだ。また、「正統派人類学者として高等教育機関に籍を置き、学問研究に携わることを目的とするならば、開発などに関与して研究者としての王道を踏み外したくない」（青柳　二〇〇〇b：六二）という気持ちがないわけではなかった。

しかし、一方で、かつて青柳が書きつけたことにも共感を覚えてもいた。「人類学者の多くはこれまで開発に関して、その事業の欠陥を批判する立場、あるいは告発する立場に立ってきたことは事実であろう。考えてみれば、それはもっとも気楽な方法であった。しかしそのような傍観者的な立場でよいのであろうか」（青柳　二〇〇〇ａ：ⅳ）。もう二十年ほど前に書かれたものだが、外からの批判は「もっとも気楽な方法」であるのではないかという自問は――もちろん、あからさまにひどい事業に対する批判は正当ではあるが――たしかにいまでも妥当なものであると思う。

要するに、私は開発についてきれいに分けられるような考えをもっているわけではなかった。この点は、いまでも変わっていない。

そうした思いを抱えながら、サニテーションプロジェクトのブルキナファソ班として、初年度、私は二回の調査をおこなった。

一回目の調査では、人類学者、開発実務経験者、衛生工学者のチームで行い、ブルキナファソの水・サニテーション局、ＵＮＩＣＥＦブルキナファソ事務所、在ブルキナファソ日本大使館の訪問を行い、プロジェクトの紹介とサニテーションの状況・政策についての一般的な情報交換を行った。つぎに、サイトとなる地方都市にいき、カウンターパートとなるローカルＮＧＯへの挨拶を行い、ローカルＮＧＯの紹介で農村をまわり、トイレ普及状況等についての聞き取りを行った。

二回目の調査に行く前に、プロジェクト・メンバーの清水貴夫(17)さん――ブルキナファソのストリート・チルドレンの研究をしている人類学者で、ブルキナファソ研究の私の先輩――がし尿の汲み取り業者の調査を開始し、面白そうな情報を得ていた。また、ＮＧＯとの協議の上、人間のし尿由来の堆肥を用いたパイロットファームの実施の大枠を設定していた。これをうけて、二回目の調査では、私も汲み取り業者の調査を行い、二年目の調査実施のための予算調整をＮＧＯと行った。

汲み取り業者の調査は、人類学者としても、非常に興味深いものであった。首都のワガドゥグで民間業者の社長から話を聞くと、ここ数年でトイレの汲み取り業は大きく拡大していて、需要に供給が追い付いていないとのことだった。こうしたことは公的な統計がなく、実証が難しいのではあるが、都市人口の爆発的な増大はサハラ以南アフリカの大きな特徴であり、それに対応したものだという推測はついた。

また、地方都市での汲み取り業者の調査も、驚く展開をみせた。聞き取りを行うと、埋葬の仕事をしている人たちが伝統薬を用いて汲み取りを行っており、汲み取りの前にトイレの穴に入れる匂い消しを独自に見つけ出していた。できすぎたぐらい、いかにも人類学的な要素が入り込んでいて、私は興奮していた。

二回目の調査を経て、正直、私はホッとしていた。サニテーションというテーマで、どのような研究成果が出せるのか、という見通しが立ったからである。また、首都の話は話題提供として少しは役割を果たせたと実感できたことも大きかった。工学系の研究者にとって有益な情報——住民の何かしらのニーズや必要とされる地域の情報など——を提供できて、とりあえず、よかったと安堵したのである。

それでも、しかし、人類学の視点とは?

しかし、人類学の研究は果たして工学の研究と噛み合っているのだろうか。すでに二年目が終った今の段階からみると、その点はよくわからない。このことはプロジェクトに参加する工学系の研究者との会話のなかから気づかされた。

それは、プロジェクトに関連したある研究会の打ち上げの二次会のことであった。プロジェクトはすでに二年目に突入し、私はプロジェクトのメンバーと打ち解けて話せるようになっていた。すでにべろべろに「できあがっていた」われわれは数人で居酒屋のなかにいた。プロジェクトの研究について話し込んでいたなかで、環境工学が専門の原田英典[18]さんがつぎのようなことをいった。

「開発コンサル（タント）みたいなことではなくて、中尾さんには、人類学者としての視点をもっと出してほしいんですよ。せっかく違う分野の人が関わってやっているんだから、われわれが設定しているようなものとは違う、もっと突き抜けたものがつくれるんじゃないかって思うんですよ。」

ぐうの音もでない一言である。もちろん、高望みであるとか、こっちの事情もあるとか、そういったことはあるが、いっていることはまったくの正論であった。私は何の答えも、答えの手がかりすらも、もっておらず、その場ではお茶を濁すしかなかった。

実際のところ、私のやっている内容の半分（以上）は、開発コンサルタントのような仕事を素人で何とかしようとしているものであったことは疑いようもなかった。開発コンサルタントとは、ドナー側と相手国のカウンターパートとのあいだをつなぎ、開発援助プロジェクトの案件を発掘・形成することを仕事とする職業的専門家である（齋藤二〇〇六）。関係機関・カウンターパートとの調整、現地の必要情報やニーズの収集・まとめといった開発コンサルタントの仕事は、さきに書いた初年度の「調査」の大半に対応する。そして、こうした仕事の経験のない私は、その道のプロができるであろうことの一部しかできていなかったであろう。

さきに引用した発言は、こうしたことを念頭においていたというよりも、私の専門性を打ち出してほしいという純粋な期待を込めたものであった。そうした意味では、私の方が過度に考えすぎてしまった。しかし、ブルキナファソの特定のトピックについての情報提供だけではなく、私の専門性をより生かせる人類学者としての視点を打ち出すほうが望ましいという意見は、しごくまっとうなものである。

今になって思えば、私は工学系の研究者の考え方を知り、その考え方にいったんは「同化」することに専念していたのかもしれない。これはおそらく私自身の性格も多分に影響しているとは思う。しかし、異文化として工学を意識するようになったとき、他民族の価値観を尊重する文化相対主義的な態度を、異文化としての工学にも適用すべきだという考えにいたることも、ある意味では、当然のことともいえる。そして、この考えはいまも変わってはいない。

とはいえ、相手（の立場や考え）を理解しようとすることと、相手（の立場や考え）になりきろうとすることは、別のものである。他の分野の人たちからすれば、何を当たり前のことを、と思われるかもしれないが、人類学では、それほど珍しくはない混同である。たとえば、人類学のフィールドワークでは「現地社会」をいかによく知っているのかということが求められる。長く住み続けないとわからないことも多い。しかし、その点ばかりを追求すると、人類学者は「現地社会」の人と「同化」することになってしまう。プロジェクトのなかでの役割という点もあって、そうした初歩的なところに自分は陥ってしまっていたのかもしれない。

それでは、人類学者の独自の視点とはどのようなものがありうるのであろうか。ブルキナファソでのサニテーションの調査については、いまだ不確定な要素があるので、現時点で書くことのできる別のことを書いておこう。

本稿で書いてきたように、サニテーションプロジェクト自体を共同研究の現場として対象化し、分析することである。この共同研究で何が生じているのか。それぞれは何を考え、どのような齟齬と葛藤と気づきがあったのか。こうしたことは、プロジェクトの会議や研究会での発言や、立ち話や懇親会の場での会話のなかで語られてはいる。しかし、それらをより意識的・明示的にしていくことは――すべてがポジティブなものを生じさせるとは思っていないが――各個人の考えや学問分野の相互理解を促進させ、自らの考えと学問分野を相対化する契機になるように思われる。

本章で書いてきたことは、まさに、このようなものである。とはいえ、人類学的な視点とは、オートエスノグラフィーに限らない。共同研究の現場は、それに参与する研究者の個々人の経験の集積だけではない。共同研究それ自体としての特徴や枠組みをもっている。その特徴や枠組みを規定する大きな要素のひとつが文書である。最後に、次節では、近年、人類学の研究対象として注目されている、文書作成という現場について述べたい。

文書作成という現場

文書は組織を成立させる単なる道具ではない。あるいは、文書は単純に何かを表象しているだけではない。文書は、組織を成立させているルール、考え方、知識、目的などや、組織それ自体をつくりあげていくものである（Hull 2012: 253）。このように、近年の研究は、文書による構築性——文書によって何らかのリアリティがつくりあげられていく——という点に着目している。共同研究の現場で働く私としては、文書によってリアリティがつくりあげられる、ということは、しばしば感じることである。共同研究は文書を作成することを骨格としているからである。それは、どういうことか。

フォーマルな共同研究は、研究費をもとに成立する[19]。その研究費は、研究者個人によって管理されるのではなく、研究者の所属する研究機関・大学によって管理される。研究者は、それぞれの研究機関・大学の研究費の利用のルールに基づいて申請を行い、研究費を用いる。研究費の個別の利用に際して個々の申請書と報告書が作成され、それぞれ、目的・用途・成果が書かれる。そして、共同研究全体としても、共同研究を始めるにあたって書かれる申請書、一年ごとに要求される報告書が作成される。そこでも、基本的には、共同研究の目的と成果が書かれる。したがって、フォーマルな共同研究では、つねに文書が生産されるのである。

研究の主たるアウトプットのひとつは論文である。共同研究は開かれた学術コミュニティに対して論文という文書を生産する一方で、研究費を提供する団体（文部科学省や民間財団など）や研究費を管理する組織（研究機関や大学）に提出する申請書と報告書を生産している。非常に極端にいえば、ほとんどの場合、共同研究とは、論文などの学術的な文書と、申請書と報告書という事務的な文書を生産する運動体である。

サニテーションプロジェクトの研究員としての仕事のなかには、プロジェクトの目的や成果などを簡潔に示す文書の作成・確認の補助業務がある。研究所のプロジェクト紹介のホームページ、研究所の概略を示す要覧のプロジェクト紹介の記事、プロジェクトのホームページ、プロジェクトのパンフレットなどの、たいていの場合、一年単位で定期的に更新される文書である。これらの紹介文は、共同研究によって生産される学術的な文書と事務的な文書の引用と要約によって構成される。したがって、こうした文書の作成・確認は、学術的な文書と事務的な文書を読みかえし、それらの対応関係を確認し、文言を言い換え、それぞれのフォーマットに適合させるという営為である。言い換えれば、これは文書相互の引用・言及（reference）関係を調整する仕事である。

共同研究の運営という点で仕事を行っていると、紹介文や報告書の作成は手段と目的の混交したものとして感じられてくる。報告書は、全業績リストや特筆すべき成果などといった項目のある規定のフォーマットに則って、作成される。それらの項目を埋めること、埋める内容の研究活動を行うことは、たしかに、共同研究に求められているものに応えることになる。そして、こうした報告書の内容に沿って、外部者にむけて書かれる紹介文は、たしかに、ある意味において、共同研究そのものを語っている。報告書といった関係機関に提出される「内部」向けの文書は、ある意味において、その「内部」を「裏返す」（inside out）かたちで、共同研究そのものとなっている（Riles 2000）。

個々の研究そのものは、それぞれの研究者（たち）の学術的な問題関心によって進められていくが、そうした学術的な成果を、共同研究としての申請書や報告書に「落とし込む」ことで、共同研究それ自体が形作られる。申請書や報告書がその文書間の整合性を保ち、計画・実施・成果が書かれることで共同研究は規定され、これらの文書によって、リアリティが構築されているといえる。

私は紹介文の作成・確認の補助業務のために、既存の報告書を読み返すなかで、奇妙な既視感におそわれた。私は、自分の歴史研究のなかで、まったく似たようなことをしていたからである。

私は歴史研究のための基礎資料として報告書をよく読んでいた。植民地行政官による行政の地域単位ごとの月次報告書や年次報告書、監察官による監査報告書などといった行政文書である。こうした行政文書から、植民地行政の活動、あるいは、統治を行っていた土地に暮らす人々の生活に関連する情報をまとめていくことが、歴史研究者としての私の営為であった。

過去の報告書やプロジェクト内のさまざまな発表資料を読み返し、新たな報告書の作成の補助を行うとき、私は、全体として、どのような整合性があるのか、あるいは、整合性がつけられるのかという点に着目して読んでいく。他方で、歴史研究者として、植民地統治期の報告書や種々の史料を読んでいくとき、そこに書かれている「事実」を追う前に、それらの文書内でどのような引用・言及関係が成立し、それらの文書がどのような論理で書かれているのかを理解しながら読む。プロジェクトの仕事と自らの研究で、まったく対照的なものを行っていることに気づいたとき、私は何ともいえない驚きを感じた。プロジェクトの仕事では文書間の関係づけを行い、自らの研究では文書間の関係づけを読み解いているのである。

このように考え、プロジェクトの文書を扱う仕事をメタ研究としてみるとき、このメタ研究と歴史研究との関係は、土器を扱う考古学と民族考古学との関係に類比できる。考古学者は発掘された遺物の土器を詳細に観察・記録することで、その土器がどのような技法でつくられたのかを明らかにする。しかし、実際に、どのようにつくっていたのかを直接、目にすることはできない。他方で、民族考古学者は、現在の土器製作を観察することで、どのような技法がどのような痕跡をもってどのような土器をつくりあげるのかを明らかにする。プロジェクトにおける文書作成の現場は、あたかも土器製作の現場のように捉えることができる。

もちろん、文書を扱う人類学的な研究はすでになされている（たとえば、中村　二〇〇九）。こうした研究を踏まえつつ、不可避的に文書を生産する共同研究の現場は、いまだ十分に探究されていない、文書と組織、文書と人間との関係を考えるフィールドとなるだろう。

現場＝フィールドの学としての人類学

本章では、私の勤務先での学際的な共同研究を、ひとつの現場として、そこで何が生じているのかを、私自身の経験によるオートエスノグラフィーとして書いた。そのうえで、こうした共同研究において人類学者がなしうることのひとつとして、メタ研究があることを述べた。最後に、メタ研究のなかでも、共同研究の現場での文書作成に焦点をあてた研究が、考古学に対する民族考古学のように、歴史学に対する人類学的研究としてなしうることを指摘した。

フィールドで、あるいはフィールドから、考えることが、人類学の基本的な方法である。プロジェクトの慣れない仕事のなかで、人類学者として果たす役割は何かと自問していたとき、私は、その仕事の現場そのものがフィールドであることに十分に自覚的ではなかった。しかし、この現場こそが、考える出発点であり、対象であると認識したとき、私は少し気が晴れ、より分析的に仕事をみることができるようになったと思う。

もちろん、このようなメタ的な視点が、つねに問題を解決するわけではない。しかし、仕事を違った視点からより深く考えることができるだろう。人類学は、そのように考えるためのひとつの技法である。

近いところでは、大学院の博士前期課程の私の先輩・同期・後輩が、大学院以前、あるいは大学院以後の「社会人」経験を対象に、人類学／フィールドワークと仕事・職場との類似・差異を書いている（監物・中尾　二〇一三、加藤　二〇一五、中根　二〇一七、山森　二〇一七）。遠いところでは、パプアニューギニア研究の泰斗で、当時、ケンブリッジ大学に勤めていたマリリン・ストラザーンは、大学行政をとりまく環境と文書を人類学の研究対象として分析している（Strathern 2006）。職場での発見、気づき、悩みは、それ自体として分析の対象である。身近にある現場をフィールドとして認識したとき、そこですでに人類学は始まっているのである。

注

（1）フィールドを日本語の現場として捉えなおす視座については、小田（二〇一〇：六―七、一〇―一一）を参照。

（2）オートエスノグラフィーについての一般的な概説としては、井本（二〇一三）を参照。代表的なものとしては、『ボディ・サイレント――病いと障害の人類学』（マーフィー　一九九七）がある。この本は、ブラジルのアマゾン等でフィールドワークをおこない、大学の教員をしているなかで、脊椎に生じた腫瘍によって神経系が徐々に破壊されるという死に至る病に冒された人類学者のマーフィーによって書かれた。「この本は私の自伝ではないことを銘記しよう。これはむしろひとつの特殊な病いが社会の一員としての私の地位に与えた衝撃についての書だ。私が経験してきた病いとは、単にからだの麻痺をもたらす身体的な病いであったばかりでなく、それに負けぬくらい社会関係を冒す社会的な病気でもあったのだから」（マーフィー　一九九七：一五）。本書を読むことで、当時のアメリカ合衆国の社会のなかで、このような病いに冒されるということは、どういうことなのか、ということが、了解されるだろう。この書は、病いの社会的・文化的な意味、そして、当事者にとっての意味を明らかにしたオートエスノグラフィーによる民族誌である。なお、本書の各論文は多かれ少なかれオートエスノグラフィーの要素を含んでいるが、本書第三章、七章、八章の筆致が本稿に近いものとなっている。あわせて参照されたい。

（3）執筆当初は意図していなかったが、結果として、本稿で私がとりあげた出来事のほとんどは初年度のものとなった。これには、二年目の出来事は現在進行形の研究のなかで生じており、その出来事に含まれる研究上の成果が公表されていないものが含まれていたため、書くことができなかったという点による。また、私が出来事の意味を解釈・了解するために、一年を要したという側面もあった。さらにいえば、初年度での経験の衝撃が私にとっては大きすぎたということもあるのかもしれない。

（4）http://www.chikyu.ac.jp/about/, http://www.chikyu.ac.jp/about/greetings/（二〇一九年三月三日最終確認）

（5）実際には、研究基盤国際センター、コミュニケーション部門、コアプログラム、実践プロジェクト（ＩＳ、ＦＳ、ＦＲ）、プログラムープロジェクト制という複雑な仕組みがあるのだが、省略した。それらについてはホームページを参照。http://www.chikyu.ac.jp/rihn/project/howto_project.html（二〇一九年三月九日最終確認）

（6）サニテーションプロジェクトの概要については、プロジェクトのホームページを参照。http://www.chikyu.ac.jp/sanitation_value_chain/（二〇一九年四月十八日最終確認）

（7）ＷＨＯのホームページに書かれている定義を参照。https://www.who.int/topics/sanitation/en/（二〇一九年三月三日最終確認）

（8）ここで引用したＵＮＩＣＥＦとＷＨＯの共同モニタリングプログラムの報告であげられた数値やその評価基準も、そのまま受け入れられるものであるかどうかは留保が必要である。たとえば、共同モニタリングプログラムの設定する「改善されたサニテーション」の条件が果たして妥当なものであるのか、発展途上国の統計データが十分に揃ったものなのかなどといった批判がある（Satterthwaite 2016）。

（9）ＳＡＴＲＥＰＳ（地球規模課題対応国際科学技術協力プログラム：Science and Technology Research Partnership for Sustainable Development）とは、国立研究開発法人科学技術振興機構（ＪＳＴ）、国立研究開発法人日本医療研究開発機構（ＡＭＥＤ）、独立行政法人国際協力機構（ＪＩＣＡ）の共同による、発展途上国の研究者と共同で研究を行う三〜五年間の研究プログラムである。船水先生（後述）を代表として、二〇〇九年度から二〇一三年度まで、研究課題名：『アフリカサヘル地域の持続可能な水・衛生システム開発』を、ブルキナファソの国際水環境学院をカウンターパートとした共同研究が実施された。

（10）北海道大学工学研究院・助教。なお、本稿で言及する人物の所属と職位は、二〇一九年三月時点のものである。

（11）「文化と文明は、民族誌的な広い意味でいえば、知識、信念、芸術、道徳、法、慣習（custom）、その他の能力や習慣（habits）といった、社会の成員としての人間が習得したものの複合的な総体である」（Tylor 2016: 1）。なお、初版は一八七一年である。

（12）「文化は、象徴のなかに実体化され、歴史的に伝えられた意味のパターンであり、生活についての知識や態度を伝達・永続・発展させるための方法として、象徴的な形式を用いて表現され、伝えられてきた概念の体系である」（Geertz 1973: 89）。

（13）「文化の客体化とは、文化を操作できる対象として新たにつくりあげることである。そのような客体化の過程には当然、選択性が働く。……文化の客体化によってつくりだされた「文化」は、選択的、かつ解釈された存在なのである」（太田　一九九八：七二）。

（14）https://labs.eng.hokudai.ac.jp/course/hygienv/?page_id=177（二〇一九年三月四日最終確認）

（15）「八大学工学部を中心とした工学における教育プログラムに関する検討」、工学における教育プログラムに関する検討委員会、一九九八年五月八日。http://www.eng.hokudai.ac.jp/jeep/08-10/pdf/pamph01.pdf（二〇一九年三月四日最終確認）
（16）もちろん、人文科学の目指すものについては、いろいろな立場がありうるし、問題発見を目的におくのはひとつの考え方である。
（17）京都精華大学アフリカ・アジア現代文化研究センター設立準備室・研究コーディネーター／総合地球環境学研究所・研究員。
（18）京都大学大学院地球環境学堂・助教。
（19）研究者たちが個人的に（自費で）集まって研究会を重ねるかたちの共同研究をここではインフォーマルな共同研究として位置づけている。

参考文献

青柳まちこ　二〇〇〇a「はじめに」『開発の文化人類学』青柳まちこ（編）、i—vi頁、古今書房。
――――　二〇〇〇b「幸福のための開発――われわれの知識を有効に」『開発の文化人類学』青柳まちこ（編）、五九—七九頁、古今書房。
井本由紀　二〇一三「オートエスノグラフィー」『現代エスノグラフィー――新しいフィールドワークの理論と実践』藤田結子・北村文（編）、一〇四—一一一頁、新曜社。
太田好信　一九九八『トランスポジションの思想――文化人類学の再想像』世界思想社。
小田博志　二〇一〇『エスノグラフィー入門――〈現場〉を質的研究する』春秋社。
加藤英明　二〇一五「職場における読み書きの役割に関する一考察――製造メーカーの営業の仕事を事例に」『南山考人』四三号：六三—七三。
ギアツ、クリフォード　一九八七『文化の解釈学Ⅰ』吉田禎吾ほか訳、岩波書店。
クリフォード、ジェイムズ　一九九六「序論――部分的真実」『文化を書く』ジェイムズ・クリフォード&ジョージ・マーカス（編）、春日直樹・足羽與志子・橋本和也・多和田裕司・西川麦子・和邇悦子訳、一—五〇頁、紀伊國屋書店。
監物もに加・中尾世治　二〇一三「人類学と共に生きる――大学／院とその後の人類学にむけて」『南山考人』四一号：二五—四三。
スチュアート、ヘンリ　一九九三『はばかりながら「トイレと文化」考』文藝春秋。
齋藤哲也　二〇〇六「開発コンサルタントとしてフィールドワークに取り組む」『躍動するフィールドワーク――研究と実践をつなぐ』

井上真（編）、二三〇―二五一頁、世界思想社。
中根弘貴　二〇一七「人類学と繋ぐ、フィールドにて。――南山考古文化人類学研究会ＯＢＯＧ会に寄せて／を事例に」『南山考人』四五号：四七―六三。
中村雄祐　二〇〇九『生きるための読み書き――発展途上国のリテラシー問題』みすず書房。
マーフィー、ロバート　一九九七『ボディ・サイレント――病いと障害の人類学』辻信一訳、新宿書房。
山森哲史　二〇一七「文化人類学×仕事」『南山考人』四五号：七三―八三。
ラトゥール、ブルーノ　一九九九『科学がつくられているとき――人類学的考察』川崎勝・高田紀代志訳、産業図書。
Geertz, Clifford 1973 *The Interpretation of Cultures*, New York: Basic books.
Hull, Matthew S. 2012 'Documents and bureaucracy', *Annual Review of Anthropology* 41: 251-267.
Joint Monitoring Programme 2015 *Progress on Sanitation and Drinking Water:* 2015 *Update and MDG Assessment*. WHO, UNICEF.
Riles, Annelise 2000 *The Network Inside Out*, Ann Arbor: University of Michigan Press.
Satterthwaite, David 2016 'Missing the Millennium Development Goal targets for water and sanitation in urban areas', *Environment and Urbanization* 28(1):99-118.
Strathern, Marilyn 2006 'Bullet-proofing: A tale from the United Kingdom' in *Documents: Artifacts of Modern Knowledge*, Annelise Riles (ed.), pp. 181-205, Ann Arbor: The University of Michigan Press.
Tylor, Edward Burnett 2016 *Primitive Culture* Vol. 1, New York: Dover Publications.

第十章　そんなことはどうでもいい、というわけでもないのかもしれない

山崎　剛

この最後の章では、ちょっとだけ変わったことをしてみようと思う。それは、他の章のようにフィールドワークについて語るのではなく、フィールドワークのようなことを実際にしてみるということ。せっかく、今、本を読んでいるのだから、本を読むということもまたフィールドワークしてみることができるのではないだろうか。それは、もしかしたら、身のまわりのことを発見することにもなるように思う。本を読みながら、本を読んでいることをフィールドワークするのだから、きっと、おかしな経験になるとは思うけれど、それはそれで楽しんで読んでもらえればうれしい。

学問を取り払ってはじめる

ここまでいくつかの章を読んで、おおよそ想像がついていることとは思うけれど、フィールドワークは、「どうでもいいこと」の連続でもある。たいてい、望んだ通りにはいかないし、何かまとまりがあるようでいて、まとまりがつくことなどなかなかない。それは、たしかに、どこか人生とも似ていて、その過程には、どうしても取り組まなければならない重要なこともあるけれど、ほとんどが、どうしてもというほどには重要ではないことであふれている。もし、重要なことが何かを最初からわかっていて、重要なことだけが必要なことだと思うのなら、そういう人は、そ

のことだけを調べていればいいわけだし、それだけをただ、こなしていればいい。でも、それだとフィールドワークというよりは、単に調べたいことを調べてるだけの調査だし、人生というにしてはあまりにちっぽけすぎる。フィールドワークの経験と日常を生きる経験。こんなふうに分けて書いてしまうと、そのどちらにも、いくつかの「重要なこと」があって、それとは別にたくさんの「どうでもいいこと」があるみたいに思えるかもしれない。でも、実際は、どちらにおいても、何が重要なことかなどわからないし、最初からわかっているはずがない。だとすれば、まずは、この「どうでもいいこと」に注目してみることは、もしかしたら重要なことなのかもしれない。ここでは、フィールドワークというかたちで、そういうことをしてみることにする。(1)

それから、はじめる前に、もうひとつだけ。フィールドワークと人生に、似ているところがまだあるとすれば、それはどちらも、どういうわけかすぐに振り返りたくなるが、振り返っても仕方ないというところ。ついつい、誰もが、ことあるごとに、うまくいったことを誇って誰かに自慢したり、うまくいかなかったことを愚痴って自分を慰めたりするものである。そういうことをしたくなるのは、わかるけど、でも、じつのところ、それはフィールドワークにおいて生じていることではないし、生きていることの中心にあることでもない。むしろ、フィールドワークというものは、そして人生もそうだけれど、振り返るものというより、今、まさに起こり、簡単にはまとまりのつかないかたちで展開しているものである。後から意味づけて人に語るようなものではなく、うまく意味づけられないなかで、誰にどう語ったらいいかもわからず、何かが生まれるのかもしれないし、何も生まれないかもしれないようなもぞもぞしたわくわくこそが、フィールドワークで起こっていることであり、生きていることのたのしみでもある。だから、ここでもそういうふうに、今、起こっていることに目を向けることにしよう。

さて、ちょうど、あなたは、今、『生き方としてのフィールドワーク』という書名のこの本を手に取って、このページを読んでいる。こんな本を手に取るくらいだから、学問やフィールドワークに興味があるのだろう。だからか、学者が人生を振り返って語るフィールドワークの話も聞いてみたいと思ったのかもしれない。でも、この章では、そういうことはしない。誰かのフィールドワークの物語ではなく、あなたもしていることとしての日常をフィールドワークのように読んでみる。生き方としてのフィールドワークというからには、それを読む者も、それをする者も学者である必要はない。ちょうど、あなたは、今、この本を手に取っている。でなければ、この文章を読んでいるはずがない。この間違いのない事実から、はじめることができる。あなたが、実際、この本を買い、丁寧に開いては読み、最終的に、自分の本棚に収めるかどうかまではわからないけれど、そんなありえる短い時間のあいだにすら、注意を向けてみてもいいような「どうでもいいこと」に、この世界はあふれている。たのしくもなかったあたりまえのことが、どこかたのしいものと思えるようになる。そうした探求に、学問という前提は必要がない。むしろ学問を取り払うことで、それをはじめてみることにしよう。

本を開いている時には、見えていないこと

探求と称して、フィールドワークのようにしてみる読書。これからはじまるそれを支えている唯一の拠りどころは、これが本としてここにあること。そして、この本があるということは、そのそばには、あなたがいるということ。ここからは、この本のまわりで起こっている、あなたも経験していることを、この章で取り上げる。本があるゆえに経験してしまえているいくつものことを、この本をきっかけにして読み進める。でも、しかし、ここからは間違っても、重要なことを期待するなんてことはやめておこう。どうでもいいことにあふれていることこそ、注意を向けてみるべきものなのだから。

棚の前で立ち読みをする

さて、この本は、今、開かれている。すでに購入していたり、誰かから寄贈されたり、図書館で借りたりしていなければ、あなたは、今、書店の棚の前で、立ってこれを読んでいるはずだ。(2) もちろん、どこであろうと本は開くことができる。でも、あなたは立ったままで、この本を開いている。そして、本を開いている時には、どういうわけか見えなくなっていることがある。おかしな話かもしれないが、それによって見えなくなるのは、目の前にある本以外のこと。実際、ページを目で追っているかぎり、ページの外を同時に見ることはできない。本というものは、その内側にある内容に没頭すればするほど、その外側にあるまわりのことが気にならなくなる。あなたは、いつ、どこで、どんな格好で本を開こうと、それらのこととは関わりなく、そこに書かれた内容を存分に堪能することができる。本とは、そのような形式の装置だ。

しかし、気を取り直して、ひと度、ページから目線を上げれば、ページの外にあるものを見ることはできる。今も、そうしてみれば、おそらくそこに見えるのは、書店の棚だろう。

あなたは、その棚から、この本を抜き取った。とりたててみるほどには、おもしろみのないものかもしれないが、書店に来ているのは、棚を見に来ているともいえなくもないのではないか。なぜなら、書店では、棚だけがいつも姿を変えるから。本というものは、どこの店舗で買っても書かれていることはまったく同じだが、その本が並んでいる棚というものは、どこでも同じということは決してなく、すべての書店で違っている。

だから、ある書店では人文書の棚で『フィールドワークの技法』とか『フィールドワーク事始め』といった本の横に並べて置かれている、この本を見つけたあなたがいるかもしれないし、別の書店ではライフスタイルの棚で『生き方としてのヨガ』とか『料理人という生き方』といった本の横に間違って並べて置かれている、この本を見つけたあなたがいるかもしれない。あなたが、どちらのあなたかはわからないが、本は、必ず別の本の隣に置かれ、棚はそうやってできている。そして、そうやってできた、その時、その時の棚を見ることが、書店で棚を見るということだろう。それは、自宅の本棚とはまったく違う。そのような棚があるからこそ、あなたは、たまたまこの本を見つけて、手に取り、開くことができている。

でも、……間違って？　どうしてこの本がライフスタルやビジネスの棚にあると、間違って置いてあるって思うのだろうか。自分の本棚でもないのだから、どこがどう間違っているとか言い切れないはず。しかし、実際、「どう考えても、この本があるべきは、この棚じゃないだろ」と思うことがある。それは、本とはどのような商品で、棚や分類がどのような管理のしくみなのかといった重要なことと関わっている。でも、そんなことは、どうでもいい。それよりも、前にある棚に目を向けよう。この本は、もともとどこにあったんだっけ。そんなふうに考えて、あなたは棚に隙間を見つける。これもまた、どうでもいいことかもしれないけれど、いくつもの本がならぶ棚から本を抜けば、本と本のあいだに隙間ができる。「何も無い」ことが目印となった空間がそこにある。もう飽きたなら、そっとその隙間にこの本を戻すことが、あなたにはできる。ただ戻したそこが、正しい場所かはわからないけれど。

棚とレジのあいだで

まだ書店で立ち読みをつづけているとしたら、あなたは、まだこの本を買っていない。だったら、もうしばらく、書店にとどまり、まわりを気にしながら話をつづけることにしよう。買うか、買わないかを迷いながら本を読むなんてことは、書店でしかできないことなのだから。

ところで、この本は、どのように構成されているだろうか。目次や章といった内容の構成はさておき、物質としての本は、紙を束ねた複数のページからなる本体があり、その上にはカバーが掛かってあり、さらには帯も掛かってあったり、加えて、出版社が用意した新刊案内やしおり、そしてスリップが差し込まれてあったりして全体ができている。それらの多くは、本の内容を重要と考える人にとっては、わりとどうでもいいものだったりするが、なかでもスリップは、他と比べても特別などうでもよさがある。まずもって、スリップは、購入時にレジで抜かれてしまうものだから。その存在を知ってはいるが、よく知っているといえるほどには知らず、本を買ってしまえば、見かけることもなくなって、その存在を忘れてしまうようなものとしてある。

だから、読者がスリップを経験できるのは、立ち読みしている時だけのことだ。たまに、いいところでページとページを跨いで挟まっていて、読み進めたくても読み進めづらかったりと、邪魔な存在感を、時々、出していたりする。読者にとっては、そういう、よくわからないものとしてスリップはある。しかし、考えてみれば、スリップは、本の一部のようでもあるけれど、折れ曲がって本に挟み込まれているだけの、本そのものではないただの紙切れでしかない。ただ、この本にも挟まれているので実際に確認してみれば、そこには「売上カード」と「注文カード」と書いてあったりする。折れ曲がった一枚のただの紙切れのように見えていたものが、実は、ふたつの別の目的をもった紙だったということを、あなたは知っていただろうか？　もちろん、そんなこと、知らなくったって何の問題もない。読者にとって、そんなことは、どうでもいいことだから。でも、どの本にも挟まった、このスリップというものが本と一緒にどんな旅をしているのかはちょっと想像してみたくはなる。

想像上の手がかり

どんな書店も、毎日、かなりの数の本が動いている。それらすべてが売れているという意味ではなく、朝には、毎日、新しい本や雑誌が届き、台や棚を入れ替えつつ、売れない本を戻すことがおこなわれている。店員でもない限り、それらを実際に見ることはないけれど、いつも行く度に減ったり増えたりしてるのだから、そうに違いないと勝手に想像する。だから、本は、お店の中でどころか、お店の外でも、止まっているようで止まってなどいないのだろう。印刷されて、箱詰めされて、いろんな種類の本が組み合わさって、運ばれて、届いた本は、箱を開けられて、あるいは箱を開けられることもなく返品されるものもあるのかもしれないけれど、ともかく、つねに動きの中にあって、今、台の上や棚の隙間に配置されている。そして、配置が決まったかと思えば、あなたの手に取られ、間違った場所に戻されたり、レジまでのあいだずっと小脇に抱えられて店内をぐるぐる動きまわったりする。

スリップは、そうした本の中にこっそり隠れ、その動きにいつも同行しつつ、本が売れた時にだけ、本と別れて、本が売れたことの目印となってレジに残る。こうして、スリップはやっと仕事をはじめる。販売時点での情報管理。スリップが束になってあるということは、今の時点で、どんな本が、どんな順番で、どんな本と一緒に売れたのかを示している。それではないものによって、それを管理するというやり方。コンピュータでの管理が進んだ今では、もはや必要ないとされてもいるようだけれど、スリップは、わかる人にはわかるようなかたちで、この店内にあったんだけど、今はもうどこかへ行ってしまった本たちの痕跡として、それらが絶え間なく流れて動いていることを思い描くことができる、そんな手がかりになってくれてもいる(3)。

というわけなので、本は買えても、スリップは買うことができない。それでも、レジでは、さまざま交換がおこなわれてもいる。代金の支払いによって、本の所有権があなたに移るだけでなく、スリップが抜かれる代わりに、しおりが挟まれ、レシートとお釣りが返ってくる。さらにお店によってはブックカバーをつけてくれるところもある。そうしたレジでの変化を通過して、それぞれ別の場所へと向かう本の移動がいくつも起こっている。ともかく、あなたは、この本を買う。買って、家へともって帰る。この章を読み進めるためにも、そうすることにしよう。

本を買うということ

家に帰った、あなたは、この本を袋から取り出してパラパラとめくる。自室で、荷物をおろして少しだけくつろぎの時間を取り戻しつつ、とはいえ、すぐに読みはじめるわけではなく、まずは買ってきたことをたしかめるようにパラパラ開くだけ。そして、おもむろに机の上にこの本をそのまま置くだろう。そう。ふつう、買ってきたばかりの本は、すぐにがっつり読みはじめることはないし、いきなりすぐに本棚にしまったりすることもしない。あたりまえだけど、どうしてだろうか。それは、やっぱり、きっと、このあと「読むつもり」だからだろう。本は、もちろん読みたいから買うのだけど、買ったからといって必ずしもすぐに読むとはかぎらず、また本棚は、たいてい読み終わった本をしまっておく場所としてある。だから、買ってきたばかりの本は、読むつもりの状態でひとまず机の上に置かれる。

さて、よく見ると、この本とよく似た状態の本があなたの部屋には何冊もあるのではないだろうか。机の上だけでなく、ベッドの上や、もしかしたら床にまで、そんないくつもの、まだ読み終わっていない本が置かれたままある。それらの本の特徴は、すでに本棚に収まった本たちとはあきらかに違って、あなたの生活の近くに点在してあるということ。読むつもりでいるけれど、なかなか読めてはいないが、まったく読んでないというわけでもなく、ただ置いたままになっている本。そういう本が、たいてい誰の家にでもあるものだ。この本もまた、あなたの部屋で、そうした「読むつもりの本」のひとつに、今日、加わった。

こうやって、本は、どんどんあふれてゆくのだろう。そして、部屋はちらかる。でも、そうやって本が増え、収まりがつかなくなることは、別に恥じるべきことではない。本を買うとは、そういうことでもある。あなたは本を買ったのだから、読まなくたって誰にも怒られることはない。そりゃ、早く読み終わって本棚に収められたらいいけれど、本を買って読む権利をもつことは、読まなくてもいい権利をもつことでもある。それに、本は、読み終わらなくても、いくらでも次から次に別のを読むことができる。あるいは、何十年のあいだをあけて、またつづきを読みはじめることもできる。そんなことは、どうでもいいことかもしれないけれど、あなたは安心して、ひとまずこの本を置く。

古くても、新しいことがある

この本が出版されたのは二〇二〇年。あなたが、この本を読んでいるのは、いつの日のことになるのかはわからないけれど、どんなものもそうであるように、時間が経てば、この本もやっぱりどこか汚れて傷むだろう。そして、汚れたもの、傷んだものは、どこか古いと感じてしまう。でも、古いってどういうことだろうか? せっかくなので、ちょっと本を閉じて、汚れたり傷んだりしていないか見て欲しい。

ものの古さを外見だけから判断するのは、考古学的にも難しいことだと思われるが、本というものは、おもしろいことに、最後のページに、出版年を書いてくれている。ご丁寧に、版と刷の区分も示し、この本の版ができた年代と、まさにこの本が刷られた年代がわかるようになっている。複製され、複数存在するこの本が、その時点で何度複製されているのか、この一冊の本に記載されている。だから、本は、コップやTシャツなどとは少し違って、型式のより詳細な時間的な分類ができるようになっている。というわけで、一冊の本からだけでも、その本が作られた絶対年代がわかるし、二冊もあれば、どっちが古くて、どっちが新しいかもすぐわかる。でも、そんなふうに最後のページからわかることだけが重要な情報じゃないことをあなたは知っている。どんなに新しくても、くたくたになるまで読み込まれ、汚れに汚れた本があったりする。それから、どんなに古い本を買ったとしても、家に買って帰れば、それがあなたの家にある一番新しい本になったりもする。また、この本が、あなたの部屋の、積み上がった本たちの一番上にあるということであるとすれば、きっとまだこの本は新しいと推測できるし、あなたの今ある関心のトップにあるということもできたりする。

あなたは、この本に刻まれた汚れや傷をたしかめながら、買って帰った日のことや、読み進める際にもち歩いたりしたいろいろなことを思い起こしたりする。どうでもいいことかもしれないけれど、どんなに増刷されたとしても、同じ本は一冊もない。この本は、あなたの本である。

本も動くし、あなたも動く、でもそんなことは考えない

どんな本も、一瞬で読むことはできず、読書は時間のかかる行為である。こんな論集ともなれば、読んだり、読まなかったりするページや章もあるだろうけれど、時間をあけて、場所を変えながら、読み進められるのがふつうのこ

てであるかもしれないし、湯船に浸かって
とである。だから、あなたは、今、少し混み合った電車の中でこれを開いているかもしれないし、湯船に浸かってページがぐにゃぐにゃになるのも気にせずぼぉ〜っと読み耽っているかもしれない。あるいは、家族のいるリビングで深くソファにもたれて、つけっぱなしのテレビをチラ見しながら、これをただ広げて眺めているだけかもしれない。どちらにせよ、あなたは、この本のそばで、その時、その時、深く考えたりはしないかもしれないけど、本を読むというだけではない、どうでもいいたくさんのことを散漫に経験している。だから、このフィールドワークのような読書も、まだ、もうしばらく散漫につづけることにしよう。ただ読むことをするのではなく、時には閉じて、この本があるのを確かめるみたいに見ながら、また時には開きながら、ページに指を挟んだままにしたりしながら、まわりにあるものを見てみるようなことにしてみる。そうしてみれば、嫌だって、どうでもいいことにも気づくだろう。そして、これを読めば、そんなことをいつもしている自分にも気づくはずだ。

カバンの中に入れる

あなたは、寝る。しかし、その前に、この本をカバンに入れることにする。ということは、明日、どこかで読もうと考えているのだろう。あるいは、誰かに貸してあげるのか、紹介するつもりなのかもしれない。外へ出かける時に、本をもって出かけることはよくあることだ。そして、もって出かけるにはちょっと大きすぎるこの本も、必要があれば、もって出かけるしかないのだから、やっぱりカバンに入れることになる。でも、もしかしたら、こんな大きな本をわざわざ外で開こうとは思わないかもしれないし、別の本が読みたくなるかもしれないからと、文庫本も一冊だけ加えてカバンに入れることにする。

そうなると、けっこう荷持がいっぱいになってしまうので、カバンの中身の整理をはじめなければならない。中か

ら出てくる、どうしても必要な書類や小物をまずはひとまとめにして横に置き、ずっと使っていないポケットティッシュや、どこかでもらって帰ってきて入ったままになっていたチラシなんかをうんざりしながら取り出して束ねる。もう、こうなったらと、カバンをひっくり返せば、粉になって袋に残ったビスケットみたいに、なんだかよくわからないものも、いっぱいこぼれ落ちてくる。そうこうしながら、なんとかできた空間に、必要なものと本をまとめて入れる。本は、そんなふうに、時々、本以外のものと空間をシェアする。

カバンの中には、毎日、使うことで堆積した「過去」がいっぱい詰まっているといえそうだ。そして、私たちは、毎日、次の日のために、準備や計画によって「未来」をつめこむことをする。そんなふうに過去と未来が、「現在」において詰まっているのがカバンだということができるだろう。毎日、もち歩くカバンに宿る「時間」のことなんて、眠い時には、どうでもいいことかもしれないけれど、あなたは、そんなカバンにこの本を入れて眠りにつく。

電車の中で読む

あなたは、学校や会社に向かう電車の中で、本を読もうとカバンを開く。今では、ほとんどの人がずっと携帯端末をさわっているとはいえ、電車の中で本を読むことはありえることである。ただ、いつもと変わらぬ混雑ぶりに少々うろたえ、できるだけコンパクトな文庫本を取り出そうかと考えるが、せっかく読んでる途中なので、大きすぎるサイズではあるけれど、かまわずこの本を取り出して開く。まわりなんて、気にしてもしょうがない。そもそも、電車で本を読むことの半分は、まわりを気にしないためでもあったりする。誰にとってもそうだと思うけれど、混み合った電車は、本当にストレスでしかない。だから、せめてイヤホンで耳を塞ぎ、好きな音楽をかけて、読書にはげむ。

考えてみれば、こんな距離感で他人と時間をすごすなんてことはあまりない。隣に座られるならまだしも、目の前に立たれてるのに、まるで関心がないみたいに、ここでは、お互いふるまわなければならず、実際にも関心がないから、言葉を交わすこともなく、ヘンな距離を保って時間だけが流れる。混み合う車内は、とても不思議な空間だと思える。

ただ、こんな距離感も、どうせ次の駅までだからとなんとか我慢することにする。実際、次の駅では乗客が入れ替わりシャッフルされるが、でも実際はまた、新しいヘンな距離感が生まれるだけ。あなたは、本を開いたまま、そんなことを考えるけれど、もちろん、目の前に立ってる人も考えている。「この人、どこで降りるのかな？　早く降りてくれれば、座って本を読めるのにな……」。

どうでもいいことかもしれないけれど、電車の中では、そんないろんなことを考えないためにこそ本を読む。ただ、そんなことを考えていたら、降りる駅に着いたので、本にしおりを挟んで、カバンに入れて、あなたは電車を降りる。

家の中で読む

あなたは、本に挟まったしおりを手がかりに、また本の世界へと戻ることができる。書斎と呼べるほどではないかもしれないけれど、落ち着いて本を読むことのできる、自分の部屋はいいものだ。何より、電車の中とはまるで違い、誰かに見られているわけでもなく、自分の好きなものに囲まれて、のんびりもできるし、集中もできる。喉が渇けば、飲み物を取りに行けるし、トイレに行きたければ、いつ行ったって、その席を取られることはない。

ちょっとしたトイレの時間すら、何かを読んで、少しでも時間を有効に使いたいと思う人は意外と多い。あなたも、そんな人ならば、この本をトイレで読むこともあるかもしれない。どうしてもしなければならないことをそのままに、それをまったく妨げることなく、そのついでというかたちで、できてしまうような読書。トイレの読書とは、何ともおかしな、ついでの読書であるのだが、何ともおかしな、集中できる読書であったりもする。

お風呂での読書も、そんな読書。やりようによっては、テレビはもちろん、家族からも邪魔されず、携帯電話にさえ邪魔されることのない、しばらくはすべてを遮断できるほどよい隔離空間。でも、こんな湿気のあるところで、なんで、わざわざ裸で本を読んでいるんだろうとも思う。そう考えると、家の中は、どこでも本を読めそうで、実際は、読まない場所がけっこうある。キッチンではこんな本は読まないし、玄関でも読まない。階段ではちょっと読めそうだけど、読んでいたら読んでいたで、家族に「なんでこんなところで読んでるの」って聞かれるだろうから、どうせ読むなら部屋に戻るだろう。

いろいろと、本と一緒に動いたけれど、結局、落ち着いて本を読めるのは、ベッドの上なのかもしれない。横になったからといって、特別、本が読みやすいというわけではないし、むしろ読みにくかったりするのだけど、なぜかベッドの上は読書に適している。それは、きっと、すぐに眠れるから。ベッドは、読みやすい場所ではないとしても、眠りやすい場所であることは間違いない。読書とは、本を読むことであるのが、眠ることと連続していたりもする。寝落ちしていい安心感こそ、ベッドを最適な読書のための空間にしているような気がしなくもない。案の定、抜いたしおりもそのままに、この本はベッドから落ちて、あなたはいびきをかいている。もう、どんなことも、どうでもいいみたいに。

リビングにある意識

休日の朝、起きたあなたは、床に落ちた本を拾い、そのままそれをもってリビングへと向かう。少しづついろいろな場所で読み進めたこの本も、そろそろ読み終えてしまいたい。そう思ってもってきたものの、リビングは、それほど本を読むのに適していない。なぜなら、そこはいろいろな意識が漂っている場所だから。

自分ひとりの部屋とは違い、リビング（また、そこと空間的につながったダイニングやキッチン）には、複数の人が同時にいて何かをしている。それは、たいてい家族であって、お父さんがいつも決まった位置に座って新聞を読んでいたり、お母さんがみんなのために果物をむいていたり、妹がふらっと入ってきて冷蔵庫を開けてジュースを取って出ていったりする。みんなバラバラなことをしているので、あなたもソファに座って本を読んでいても何の違和感もない。

ただ、テレビが少しうるさいと感じるけれど、母親はそれを見てはいるようだし、父親は気にしておらず、うるさそうでもない。なので、気にせず、本に集中しようとするけれど、どこか集中できない。やっぱり、テレビの音が気になるし、母親がむいているリンゴがおいしそうだと気になるし、父親が何か面倒くさいことを聞いてこないか気になる。もちろん、お母さんもお母さんで、テレビを見ながらも、あなたが急にリビングにやってきたことで、もう一個リンゴをむこうか気にしているし、お父さんだって、新聞を読みながら、気になった事件について、家族の意見を聞くふりをして自分の意見を披露したいなと思っている。そんな空気が満ちていても、妹は何も気にせずジュースだけ取って出ていく。

それぞれが、まわりのことを気にしているけれど、自分のことをしている。誰も一言も話さないのだけど、共にいることが成立している。そういう空間として、リビングはある。そんな場所だから、この本も開いているのか閉じているのかもはっきりしないまま。それでも、そんな読み方で本を読んでいることは、わざわざ意識はしないし、どうでもいいことかもしれないけれど、誰にだって、どこの家でだって、よくあること。

読み終わりつつある本のしおり

あなたは、なんだかすっきりしないまま、この章のほとんどを読み終えた。しおりの位置が、そのことを示している。本に挟まれたしおりというものは、どこまで読んだのかの目印ではあるけれど、それを本に挟むということは、また戻ってこられるようにそこに意識を置いておくことでもある。本を閉じても、まだ少しだけその中にいる。本を読んでいる途中にあるのは、本を読んでいなくても、本のことを少しだけ考えている時間。生活の中に本があり、読み終わるまでのあいだがある。そして、そのあいだに読んでる途中の「まだ知らない」を楽しむ時間がある。

この章に書かれていたのは、ちょうどそれとは反対に、本を読んでいる時も、生活があるということ。しおりをきっかけにして、本に戻っても、本のページの外側には生活があって、コーヒーを飲みながら読もうとお湯を沸かしていたり、集中して読んでるつもりでも、洗濯物のことや携帯端末に届く通知を気にしていたりする。だからこそ、そんなふうにこの章を読んだあなたなら、ここに書かれた、どうでもいいような生活の「もう知っている」について

も、少しくらいは楽しめたりしたのではないだろうか？

本を読み終えるけれど、終わらない

もともとは、書店で手に取っただけのこの本も、買って帰って、何度か開いては閉じてを、いろいろな場所で繰り返すうちに、「まだ買ってない本」だったものが「読むつもりの本」になり、「読んでる途中の本」へと変わって、そろそろ「もう読まなくてもいい本」になろうとしている。まっすぐのように見えて、曲がりくねったその過程では、本を読んでいるのに、どうでもいいことに注意を向けたせいで、書店のフロアーで起こってることや、電車の中、そして家のリビングやベッドの上でしていることがどんなことか、どことなく実感できたりもしただろう。また、スリップやカバンがどんな道具なのかも、少しだけわかった気がする。でも、読み終われば、このフィールドワークのような読書も終わりにしなければならない。ところで、「読み終わった本」とはどういうものなのだろう。最後も、そんなどうでもいいことを気にかけつつ、この本を閉じて自分の本棚にしまうまでは、この試みをつづけることにしよう。

本棚にしまう

あなたの前には、この本と自分の本棚がある。書店で、この本を抜き取って立ったまま開いた時とは違い、もう閉じられてしまったこの本をどこに挿し込むかは、あなたが決めることである。どのコーナーに収めなければならないか、戻すべき場所が決まっている大きな書店や図書館とは違い、家の本棚は何も決まっていない。その意味では、家の本棚はまとまりのない空間といっていいだろう。しかし、そのへんの目覚まし時計やぬいぐるみが好き勝手に置かれた収納棚とは違って、そこは本が置かれるために用意された専用の場所でもある。もちろん、すべての本が本棚のどこかに場所を与えられるわけではない。すぐに古書として売られてしまったり、誰かにあげてしまうこともあるだろう。そんな、選別を経て残ったものが本棚に収まり、あなたの「蔵書」となる。

本は、どんなに読み込んでも、ページがくたびれたりすることはあれ、内容が減ったり無くなったりすることはない。時代とともに内容が古くなるような本もあったりはするけれど、それは内容が変わってしまうことではない。だけど、内容が変わらないとしても、読み終わった本は、あなたとともにある限り、まだ、その位置づけが変わることはある。それは、本棚から抜かれて、単に捨てられないからダンボール箱に移されるだとか、何度か誰かに貸すうちに、どこへいったかわからなくなったといった物理的な変化だけではない。物理的には何も変わらずとも、たまたま買って、たまたま読んで、たまたま本棚に収まっただけの蔵書でしかなかったものが、それら、いくつもの本を読んだことがきっかけになって、あなたが人並み外れた偉業をなして有名な人物にでもなったりすれば、それは「コレクション」と呼ばれ、多くの人に注目されることになるだろう。本は、読み終わっても様々な変化の中にある。

本棚は、まとまっていないものにも、まとまりをあたえてくれる。それがあるおかげで、たまに引っぱり出しては、また戻して別のかたちに並べ替えたりすることができる。ただなんとなく手に取っただけのものでしかなかった本が、たまたまいくつも集まって、ただ置かれているだけにすぎないとしても、後々、位置づけが変わり、価値が生まれることがあるように、ただなんとなく気になっただけのどうでもいいこともまた、時々、思い出しては、気にかけていたりすれば、いつの日か、何か別の大切な気づきにいたることだってあるかもしれない。そんなことを思いながら、あなたは、本棚にこの本をしまう。

さて、思い返してみれば、本を開く時、本を閉じる時、本をもち歩く時、この本を読んでいるあいだにも、読んでいないあいだにも、この本のそばで、いくつかの気づきがあっただろう。それらは、どれも取るに足らない、まとまりのないものだったかもしれない。でも、それらは、どれもあなたが日々のさまざまなものとのやり取りの中で気づいたことだ。最初から調べたいテーマが決まっているような調査とは違い、日常をフィールドワークすることは難しい。しかし、そこでの発見は、学問のように知識にはならないかもしれないけれど、生活を少しだけ変えるものにはなるかもしれない。このような探求は、人類が、ずっとやってきた探求である。だから、本を本棚にしまっても、それはつづく。

暮らしの中でつづける

ふつう、本を読むという行為は、書かれている内容を理解することだと考えられている。だからこそ、本を読んだ人は、内容について感想を述べるし、いいことが書いてあれば別のことを考えるヒントにしたり、その後の行動を変えるきっかけになることもあるかもしれない。読書のすばらしさは、いつもそんなふうに語られるのだけれど、しかし、どうだっただろうか。「どうでもいいこと」に注意を向けつつ、この章で見てきたのは、本を読むということをしている時にも、私たちは、書かれた内容を理解するというようなこととは別の何かもけっこうしているということだった。書店では、買うかどうかを悩みながら、他の本やお客さんを気にしたりして本を読んでいるし、家でだって読んでいても、そろそろ閉じて、また明日にしようとベッドのやわらかさを感じていたり、テレビや携帯端末が気になって、本を開いて読みはじめても、すぐ閉じたりと、はっきりしないことをしていたりする。それらもまた、本を読むという行為なのに、それらはどういうわけか「どうでもいいこと」として考察の対象になることはないし、話題になることもない。

もちろん、これは本を読むことに限ったことではない。私たちは、たいていどんな時も、している時に、していると思っている以上のことをしている。食べる時も、眠っている時だって。どんな時でもそうなのだから、これはきっと学術調査をしている時においてもそうだろう。調べるべきことを調べに行っても、そこでは聞き取ったり読んで確認したりした以上の思いもしないようなことをしている。そうした経験は、その人にとってみれば、学問をしていても、学問よりも大きなものの経験になっているに違いない。それらの経験の豊かさは、この本の他の章に書かれているので、この章を読み終えたら、また読み返してみて欲しい。

さて、この章は、学問を取り払うことではじめたが、最後に、学問が教えてくれることにも戻っておこう。日常では、どんなにどうでもいいことへと注意を向けても、それらのほとんどはどうでもいいことゆえに、気にしつづけることは難しい。ましてや、ことが、どうでもいいことであるがゆえに誰にも話せないとしたら、なおさらのこと。学問のすばらしさは、そんな「どうでもいいこと」を考えることを許してくれるというところにある。ほとんどの人に、「そんなことはどうでもいい、もうやめろ」といわれても、「もしかしたら重要なことではないか」と一緒になって考えてくれる人がたいていいる。「何それ、おもしろそうだな」と話せるから、どうでもいいことも、どこかどうでもいいとは思えなくなるのかもしれない。そういう仲でいられる人は、学問を超えて大切な存在だ。

この本は、一般の読者に向けて書かれたフィールドワークについての本であるが、同時に、ある研究者へ贈ることを目的に編まれてもいる。執筆者は、みな、その研究者の薫陶を受けている。その人物には、私もまた、学生の頃に指導を受けたが、その後は長く、いっしょに研究会を運営するメンバーとして、いつもどうでもいいことを話せる関係でいられた。そのことを何より感謝している。その研究会は、この章のように、日常のありふれたことを問題にして活動をしてきているが、集まれば、どんなことを話していても、ただ話しているだけなのに、いつも人類として生きていることの驚きと喜びをともに感じることができる場所となっている。(4)

注意を向け、気にかけることは、大切にすることでもある。残念ながら、生活のほとんどは、ありふれたどうでもいいことだったりする。でも、そのどうでもいいことにも丁寧に注意を向けることができたら、少しずつでも、生きていることは大切なものになっていくだろう。日々、ただやっているだけだったことが、どこかありがたいものにも思えてくる。そんなふうに、世界をきちんとあじわうことはできる。そのような態度が、フィールドワークはもちろん、学問や、生きていることの、本来、はじまりにあるものなのではないだろうか。

最後に、もう一度、本棚に収まったこの本を見る。散々、見てきた本棚だったけれど、全然、見てきていなかったことに気づくだろう。見ていたのは、いつも本ばかりで棚ではなかった。棚に並ぶ本を見るようにして、本が並んだ棚を見ることもまたできるのに、したことがなかったとすれば、この世界には、見ていたのに、見れていなかったものがきっとまだまだありそうだ。もしかしたら、それらのことはどれも、それほどどうでもいいというわけではないのかもしれない。(5)

注

(1) 実際、人類学という学問は、これまで他の多くの学問が、重要ではないと放ったらかしにするような、どうでもいいようなことに独特の注意を向け、決して重要ではないなどとは言い切れないものとしてそれらを社会へ再提示する重要な仕事をしてきた。ここでの試みは、その人類学すら、どうでもいいこととして取り扱わないような、日常の何でもないことを気にかけ、生きていることの経験のほとんどが、それほどどうでもいいというわけではないかもしれないと思えるようになれるかどうか、実際にやってみることにある。

(2) もちろん、今は、一切、書店に行かずとも本を購入して読むことができる時代ではある。その場合でも、やっぱり、あなたは、今、手もとに届いたこの本を開いて、このページを読んでいる。このことに間違いはないだろう。そして、もうひとつ間違いないのは、その場合には、あなたは、今、この本を読んでいるとしても、書店で立ち読みするみたいにして読むことはできないということである。

(3) 書店に行くことなく、この本を買ったあなたのこの本には、もしかしたら今もスリップが挟まっているかもしれない。あなたは、そこに挟まったまま手もとに届いた、どこか場違いなスリップをまじまじと見ることができる。

（4）ホモ・サピエンスの道具研究会という名前のその研究会は、気になることを調べてまとめるというよりは、関わりの中で気になったものと関わりながら、何かを産み出すことを研究としてやっている。これまで展覧会（『世界をきちんとあじわうための本』二〇一三）や、冊子（『生活と研究―世界をきちんとあじわうために』二〇一六）や箱（『箱にしまうこと 箱をしまうこと』二〇一五）といったプロダクトを作ってきたが、今回の、この本を読むことのフィールドワークからも、これをきっかけにして、また、いずれ何らかのプロダクトを産み出すことになるはずである。

（5）最後に、この章を読み終えて、どこか違和感がある人がいるとすれば、おそらく、きっと、それは読書というものが、本に書かれた内容を情報として読んで理解するものであるということを前提としているからだろう。この章は、まさに、そうした習慣との距離が取れるようにするためのいくつかの仕掛けがほどこされてもいる。そのように読んで理解するものだけが本なのではないのである。フィールドワークとは、外側から見ることではなく、その内側にとどまりながら、その内側で距離を調整する技法なのだ。そして、その内側では、あたりまえのことではあるのだが、書くことも、読むことも、すでに決まった何かではない。これこそが、生きていることの、とても「重要なこと」なのである。これで、やっと、あなたはこの本を閉じて、この本の外側に広がるものに目をやることができる。すでにいた内側の、その内側にもう一度入るみたいにして、はじめることができる。

あとがき

本書は、二〇二〇年三月に南山大学人文学部を退職される坂井信三先生の業績を記念してつくられた。南山大学大学院のゼミで坂井先生から教えを受け、主として、研究職へと進んだ教え子によって執筆されている。

この出版の構想は、年長である川崎一平さん、菊地滋夫さん、吉田竹也さんによってすすめられた。私が竹也さんからこの計画のことを伺ったのは、二〇一七年五月に神戸大学で開催された文化人類学会学術大会での折であった。その場には、川崎さん、菊地さん、竹也さんに加えて、齋藤剛さん、杉下かおりさん、菅沼文乃さんが同席していたように思う。竹也さん、大学院で席を並べた先輩の菅沼さん、前年に深く呑んだ川崎さんを除けば、ほぼ初対面であった。

その後、竹也さんからメールで「退職記念論文集作成に向けて」という文書を受け取った。そこには、二〇一六年にコアメンバーを募り、素案を作成すると書かれている。つまり、この計画が始動したのは、二〇一六年のことであった。

二〇一六年は、南山大学で、日本文化人類学会第五十回学術大会が開催された年である。坂井先生は、この学会の実行委員長であった。黙々と地道に研究を進める坂井先生には、こうした役職の仕事は実に不得手なものであった（と失礼ながら勝手に想像する）が、この学会はつつがなく盛会に終えただけでなく、副産物をもたらした。この学会を契機として、坂井ゼミ出身の中根弘貴さんが発起人となって、南山考古文化人類学研究会ＯＢＯＧ会を発足させたのである。

その発端となったのは、学会後の懇親会であった。中根さんが、人類学専攻の院生の紀要である『南山考人』第四十五号に寄せた文章をやや長くなるが、引用しよう。

学会一日目全体での懇親会後、坂井信三先生の発案によって、南山大学出身の先生と院生、元院生、学部生計二十名弱によってOBOG飲み会を行った。南山大学出身の先生は、全国津々浦々の大学から南山に帰ってきた。僕が素直に感動したのが、当たり前だが、研究者となっている先輩がたくさんいる、ということだった。大学院を修士のみで修了した場合、学部から院生と関わっていたとしても、五、六年くらいしかたどれない。修士は二年である。二年の先輩、一年の後輩という組み合わせが普通になる。知らなかった先輩が、知っている南山の先生の昔話をする。仏のような坂井先生が（彼はクリスチャンだが）、実は数十年前は研究会のときには額に青筋をたて、煙草をふかし、鬼のようだったことはショッキングであった！（中根　二〇一七：五三）

中根さんは、先述の川崎さんと三次会までいき、その後の川崎さんとのメールのやりとりについても書いている。その三次会には、私も同席していた。中根さんが率直につづっているように、世代の離れた先輩に会ったことや、若い坂井先生のことにふれたことは、大きく心を動かされるものであった。

二〇一六年の文化人類学会の副産物は、他の教員の先生方とともに坂井先生も深く関わった南山大学の二〇〇四年の大学院改組と、それ以降の新しい大学院教育の意義の具現化でもあった。そのことは、『南山考人』の同じ号の「巻頭言」で坂井先生自身が述べている。

新大学院の開設からすでに十年以上たって、修了者の中に研究職に就いた人（あるいは就くことを目指している人）以外に、多様な公的機関や民間企業で働く人も少しずつ増えてきた。そんな中で、本学での文化人類学会の開催が、旧大学院と新大学院の出身者たちが初めて出会う場を提供してくれたのである。……（中略）……［新旧の大学院の修了者の］両者にとって学会は、自分たちの経験した大学院教育が、思っていた以上に自由な活動につながっていく可能性をもっていることに気づくきっかけにもなったかも知れない。……（中略）……人類学を、大学での教育研究という狭い文脈だけでとらえるのではなく、日々社会生活を営む一人の人間として、社会の中での人類学の可能性を考えようという問題意識は、人類学の本来の使命からすれば当然そうでなければならないことだが、新大学院の修了者と在籍者にとってはより身近で切実なものであるにちがいない。本号が、様々な職場で働いている修了者たちの経験と考えを、在学生や諸先輩たちだけでなく、他の大学院の方々にも向けて語る機会になることを期待したい（坂井　二〇一七：一―二）。

つまり、二〇一六年に南山大学で開かれた文化人類学会は、新旧の世代を超えた大学院の出身者の出会いの場であっただけでなく、「日々社会生活を営む一人の人間として、社会の中での人類学の可能性を考えようという問題意識」の交錯と具現化の場をつくりあげた。ＯＢＯＧの飲み会の三次会で、そうした問題意識と坂井先生とのそれぞれの対話の経験を、川﨑さんや中根さん、私も含めた元院生（坂井ゼミで私と同期で愛知県内の企業で働いている中林那由多もその場にいたはずだ）たちで、しこたま呑みながら話していた。

本書の企画は、こうした出会いとは別に、並行してなされたものである。しかし、坂井先生を結節点として、南山の大学院出身者の新旧の世代の交錯と、日々の生活と社会のなかで人類学を考えようとする問題意識の共有・敷衍は、「生き方としてのフィールドワーク」を掲げる本書にまさに通底している。その意味で本書もまた、坂井先生の南山大学での教育研究の実践からの実りである。

坂井先生の学問は、西アフリカをフィールドにして、神話・世界観研究から始まり、イスラームの歴史人類学的研究へと展開していった。また、神話・世界観研究の延長線上でなされた、マルセル・グリオール、ジュルメーヌ・ディテルラン、モーリス・レーナルトによるフランス民族学の古典の翻訳も坂井先生の重要な仕事である。[1]

フィールドワークでは、西アフリカのマリ共和国での口頭伝承の収集を基本としていたこともあり、坂井先生とフィールドワークとの組み合わせは奇異な感を抱かせるかもしれない。しかし、見かけほど、距離は遠くない。実のところ、坂井先生は、生きていることを人類学で考えてきた。ひとの生（生活＝人生）をフィールドワークとして位置づける本書の主題を、先生は近しいものとして感じるだろう。

おそらく、本書を手にとったとき、先生はまっさきに、木田歩さん、本書にも寄稿された山崎剛さんと一緒に行ってきた「ホモ・サピエンスの道具研究会」のことを思い浮かべるだろう。この研究会の成果として、「日々自分たちがやっていること」について、現象学と認知科学を踏まえて論じた先生の論考は（坂井　二〇一〇、二〇一一、二〇一二）、本書に寄せた山崎さんの文章と響きあう。その意味でも、非アカデミックの場で活動する山崎さんが本書に寄稿されたことは、フィールドワークの本としても、先生の退職記念の本としても、非常に大きなものであったと思う。

先生は、「ホモ・サピエンスの道具研究会」の成果として、いろいろなものを書かれているが、たとえば、「私たちの日常生活そのものを人類学の研究対象にし、そこで人類学教育の手がかりを探ろうとした」（坂井　二〇一二：一二）学部の坂井ゼミの試みは、先生の新鮮な感覚が示されている。家庭内で食器がどのように「おかれて」いるのか、食器がどのように動いているのか。ゼミ生とともに、日常を観察しなおし、台所や食卓のなかで、動くモノと動かないモノを見出し、思索を進めていく。「食器が動いていく過程で、相対的に動かない食器棚、キッチンの調理台、ダイニングのテーブル、流しのシンクなどが、動く食器たちのための動かない地をなしている。そうした相対的に動かないモノは、そこにおかれた動くモノにタスク遂行上の情報が読み取られるコンテキストを構成している。モノに認知的様態を付与するとは、そうしたコンテキスト上にモノを「おく」ことなのではないだろうか」（坂井　二〇一二：一九）。

身のまわりの世界の意味が、行為とモノの連関によって生成し、つぎの行為を規定する。先生は、「おく」という行為を、メルロ＝ポンティの現象学を想起しつつ、世界内存在であること、いい換えれば、身体によって世界に属し、世界の生成に参与することとして捉えている（坂井　二〇一二：二五）。

このように日常生活やモノを明示的に主題としたことは、博士論文に基づく単著の出版（坂井　二〇〇三）以降の先生の新たな仕事のひとつではあった。しかし、身体によって、世界にあること、つまり、生きていることをどのように考えることができるのか、という問いを、先生はずっと考えてきていたように思われる。

たとえば、若き日の先生が、グリオール学派によって書きとめられた、西アフリカのドゴンという民族の人々による神話について述べた言葉は、身体と生きていることとの関係を想起させる。ドゴンの神話のなかでは、「身体は社会について思惟するための記号であるばかりでなく、社会を生きることの意味を思惟する手がかりになってさえいる」（坂井　一九八〇：二二〇）。象徴人類学が全盛のころに書かれた、この論文では、身体と社会が比喩によって結びつけて語られる神話を指して書かれている。とはいえ、そのような当時の人類学の狭いコンテキストを外せば、神話に内在した認識のあり方として読むことができる。つまり、さきの文には、身体によって、社会を生きていることの意味を考えようとする認識のあり方が示されているのではないだろうか。

そのように捉えれば、若き日の先生の言葉は、「おく」という行為から、世界内存在であることを読みとるだけではなく、社会を生きていることの意味にまで拡張させて考えるという、さらなる探求の方向性を指し示したものとして読める。つまり、ドゴンの神話は、生き生きとしたイメージにくるまれながら、明晰で新たな人類学的な認識を駆動させる手がかりを与えているのだ。そもそも、神話とは──先生の訳されたレーナルトの言葉を引けば──「情動的な認識というひとつの様式」（レーナルト　一九九〇：三三五）であるのだから。

さきに書いたように、本書は、二〇一六年に企画され、二〇一七年に大まかな概要がまとまった。東海大学出版部からの出版のめどがたつところまでは、年長の川﨑さんと吉田竹也さんが先導してくださった。その後、寄稿者が集まり、原稿の内容について議論をする研究会がもたれた。この研究会をとりしきっていただき、本書の全体の方向性をまとめていったのは、川﨑さんと竹也さんの次の世代にあたる杉下さんと齋藤さんであった。

二〇一八年七月七日に、菊地さんが勤められている明星大学で最初の研究会が行われた。その後、吉田早悠里さんに南山大学の教室を用意していただき、二〇一八年十二月八日、二〇一九年五月十一日に、それぞれ研究会がもたれた。これらの研究会を通して、私は、南山の先輩方との本格的な交流の機会を初めてもつことができ、多くの刺激を受けた。

研究会後の飲み会では、南山の人類学と坂井先生の歴史が自然と語られることになった。それまでは、（竹也さんを除けば）先輩方と話す機会のなかった私にとって、これらの研究会は、先生についてのフィールドワークそのものであった。南山の人類学のひとつの系譜と歴史が語られ、それはその場にいた、最年少の私にも分有されることになった。こうして、杉下さんと齋藤さんから、さらに最も年少の世代の私へとバトンが引き継がれ、私があとがきをいま書いている。先生は教員として、南山大学で三十九年も教壇に立たれていた。この世代の幅は、先生のその年月の長さを表している。

坂井先生は、決して、徒党を組むようなひとではなかった。ただ、一人ひとりに対して、真摯であろうとした誠実なひとであることは、誰もが認めることだろう。そうした日々の積み重ねは、世代をまたいだ特異なフィールドワーク論として、こうしたかたちをとることになった。

おそらく、先生にとっても、この南山大学での長い年月は、学生という他者の理解という点で、ある種のフィールドワークであり、人類学の実践そのものであったのだろう。若き日の先生と私の知る先生とのあいだに、大きな変化があったことも当然のことである。それは、年齢を重ねられたということではない。人類学の実践による変貌である。レーナルトの民族学＝人類学について述べた先生の言葉は、そのまま先生にもあてはまる。

民族学とは拡張された他者との人格的関係のひとつの具体的実践形態であったといってよいだろう。他者との関係は……（中略）……本質的に相互的なものであり、それゆえにひとは、「認識」の名のもとに自らはその関係から何の変容も被らず、他者に関する知識を収穫するだけで帰還することはできない。民族学はひとに変貌を強いる（坂井　一九九〇：三六九）。

南山大学の三十九年間のなかで、人類学が先生に変貌を強いた。そして、先生は退職後もまた、異なる場で変貌をとげるのだろう。

最後に、本書の出版を可能にしてくださった、東海大学出版部の稲英史さん、原裕さんに深く感謝申し上げます。昨今の学術図書の厳しい出版事情にもかかわらず本書の企画を引き受けていただいた稲さん、本書の細かな編集作業を進めてくださった原さんの尽力のもとに、本書が日の目を見ることができました。本当にありがとうございました。

中尾世治

注

（1）坂井先生の広範囲にわたる研究のすべてを網羅的に論じることはできていないが、『年報人類学研究』「特集　西アフリカ・イスラーム研究の新展開：坂井信三先生退職記念特集」において、西アフリカ・イスラーム研究における位置づけ（中尾・池邉・末野・平山近刊）を論じた。また、『南山考人』「小特集：坂井先生の〈人格〉論――坂井信三先生退職記念」において、坂井先生の冗談関係論（中尾近刊）、インタビューも含む人類学者・教育者としての坂井先生（中根近刊）が論じられている。

参考文献

坂井信三　一九八〇「ドゴン族の身体－社会観再考――分節化と連続化」『民族学研究』四五巻三号：二〇一―二二一。

――　一九九〇「訳者あとがき」モーリス・レーナルト『ド・カモ――メラネシア世界の人格と神話』、三四九―三七三頁、せりか書房。

――　二〇〇三『イスラームと商業の歴史人類学――西アフリカの交易と知識のネットワーク』世界思想社。

――　二〇一〇「文化概念の再構築へ向けて――道具と動作の研究から始めてみよう」『人類学博物館紀要』二八号：四三―四九。

――　二〇一一「道具の研究を推し進める――方法論的検討と実践の試み」『人類学博物館紀要』二九号：八九―一〇二。

――　二〇一二「『おく』ということ――モノの配置と設置をめぐる認知論的民族誌のこころみ」『アカデミア―人文・自然科学編』三号：一一―三〇。

―― 二〇一七「巻頭言」『南山考人』四五号：一―二。

中尾世治・池邉智基・末野孝典・平山草太（近刊）「西アフリカ・イスラーム研究の新潮流――教団、思想、言説的伝統」『年報人類学研究』一一号。

中尾世治（近刊）「喚起力と構造分析――冗談関係論の地平」『南山考人』四八号。

中根弘貴 二〇一七「人類学と繋ぐ、フィールドにて。――南山考古文化人類学研究会OBOG会に寄せて／を事例に」『南山考人』四五号：四七―六三。

――（近刊）「人類学と先生――学びの関係性への民族誌的想起」、『南山考人』四八号。

レーナルト、モーリス 一九九〇『ド・カモ――メラネシア世界の人格と神話』坂井信三訳、せりか書房。

＊本書に掲載の写真は特記がない限り各章執筆者撮影

著者紹介（表記は右から氏名、最終学歴、現職、研究テーマ）

川﨑　一平（かわさき　いっぺい）
・南山大学大学院文学研究科文化人類学専攻博士後期課程単位取得満期退学
・東海大学海洋学部教授
・パプアニューギニア民族誌、気候変動に伴う生存戦略

菊地　滋夫（きくち　しげお）
・東京都立大学大学院社会科学研究科社会人類学専攻博士課程単位取得満期退学
・明星大学人文学部教授
・東アフリカ海岸地方における宗教・権力・ジェンダーの社会人類学的研究、初年次教育を軸とした高等教育改革の研究と実践

齋藤　剛（さいとう　つよし）
・東京都立大学大学院社会科学研究科社会人類学専攻博士課程単位取得満期退学
・神戸大学大学院国際文化学研究科教授
・モロッコを中心としたベルベル人の暮らしとイスラームをめぐる人類学的研究、モロッコ南西部スース地方の地方史研究

菅沼　文乃（すがぬま　あやの）
・南山大学大学院人間文化研究科人類学専攻博士後期課程修了
・南山大学人類学研究所非常勤研究員
・老い、高齢者、沖縄社会

杉尾　浩規（すぎお　ひろのり）
・北海道大学大学院文学研究科歴史地域文化学専攻博士後期課程修了
・南山大学非常勤講師
・発達と文化

杉下　かおり（すぎした　かおり）
後掲

中尾　世治（なかお　せいじ）
後掲

山崎　剛（やまざき　ごう）
・南山大学大学院文学研究科文化人類学専攻博士後期課程単位取得満期退学
・南山大学人類学研究所非常勤研究員
・生活とともにある研究

吉田　早悠里（よしだ　さゆり）
・名古屋大学大学院文学研究科博士後期課程単位取得満期退学
・南山大学国際教養学部准教授
・個人と社会、北東アフリカ地域研究、アーカイヴス研究

吉田　竹也（よしだ　たけや）
・南山大学大学院文学研究科文化人類学専攻博士後期課程単位取得満期退学

・南山大学人文学部人類文化学科教授
・バリと沖縄の観光と宗教

編著者紹介（表記は右から氏名、最終学歴、現職、研究テーマ）

中尾　世治（なかお　せいじ）
・南山大学大学院人間文化研究科人類学専攻博士後期課程修了
・総合地球環境学研究所特任助教
・西アフリカ近現代史、文書の人類学

杉下　かおり（すぎした　かおり）
・オックスフォード大学社会文化人類学研究所博士課程修了
・多摩大学グローバルスタディーズ学部専任講師
・日本と南アフリカの「人種」問題

生《い》き方《かた》としてのフィールドワーク
かくも面倒《めんどう》で面白《おもしろ》い文化人類学《ぶんかじんるいがく》の世界《せかい》

発　行　二〇二〇年三月二〇日　第一版第一刷発行
編著者　中尾世治・杉下かおり
発行者　浅野清彦
発行所　東海大学出版部
〒二五九－一二九二
神奈川県平塚市北金目四－一－一
電話〇四六三（五八）七八一一
FAX〇四六三（五八）七八三三
URL http://www.press.tokai.ac.jp/
振替〇〇一〇〇－五－四六六一四
印刷所　港北出版印刷株式会社
製本所　誠製本株式会社

ISBN978-4-486-02176-6